香川大学経済研究叢書 30

中国朝鮮族の
トランスナショナルな
移動と生活

宮島美花

国際書院

Transnational movement and Life-world of Korean-Chinese
by
Mika MIYAJIMA

Copyright © 2017 by Mika MIYAJIMA
ISBN978-4-87791-284-0 C3031 Printed in Japan

目　次

中国朝鮮族のトランスナショナルな移動と生活

目　次

序章……………………………………………………………………………… 9
　第1節　本書の構成　10
　第2節　研究目的　16
　第3節　先行研究　19

第1章　中国朝鮮族概況……………………………………………………… 23
　第1節　中国の少数民族政策・民族区域自治制度　25
　　(1) 中国の少数民族　25
　　(2) 中国の少数民族自治区域　28
　　(3) 今日の少数民族政策・制度　32
　　(4) 中国の少数民族政策の特徴と問題点　37
　第2節　延辺朝鮮族自治州の成立史　41
　　(1) 延辺成立前史　42
　　(2) 延辺の成立過程　53
　　(3) 自治区域の画定　57
　　(4) 小括　60
　第3節　1990年代以降の国際移動時代における朝鮮族社会　61
　　(1) 中国国内の朝鮮族社会の変化：送金、貯蓄、消費　62
　　(2) 中国国内の朝鮮族社会の変化：言語、メディア、文学　65
　　(3) 交通インフラの発達　67
　　(4) 韓国における外国人労働者としての朝鮮族　69
　　(5) 小括　71

第2章　理論的整理…………………………………………………………… 83

第1節　トランスナショナル・リレーションズ研究と人の移動　83
（1）トランスナショナル・リレーションズ研究の登場と流行　83
（2）初期のトランスナショナル・リレーションズ研究と相互依存研究の関係　85
（3）二派のトランスナショナル・リレーションズ研究　86
（4）トランスナショナル・アクターの定義　87
（5）新現実主義による批判　88
（6）トランスナショナル・リレーションズ研究の衰退　90
（7）トランスナショナル・リレーションズ研究の再興　92
（8）今日のトランスナショナル・リレーションズ研究：アイデンティティへの注目　93
（9）人の国際移動と理論的不在　95
第2節　地域（region）と人の移動　96
（1）地域（region）に関する理論研究　96
（2）下位地域（sub region）　98
（3）トランスナショナルな社会空間　102
第3節　人の移動を説明する諸理論と移民の社会保障　103
（1）プッシュ・プル理論　104
（2）世界システム論アプローチ　105
（3）ネットワーク論　106
（4）トランスナショナル論　107
（5）移民の社会保障　110

第3章　日本在住の朝鮮族に対するアンケート調査　115

第1節　調査結果の留意点　116
第2節　2001年調査　117
（1）調査概要　117
（2）回答者の基本情報　117
（3）来日に関わる諸事情　120

（4）日本での暮らし　122

第 3 節　2011 年調査　125

　（1）調査概要　125

　（2）回答者の基本情報　126

　（3）来日と日本での暮らし　127

第 4 節　2015 年調査　130

　（1）調査概要　130

　（2）回答者の基本事項　131

　（3）来日に関わる諸事情　139

　（4）日本のなかの朝鮮族社会　143

　（5）今後の予定　147

第 5 節　小活　149

第 4 章　移動と中国の社会保障―生活史の聞き取り調査から―………　153

第 1 節　戸籍制度と社会保障の変遷　153

　（1）戸籍制度の形成期（1949〜1958 年）　154

　（2）移動制限の時期（1958〜1978 年）　155

　（3）移動の緩和の時期（1978 年〜今日）　157

第 2 節　生活史の聞き取り調査　163

　（1）調査概要　163

　（2）資料利用の留意点　164

　（3）インタビュー事例　165

第 3 節　小括　181

　（1）制度上の不備と対応　181

　（2）移動の契機と社会保障　185

第 5 章　移動と韓国の社会保障―生活史の聞き取り調査から―………　195

第 1 節　韓国の社会保障　195

（1）韓国の年金制度　196
　（2）国民年金と外国人　197
　（3）韓国の医療保障　200
第2節　生活史の聞き取り調査　200
　（1）調査概要　200
　（2）インタビュー事例　201
第3節　小括　209
　（1）制度と生活実態　209
　（2）トランスナショナルなコミュニティの内実　211

終章……………………………………………………………………　215

あとがき………………………………………………………………　223

参考文献　229

索引　243

著者略歴　247

序　章

　「マイグレーション研究が盛んである」(大津 2008、p.51)。これは、米国モントレー大学の赤羽(Akaha)らの著書『国境を越える人々』(2005、邦訳版 2006) に対する書評の冒頭の一文である。研究の高まりの背景にあるのは、人の国際移動の増加ないし一般化である。IOM (International Organization for Migration、国際移住機関) の調査によると、その時点 (2008 年) で、すでに、越境移動し「外国」に住んでいる人々が「2 億人近い」(大津 2008、p.51)。その後、「マイグレーション研究」はますます盛んであり、日本でも、2013 年には吉原ら諸学問領域の専門家たちによって『人の移動事典』が出版された。

　『人の移動事典』(吉原ほか 2013) の付録には日本における外国人統計が収録されており、「移民国家ではない日本」においても、日本在住の外国人は 1990 年の 1,075,317 人から、2012 年の 2,033,656 人へと急増したことなど (その間のピークは 2008 年 2,217,426 人)、日本も「マイグレーション」という国際的な社会現象の例外ではないことが確認できる。しかも留意すべきは、このような増加が、永住を前提とした、送り出し国から受け入れ国への、1 回限りの移動の蓄積とはみなせないことである。IOM によると、かつての移動は、永住を前提とした一回限りの (片道の) 移動が主流であったが、今日の移動は、送り出し国と受け入れ国の間を繰り返し移動するような反復性を持つ傾向にある。また、送り出し国から受け入れ国への移動のあと、また異なる第 3 国へと移動がなされる場合もある。今日、人は、一生のうちに、いくつかの異なる国で、教育を受け、働き、子どもを育て、退職し老後を迎えることが可能になり、さらにはそのような移動と生活が特殊ではなくなってきている (IOM, 2006, pp.2-3)。

　日本在住外国人の中で人口が多いのは、上位から、中国・台湾 652,555 人、

韓国・朝鮮 530,046 人、フィリピン 202,974 人、ブラジル 190,581 人（2012 年）の 4 地域（国）であり（吉原ほか 2013、p.434）、そのうち中国国籍者のなかには、本書で取り上げる中国朝鮮族も含まれている。そして日本在住の中国朝鮮族のなかには、中国から韓国に移動して韓国国籍を取得した後に来日した者もいる。

　中国朝鮮族（以下、朝鮮族とも略す）とは、中国の少数民族のひとつであり、主に中国の東北地方に集住してきた約 200 万人のコリアンのことである。本書は、エスニック・グループを地域化（regionalization）を推進する勢力のひとつとしてみなす立場から、そうした中国朝鮮族の移動と生活を明らかにしようとするものであり、筆者がこれについて、ここ 20 年ほど行ってきた調査・研究の、現段階におけるまとめである。

第 1 節　本書の構成

　本書の構成は、以下のとおりである。まず第 1 章では、中国朝鮮族について、その概況を述べる。中国朝鮮族は、中国の少数民族として中国領内に民族自治区域を持つエスニック・グループであり、まず第 1 節で「中国の少数民族政策・民族区域自治政策」を確認する。そこでは、中国では国内の諸民族は平等であり、各民族は自己の言語を使用する自由を持ち、区域自治を行うことができると定められているが、それらを定める法規はあいまいな文言であったり、客観的・具体的な基準を示しておらず、実際の民族自治の運用は制約の多いものであることが示される。第 2 節「延辺朝鮮族自治州の成立史」では、そのような制約のなかにあっても、今日、彼らの民族自治区域である延辺朝鮮族自治州が、中国のマジョリティ民族である漢民族（以下、漢族と表記する）、および中央政府と比較的良好で安定した関係を示している歴史的背景として、漢族と朝鮮族との「共闘」の歴史や民族関係について整理する。このような歴史は、今日の中国朝鮮族が、中国国民としてのナショナル・アイデンティティを持ちながら、同時に、民族的には朝鮮民族である

というエスニック・アイデンティティを持つことの背景ともなっている。第3節「1990年代以降の国際移動時代における朝鮮族社会」では、1990年代以降、特に1992年中韓国交正常化以降、朝鮮族が海外へ活発に移動するようになってからの朝鮮族社会の変化と現状を示す。

　第2章「理論的整理」では、人の国際移動に関する理論的な整理を行う。第1節「トランスナショナル・リレーションズ研究と人の移動」では、トランスナショナル・リレーションズ研究の理論的推移を概観し、トランスナショナル・アクターの定義を整理する。1970年代当時のトランスナショナル・リレーションズ研究は、自律性をもった理論的潮流であったが、その後、相互依存研究に組み込まれる形で次第に衰退し、冷戦終焉後に再興する。再興した新たなトランスナショナル・リレーションズ研究の傾向のひとつとして、アイデンティティへの注目がある。その研究成果によると、各人は国家の構成員でありながら様々な非国家アクターの構成員でもあるといったように、アイデンティティは状況に応じて使い分けられるものであると同時に、アイデンティティこそが各アクターが構成員を動員する際の原動力となり、各アクターの基盤となるものである。なかでも、人々にとって最も身近なエスニシティは、次第に第一義的な、あるいは国家へ向かうアイデンティティと並ぶ、アイデンティティの対象として浮上している。

　ここ（第2章第1節）で明らかになることは、主に次の2点である。ひとつには、既存のトランスナショナル・リレーションズ研究は、人の移動を研究対象に包摂する可能性を持ちながら、実際にはそれをなしえてこなかったことであり、いまひとつには、国際場裡で活動するエスニック・グループをトランスナショナル・アクターとして取り扱ってこなかったこと、である。

　トランスナショナル・アクターとして取り扱われてこなかったエスニック・グループの、トランスナショナルな活動に注目する研究に、「地域（region）」に関する研究がある。そこで、第2節「地域（reigion）と人の移動」では、地域に関する理論研究の整理を行う。地域を創造する要素としては地域主義（regionalism）と地域化（regionalization）があり、移民ないし

移動する人々は地域化を推進する勢力とみなされている。そして、地域のなかに大小さまざまな規模で生まれている下位地域（sub region）の実態を検討しようとするときに、必要とされるのが、その域内で活動する行為体の観察であり、移民ないし移動する人々については、地域に「トランスナショナルな社会空間」を作る担い手とみなすことができる。

　第3節「人の移動を説明する諸理論と移民の社会保障」では、国際関係論ないし国際政治学の分野で、人の移動現象がいかなる理論によって説明されてきたかを、プッシュ・プル理論、世界システム論アプローチ、ネットワーク論、トランスナショナル論の4つに大別して整理する。そのうちのプッシュ・プル理論、世界システム論アプローチでは、どちらも、人の国際移動、主に外国人労働者の問題を、国際的なイシューとして取り扱うが、前者のプッシュ・プル理論は移動を個人の合理的選択に基づくとするのに対し、後者の世界システム論アプローチでは世界の全体構造によると考える点で大きく異なる。ネットワーク論では、本来的に個人的な行為である移動（ミクロ要因）と世界構造（マクロ要因）とをつなぐものとして、移民たちの国境を跨ぐネットワークに注目する。ネットワーク論から派生し展開したトランスナショナル論によって、移民たちのトランスナショナルなコミュニティは──トランスナショナルなコミュニティは「トランスナショナルな社会空間」を下支えするものと考えられる──、国際場裡における新たな空間形成の動きとして取り扱われるが、その新空間は現時点では独自の「ポリティ」としてはみなし得ないなどの批判的な指摘もなされている。そして、2000年代以降、「移民のセキュリタイゼーション」（移民の安全保障問題化）の議論が強まっていることと相俟って、社会保障や福祉政策の分野で移民の問題が国際的なイシューとしてクローズアップされている。しかし、往々にして国内にいる外国人をいかに処遇するかという議論に傾き、「移動する人の側からの議論」の不在が指摘されている。

　後述するように、本書の研究目的は、エスニック・グループを地域化を推進する勢力のひとつとみなす立場から、主として日本滞在経験を持つ中国朝

鮮族に関する事例研究を行い、その移動と生活世界を明らかにすることである。彼らの移動と生活世界を理解することを通じて、彼らの故郷（中国国内の朝鮮族社会）と移動先の間に形成される、トランスナショナルなコミュニティの内実の一部が明らかになることが想定される。具体的には、①移動と、移動後の（＝移動先での）暮らしの実態、②移動者と移動元・移動先の国家や社会との関係の様相、③移動者・移民が日常生活のなかで強いられる諸問題、言い換えれば、移動者・移民の側が甘受している、国家や自治体が現状の制度のなかではカバーしきれない諸課題、などが想定される。

　そうした目的にのっとって、第3章以降の研究調査では、社会保障の問題に特に留意しながら進めることになる。というのも、第2章で言及するように、現在においては、移民の社会保障が国際的なイシューとして浮上している。国境を跨いだトランスナショナルなコミュニティに生きる人々は、国境によって社会保障が断ち切られるという状況に置かれているにもかかわらず、そこに「移動する人の側からの議論」は不在であり、もっぱら国内の外国人をいかに処遇するかという課題に議論が収斂されているからである。だからこそ、本書は、当事者である移民の側からの視点に着目し、その社会保障状況に留意する。具体的には、中国朝鮮族の移動と生活世界の理解にあたって、トランスナショナルなコミュニティにおける生活、例えば、離れて暮らす家族が頻繁に相互往来するような生活では、社会保障サービスを利用する上で、いかなる不便、不利益、制約などがあり、それらはどのような工夫によって解決されているのか、あるいは解決されていないのか、といった視点を堅持して研究を進める。

　第3章では、日本に暮らす中国朝鮮族に対するアンケート調査（調査票調査）の結果をもとに、彼らの移動と生活実態を把握する。筆者は、日本に暮らす朝鮮族に対して、2001年、2011年、2015年の合計3回にわたってアンケート調査を行ったが、調査を重ねるたびに、それぞれの回の回答者集団は、年齢が高くなっていっており、かつ長期滞在者が多くなっている。それと同時に、来日して5年に満たない者を常に含んでおり、日本における朝鮮族コ

ミュニティは、ますます長期の滞在者を含むと同時に、新参者を迎え入れていることがわかる。

　アンケート調査では主に次のようなことが明らかとなった。「知人・友人・親戚の紹介」によって来日した者が多いこと、アルバイトや仕事を探すうえでも朝鮮族の紹介やつてを用いる場合が多いこと、日本においても「一番親しい友人」は朝鮮族である場合が多いことなどから、日本への移動のみならず、日本での暮らしにエスニック・ネットワークが利用されていることが明らかとなった。また、日本への移動には、中国の朝鮮族学校（民族学校）における外国語教育のなかで日本語が学ばれてきたことが背景となっていることが明らかとなる。

　そのほか、在留資格や国籍取得などについて、興味深い知見を得ることができた。例えば2015年の調査では、日本滞在期間が長い者が多かったことと関連して、現在の在留資格として「永住者」資格を持つものが多く、日本人と結婚した朝鮮族にも「日本人の配偶者」資格ではなく「永住者」資格を持つ者がいた。また、朝鮮族同士の夫婦で、夫婦の一方が「日本国籍」を取得し、一方が中国国籍のまま「日本人の配偶者」の在留資格を持つ場合も見られた。このような在留資格、国籍取得のあり方は、そこに、国家を跨いで生きる移動者・移民の工夫が見出される可能性があるが、いかなる事情や考えによって、現在の国籍ないし在留資格を持つに至ったのか、という個別的で具体的な内容は、アンケート調査（量的調査）に基づく検討では明らかにすることができない。そこで、続く第4章・第5章において、量的な調査では拾い上げることのできない、個別具体的な事情を理解するために、生活史の聞き取り調査（質的調査）を行う。

　第4章「移動と中国の社会保障」では、生活史の聞き取り調査の手法を用いて、日中間を移動した場合の社会保障状況を取り扱う。移民の社会保障を保護するための国際的な枠組みが整っていない現状において、中国国籍をもつ朝鮮族が日中間を移動した場合に起こる社会保障の制度上の問題を考えるために、本章では、まず、中国の社会保障制度を概観する。中国の社会保障

制度は、都市と農村をわける戸籍制度によって自由な移動を制限し、閉じられた空間ごとに住民への社会保障サービスが提供されることを前提にしてきた。この人口移動の管理は、戸籍制度単独では機能しえず、「単位（danwei）」と呼ばれる職場（所属先、勤め先）ごとに社会保障サービスの提供が行われる「単位」制度と関連して機能した。そのため、第1節「戸籍制度と社会保障の変遷」では、戸籍制度と「単位」制度に注目しながら、中国の社会保障制度の変遷を、(1)「戸籍制度の形成期（1949～1958年）」、(2)「移動制限の時期（1958～1978年）」、(3)「移動の緩和の時期（1978年～今日）」に分けて、時系列に整理する。

そのうえで、第2節「生活史の聞き取り調査」では、量的な調査では拾い上げることのできない、個別具体的な事情を理解するために、日中間を移動し、出産・育児を経験してきた、子どものいる既婚の朝鮮族女性に関する事例研究（6事例）を行う。第3節「小括」では、6事例から得られる知見を整理し、移動者・移民の社会保障に関する制度上の不備、それに対する朝鮮族の対応、彼らの移動の契機と社会保障の関連について指摘する。6つの生活史からは、彼らの移動が、そのときの各人のライフ・ステージおよび社会保障状況と切り離しては考えることができないことが明らかとなる。

朝鮮族の場合、日本に移動した中国人一般と異なる点として、日本に滞在する本人が韓国にも滞在した経験をもつケースや、親、きょうだい、配偶者、子どもが韓国に滞在経験を持つケースが多い。第5章「移動と韓国の社会保障」では、日本滞在経験のみならず、韓国滞在経験をも持つ朝鮮族への生活史の聞き取り調査を通じて、その社会保障状況を取り扱う。

第5章第1節「韓国の社会保障」では、韓国の社会保障制度のうち、特に、年金制度と医療保険制度について概観する。そのうえで、第2節「生活史の聞き取り調査」では、日本滞在経験のみならず、韓国滞在経験をも持つ朝鮮族の生活史の2事例を提示する。第3節「小括」では、いずれの国家も、移動を繰り返す彼らの生活領域のリスクに十分な保障を付与してはくれない現状の中で、その不足は、ひとつには分散する家族の紐帯によって補われ、ひ

とつには市場によって「引き受け」られている——海外で就労したのち、中国で老後生活をすごそうと帰国しても、いずれの国からも年金を受給できないケースの朝鮮族たちは、海外で就労中に中国の保険会社の年金型商品に加入する——ことが明らかとなる。

　終章では、まず、各章で得られた知見をまとめる。本書における実証的な事例研究を通じて明らかになることには、その内部でどれほど地域化が進もうと、大小さまざまな規模の下位地域は、その空間内部において国境をはじめとする行政区界で小分けに区切られているという現実であり、同時に、そのような国境の壁を跨いで地域化は進み、ひいては下位地域は地域としての実体を具現化していくという事実である。朝鮮族の事例からは、国際社会を構成する基本単位とされてきた国家を跨いで生きることの難しさが改めて浮かび上がり、それと同時に、そうした困難を乗り越えて日常を生きる移動者・移民の工夫、すなわちトランスナショナルなコミュニティに生きる人々が、国際的な社会保障の枠組みの不在や不備を補うために国境を越えて移動先を自ら選び取っていることが明らかとなる。最後に、本書がトランスナショナル・リレーションズ研究に対していかなる理論的貢献をなし得るかについて言及し、論を結ぶ。

第2節　研究目的

　本書の研究目的は、移動をめぐる理論研究の整理（第2章）を踏まえて、エスニック・グループを地域化を推進する勢力のひとつとみなす立場から、主として日本滞在経験を持つ中国朝鮮族に関する事例研究を行い、その移動と生活世界を理解しようと試みることである。彼らの移動と生活世界を理解することを通じて、彼らの移動元と移動先の間に形成される、トランスナショナルなコミュニティの内実の一部が明らかになることが想定される。具体的には、①移動と、移動後の（＝移動先での）暮らしの実態、②移動者と移動元・移動先の国家や社会との関係の様相、③移動者・移民が日常生活の

なかで強いられる諸問題、言い換えれば、移動者・移民の側が甘受している、国家や自治体が現状の制度のなかではカバーしきれない諸課題などが明らかとなる。

　そうした目的にのっとって、第 3 章以降の研究調査では、移動者・移民の社会保障の問題を移動する当事者の視点から観察することに特に留意しながら進める。高橋によると、国際移動ないし移民の問題から国家を考えるとき、国家とは、その領域に住む住民に国家の構成員としてのメンバーシップを与え、その構成員から税金を取り、再配分を行うための機関であると同時に、国民に安全を保障し保護するものである。したがって、国境を越えて移動し、他の国家の領土において働く・生活するということは、国家によって保護される領域から出ることを意味するが、移民が本国に送金を行い、その送金が本国の家族の生活を支え、その送金が税金として本国に回収されるというという状況は、移民もまた本国にとって重要なメンバーであることを示している。移民の送り出し国の側は、自国の重要なメンバーでもある国外の自国民に対し管轄権を行使できないという問題を抱え、そして、受け入れ国の側では、自国の権限の範囲内でどのように移民に対処し、管理すべきか、という問題を抱えている。このような送り出し国・受け入れ国双方の国家側の抱える課題の解明にもまして、今日、最も求められているのは、これまで不在であってきた「移動する人の側からの」視点による研究である（高橋和 2014、p.45、p.65）。

　今日の移動の特徴のひとつは移動を繰り返すという反復性にあるが、そのように移動を繰り返す者のなかには、家族の構成員が国境を越えて分散しており、家族の紐帯のもとに行き来が行われている場合が含まれる。交通・通信の発達などによって、離れていながらも、家族の構成員が相互に頻繁に往来し繋がりを保つことは以前よりもはるかに容易になった。今日では、家族一人ひとりの住居、働く場、保育・教育・介護・医療などを受ける場などが、国内では自治体の境界を跨いで、あるいは国境を跨いで離れている場合がますます増加している。しかし、移動は以前よりも容易になったといえども、

社会保障システムは国や自治体といった行政区界ごとに成り立っており、「移動する人の側」にとってすれば、離れて暮らす家族が相互に頻繁に往来するような生活には、社会保障サービスを利用する際に不便や不利益が伴う。そこでは、いかなる不便、不利益、制約などが、どのように工夫・解決されているのであろうか。

社会保障について「誰もが承認する定義を下すことは容易ではない」が、「国家の責任において、すべての国民に最低限の生活の保障をめざすもの」という共通認識が支配的であり（足立1993, p.1）、移動者が移動先でも社会保障を享受できるような国際的な取り決めや制度が整っているとは言い難い。1990年12月18日に国連総会で採択された「全ての移住労働者及びその家族の構成員の権利の保護に関する国際条約」第27条は、社会保障に関して、移住労働者とその家族は就労国でその国の国民と同じ処遇を享受できると定めている。しかし、批准国は移民の送り出し国を中心に47カ国（2014年2月現在）に過ぎず、移民の受け入れ国となっている先進国はいずれも参加していない[1]。そのため、移民の社会保障を保護するための国際的な制度は整っているとは言い難く、移民の社会保障の状況は国ごとに大きく異なっているのが現状である。

社会保障を国家が国民に最低限の生活を保障するものと捉える認識が強い状況のなかで、移動する人々の視点から、移民とその家族たちの社会保障や、国境を跨いで分散し国境を跨いだ生活空間に生きる家族の社会保障状況に関心を寄せる先行研究は少ない。そこで本書では、中国朝鮮族の移動と生活世界を理解するという研究目的のもとに、第3章ではアンケート調査（量的調査）を、第4章・第5章では生活史の聞き取り調査（質的調査）を行い、これらの調査で得られたデータの分析において、次のような具体的な問題関心について分析を行う：トランスナショナルなコミュニティにおいて、移動はどのように起こり、移動先での生活はどのように営まれるのか。移動は、移動者個人やその家庭の社会保障状況とどのように関係しているのか。トランスナショナルなコミュニティにおける生活には、社会保障サービスを利用

する上で、いかなる不便、不利益、制約などが存在し、それらはどのように工夫・解決されているか。国や地方自治体といった行政区界ごとに断ち切られる社会保障が、移民たちの個々の人生の中で、いかにつなぎ直されているのか。

家族分散の中で中国朝鮮族が直面する社会保障上の問題を理解するためには、彼らが分散する各国の社会保障制度と、その相互関係を明らかにする必要がある。本書では、中国および主要な移動先である韓国・日本の社会保障制度それぞれの内容と、国家間協定としての社会保障協定を取り上げる。中国は、彼らの移動の移動元であり、かつ彼らが帰国する場合には移動先となる。本書では、第4章において日中間の移動と中国の社会保障制度について取り扱う。さらに、彼らの移動を考える際に、韓国への移動者が最も多いこと、日本に暮らす中国朝鮮族の中にも本人または家族が韓国に滞在した経験を持つ者が少なくないことを勘案し、第5章において、韓国への移動と韓国の社会保障制度について取り扱う。

第3節　先行研究

ここでは、中国朝鮮族のトランスナショナルな移動と生活世界に言及する先行研究の整理を行い、それらの先行研究の成果を受けて、本書の位置づけを確認する。

中国朝鮮族の移動をめぐる既存の研究は、中国における市場経済の深化に伴い急激に進行した朝鮮族の移動労働の実態、とりわけ韓国における外国人労働者としての劣悪な就労状況に焦点化して発展してきた。これらの研究は移民に対する受け入れ国や社会の差別的な制度を明らかにし、政策改善の模索をする上で大きな意義を持っている[2]。しかし、そこでは、移住者はもっぱら行政ないし国家に管理される受動的存在として扱われ、「問題としての朝鮮族」という俯瞰的な視角に拘束されてしまう。これに対して、近年では、朝鮮族の生活実態と実践を内在的に把握しようとする研究が出てきてい

る。

　歴史的・伝統的に見て、延辺と朝鮮半島北部の咸境道に暮らす人々は、その間を流れる豆満江（図們江）を渡って相互に日常的に往来してきた。歴史研究の分野から、朝鮮族の跨境的な生活圏の存在に触れるものとして、鶴島（2003）や西（2001）の研究が挙げられる。そこでは、間島（延辺）と咸境道の間にはスカラピーノ（Scalapino）の提起するところの自然経済圏（Natural Economic Territory：NET）が存在してきたと論じられる。この空間は、中華人民共和国と朝鮮民主主義人民共和国の成立によって、国境管理が強化されるようになった、トランスナショナルなコミュニティの一形態であるとみなし得る（図B）。今日の朝鮮族の移動は、歴史的に中朝国境地帯に存在してきた彼らの跨境的な生活圏が、90年代以降、その範囲を拡大していっている、ととらえることもできる（Miyajima, 2013, p.71）。

　1990年代以降の、朝鮮族のトランスナショナルな移動と生活実態・実践を把握しようとする先行研究としては、権（2011）や、林（2014）の研究が挙げられる。権は、1990年代以降の朝鮮族の移動を、上述の鶴島（2000）や西（2001）による自然経済圏（NET）の議論、および、19世紀末の朝鮮人の移動を踏まえた鶴島（1997）の議論の延長線上に位置づけながら、彼らが移動し、ネットワークを形成し、移動先でコミュニティを作る過程で実践する「生きるための工夫」を、「エスニック・マイノリティの自己統治」という概念で把握しようとする（権 2011、p.20）。本書は、権の研究成果を受

けて、移民の社会保障の視点から、彼らの「生きるための工夫」について更なる解明を試みるものと位置づけることができる。

　林の研究は、朝鮮族村の村民自治に関する研究であり、国家（＝中国）と村との間に「齟齬、対立が生じそうになる度に」、村民たちが実践した「生活をめぐる創意工夫」を明らかにしている。林の成果のうち、とりわけ本書の問題意識と重なるのは、「出稼ぎとホームランドの土地運営を両立させる工夫」である。移動によって中国国内の朝鮮族村は朝鮮族人口の流出・減少に直面しており、林は、移動した者と村に残る家族が連携して集落を維持・運営していく戦略として生み出された「『留守』システム」を明らかにした（林 2014、p.176、p.183）。

　活発な移動と人口流出により、中国国内の伝統的な朝鮮族村（村落共同体）は崩壊しつつあるとの認識や懸念も見られるが[3]、これに対して、林は、伝統社会から移動し、移動先にコミュニティを形成する朝鮮族もまた、本来は伝統社会の構成員であり、かつ、その伝統社会との関係性を維持し続けていることを指摘する（林 2014、p.14）。本書の第2章「理論的整理」に引き付けて、林の研究成果を見れば、トランスナショナルなコミュニティ（図A）に暮らす移動者が遠隔地の移動先から間接的に移動元の村の自治運営に関与していると考えることも可能である。ただし、このトランスナショナルなコミュニティは、国際場裡において独自の「ポリティ」として存在しているわけではないために、移動者が移動先から村の自治に関与するには、村に残った家族との連携や協力を介して、本国の行政機関等との調整を行う必要がある。

　権および林の研究は、それぞれに、①朝鮮族の生活世界が移動によって国境を越えて広がっていること、②それによって生活空間内の相互関係や相互扶助関係は弛緩しかねないにも関わらず、それが維持され、強化されてさえいる側面を指摘し得ること、③家族や集落の構成員を国境を跨いで結びつけるネットワークが存在し、生活空間内の相互関係や相互扶助関係の維持や強化のために機能していること、を明らかにしている。その意味で、今日の朝

鮮族のトランスナショナルなコミュニティの内実の一側面を明らかにする優れた先行研究である。本書は、第3章・第4章・第5章において、中国から移動した朝鮮族が、移動元である彼らの故郷（中国の朝鮮族社会）と移動先の間に形成し維持するネットワーク、およびトランスナショナルなコミュニティに注目する。ここで描写されるトランスナショナル・コミュニティは、地理的に離れて存在しながら、国境を越えて結びついている（図A）。本書は、上記の先行研究の成果を受けて、特に、国際的な問題として浮上しながらも移民の視点からは議論されてこなかった移民の社会保障を問題意識に置き、朝鮮族のトランスナショナルなコミュニティの内実の新たな一側面を明らかにしようとするものである。

〈注〉

1　この条文は国連人権高等弁務官事務所（OHCHR）のホームページに掲載されており、批准国数・国名は国連条約集（United Nations Treaty Collections、URL:http://untreaty.un.org）に掲載されている。
2　例えば、鄭（2008）などが挙げられる。
3　例えば、クォン・テファン（2007、p.315）などが挙げられる。

第1章　中国朝鮮族概況

　中国では10年ごとに全国的な人口調査が行われる。最新の第6回人口センサス（2010年）によると、中国朝鮮族の人口は183万929人であり、主として東北3省（吉林省、遼寧省、黒竜江省）に分布している。そのうち吉林省のなかには、その東端の約4.3万平方キロ——日本の九州と同じぐらいか、やや広い土地——に、彼らの民族自治区域である延辺朝鮮族自治州（州都は延吉市）があり、この延辺に79万7,884人（2011年統計、『延辺統計年鑑2012』）の朝鮮族が集住している。

　延辺について論じる論稿は、図們江開発計画や環日本海圏に関する議論の活発化に伴い、1990年代に入って急増した感が強いが、そのかなり以前から、いくつかの旅行記・訪問記の類が日本に延辺を紹介してきた。「解放後、この地をおとずれた日本人としては私たちが最初である」とする安藤の訪問記（1963年9月3日～5日に訪問）がおそらく日本に初めて戦後の延辺を紹介したものであろう（安藤1963、p.32）。長期間にわたる現地生活をもとにした最初のものは、安藤から22年後の大村による生活記である。日中国交正常化を経て、延辺が外国人に開放された直後の1985年に、戦後初めて「旅行者でなく、また孤児を含め戦前からの居住者でもなく、延吉に一年にわたって長期滞在した日本人」となった大村は、生活記を執筆し、専門誌に掲載した（大村1986、p.169）。いずれも、文化的独自性を維持しながら中国の少数民族として生きる中国朝鮮族の姿を伝えている。安藤は「かつての『五族協和』は『満州国』のゴマカシであったが、各民族団結の精神は今こそ生かされている、とおもわれた。…延吉は圧倒的に朝鮮族が多く、街にでても朝鮮服と朝鮮語がほとんどである。ここは中国なのだ。子どもたちは朝鮮語で中国革命史をならっているのである」と述べ、大村は「朝鮮族は中国社会でのうのうと大いばりで生きている」と述べている（安藤1963、p.67；

大村 1986、p.133)。

　筆者は、1996 年に延辺大学に留学して以来、現在も主に延辺をフィールドとして調査・研究を行っているが、安藤の訪問記から約 50 年、大村の生活記から約 30 年が経つ今日においても、両者の意見に共感するところが少なくない。延辺で、朝鮮族は文化的独自性を維持しながら中国公民の一員として日常を生きており、中国のマジョリティ民族である漢族と朝鮮族の間の民族関係も概ね良好である。延辺でフィールドワークを行った研究者のほとんどは「私の会った多くの朝鮮族が『国籍は中国、民族籍は朝鮮族』という現実を素直に受け入れているようだった」という高崎の記述に違和感を持たないであろう（高崎 1996、p.63）。

　中国では、各民族の平等を謳った憲法のもと、少数民族の文化が保護され、民族自治区域が与えられている。しかしながら、同じ中国の少数民族自治区域であっても、新疆ウイグル自治区やチベット自治区などは、報道を通じて、マジョリティ民族とマイノリティ民族の対立、中央と地方少数民族自治区域の対立の事例としてよく知られている。近年の先行研究は、中国の少数民族政策・制度について、罰則規定がないといった法制度上の不備や、法規と実情が乖離している現実を指摘し、厳しい評価を下している。このような先行研究の指摘は、なぜ新疆やチベットで民族紛争と緊張状態が解決されないのかを考えるのに多くの示唆を与えるものである。翻って、同じ制度の下にありながら、延辺の状況はそのようではない。2000 年に延辺を訪れた外国人観光客の総数は年間 14 万 8,178 人、そのうちの 11 万 7,198 人（79%）は韓国人旅行者であった（『延辺統計年鑑 2005』）。親戚訪問などのために公式な手続きを経ての北朝鮮との間の往来も少なくない。延辺と朝鮮半島の関係、とりわけ韓国との関係の緊密化や北朝鮮からの脱北者には、中国政府も注意を傾けているが、現在までのところ、延辺と朝鮮半島の間の民間交流を絶やすような措置は取られず、現地には分離・独立の気運もない。

　本章では、まず、中国の民族区域自治政策および制度、延辺朝鮮族自治州の成立史を提示する。これらを通じて、今日の中国朝鮮族が、中国国民とし

てのナショナル・アイデンティティを持ちながら、同時に、民族的には朝鮮民族であるというエスニック・アイデンティティを持つことの歴史的な背景が明らかとなる。また、1990年代以降に始まった激しい国際移動に伴って、伝統的な朝鮮族社会がどのように変化したかを整理する。

第1節　中国の少数民族政策・民族区域自治制度

（1）　中国の少数民族

　中国には55の少数民族がいる。より厳密に言えば、国家によって現在のところ少数民族が55に分類されている、あるいは国家によって少数民族として認知されている民族は現在のところ55ある、というのが正確である。ひとつの民族としての認知を求めながら、国家から民族として識別されていない民族（未識別民族）は64万101人（2010年人口センサス）もいる（『中国民族統計年鑑2014』）。

　先行研究は、孫文も蒋介石も辺境に暮らすマイノリティについて関心が低く、大漢族主義的であったと指摘する。孫文は、中華民国成立当時こそ、漢、満州、モンゴル、回、チベットの5つの民族を挙げて五族共和を唱えたが、そもそもこの五族共和論自体が民族間の政治的権利の平等を前提としたものではなかったうえに、第一次大戦後は自らの五族共和論を否定するようになり、1920年初期には、4民族を漢族に同化させることによって「一大民族主義国家」を形成することを主張するに至っている。1924年には国内各民族の民族自決権を承認しているが、その一方で、中国の民族の大多数は同じ血統・言語・宗教・習慣を持つ漢族であるとの認識のもと、国内の各少数民族が有する社会的文化的特質などに対する配慮や言及を示していない。藤井は、結局のところ、「孫文の国内民族問題に対する態度は、各時期によって異なった表現を用いているが、実質的には多かれ少なかれ、大漢（民）族主義的傾向が見られる」と結論付けている（藤井1992、pp.50-58）。また蒋介石は次のように論じ、中国内の各民族は漢族に収斂されるものとの認識が

うかがえる。

　わが国今日のいはゆる回族は、その実、大多数は漢族であってイスラム教を信仰せる回教徒であり、故に漢・回の間には、ただ宗教信仰の分、生活習慣の別があるだけである。要するに我等の各宗族は実は同じ一個の民族であり、亦且つ一個体系の一個種族であるのである。故にわが中国の全民族が、存亡を共にし栄辱を同じうする歴史的運命には、自のづからその内在的因素があって、密接なる連鎖となっているのである。而してその五族の名称ある所以は、決して人種・血系の不同によるのではなく、宗教及び地理的環境の差異から来ているのである。略言すれば、わが中国の五族の区分は、地域的・宗教的のもので、種族的・血系的関係によるものではない[1]。

　これに対し、中国共産党は、早くから辺境のマイノリティに注目し、少数民族に自決権を付与する方向性を示してきた。1931年の瑞金の中央革命本拠地で発表された中華ソビエト共和国の憲法大綱の第14条は、次のように定めている。

　中華ソヴェト政権は、中国領域内の少数民族の自治権を承認し、つづいてさらに、各弱小民族が中国から離脱して自ら独立国家を樹立する権利をも承認する。モンゴル族・回族・チベット族・苗族・黎族・朝鮮人など、およそ中国領域内に居住するものは、中華ソヴェト連邦に加入しまたはそれから離脱し、もしくは自己の自治区域を樹立する完全自治権をもつ[2]。

　早くからマイノリティに注目した理由としては、在野勢力としての中国共産党には辺境にまで及ぶ勢力を拡大する必要があったこと、辺境のマイノリティを取り込むことが抗日を成功させ、国民党との違いを際立たせ、建国後の支配を容易にするのに有効であったこと、などが考えられる。しかしながら、創建当初からマイノリティに関心の高かった中国共産党においても、建

国当初から中国内の民族として認識されていたのは、現在の55少数民族のうち、モンゴル族、回族、チベット族、ウイグル族、ミャオ族、ヤオ族、イ族、朝鮮族、満州族の9つにすぎない。

　新中国成立後、1953年の第1回人口センサスに際し、自己申告に基づいて中央政府が把握した民族名称は400余りに及んだ[3]。政府は民族識別調査隊を各地に送り、社会調査、言語調査を行って「民族」を主張するグループに対し、単一の民族であるのか、ある民族の一支系なのかの分別・統合の作業を行った。調査の結果、当初の9民族から、1954年の全国人民代表大会第1期第1回までに、新たに29民族を認定し、合計38の少数民族を確定した。続いて、1964年人口センサスに際し、さらに15民族を認定し、計53の少数民族が認定された。このような作業が進むにつれて、多くのグループが、公認済みの民族に編入され、あるいはそれまで登録していた民族名称を自発的に撤回した、という。1965年に周辺のチベット族とは異なった民族的特徴を持つとしてロッパ族が認定され、これで少数民族は54となり、1979年にジノー族が承認されて、現在の55となった。

　このような認定作業は、必ずしも科学的・客観的基準によってなされてきたわけではない。例えば、雲南の山中に集住するジノー族（人口1万余り）は55少数民族のうち、いちばん最後に承認された民族であるが、彼らはなぜ一つの民族として認定されたのか不明な点が多い。1964年の人口センサスの時点で民族の認定作業はほぼ終了した形であったのにもかかわらず、なぜ1979年にもなって追加的に民族としての認定を受けることができたのか。しかも、1960年にジノー族側が出していた要求を1979年にもなって追認する形で、である。

　回族については、先行研究が以下のように説明している。「国民党との違いを際だたせ」、「彼らを抗日に引き入れる」という政治的必要性から、中国共産党は日中戦争期から回族をひとつの民族として認知してきた。回族をひとつの民族として認めるか否かで党内に論争があったが、回族学者の主張により、結局はひとつの民族として認めることにしたという（毛里1998、

pp.72-73）。ジノー族については、公式説明ではジノー族が単一民族と認められた理由は、①言語はイ語に近いが独自の特徴がある、②経済・文化などの面で独自の特徴がある、③民族自身の願望、となっている。しかし、この3点に合致しながら、いまだに未識別民族と扱われている小さなグループは「数え切れないほどいるに違いない」（毛里1998、p.63）。ジノー族が単一民族として承認された理由について、中央民族学院を卒業したジノー族出身の党書記が自らの学んだ知識に基づいて単一民族であると主張して譲らなかったことと、ジノー族についての代表的な研究者として知られる杜玉亭が自らの愛着の強いジノー族を何としても単一民族として承認させたかったことに注目する研究者もいる（松本光太郎1995、p.57）。

回族やジノー族と、未識別民族にとどまっているグループと何が違うのかに科学的・客観的基準や理由はない。いずれも個別に検討された結果、「民族」と認定されたり、「ひとつの民族の一支系」とされたりしたにすぎない。回族とジノー族の例を見るに、個別的検討のプロセスとは、党に通じる各民族出身者が、学者の支持を動員しながら、党に対し単一民族を主張し、認定を要求し、党側にその要求を受け入れるだけの政治的な思惑があった、というものである。科学的・客観的基準はないことからも、国家がある民族を民族であると認定する（あるいは認定しない）という作業は、強い政治的意図に従って、国民国家形成との関係のなかで行われてきたことが分かる。

（2）　中国の少数民族自治区域

少数民族の認定と同様に、中国の少数民族自治区域の成立も、政治的意図に従って、中国の国民国家形成との関係の中で行われてきた。自治区域の数は流動的で、廃止される自治区域がある一方、満州族は1980年代後半から1990年前半にかけて遼寧省・河北省を中心に自治県を林立させている。

中国の民族自治区域については、先行研究によって、大きいものから順に、自治区（省と同格、省レベル）、自治州（地区レベル）、自治県（県レベル）の3つのレベルがある、とするものと、自治区、自治州、自治県、民族

郷（郷レベル）の4つのレベルがある、とするものがある。前者は、1954年中華人民共和国憲法（54年憲法）の第53条が民族自治県以上の行政区域を民族自治地方とすると規定したことによって、民族郷はその対象からはずされた、とする。以下は54年憲法の当該箇所の記述である。

> 第53条　中華人民共和国の行政区画の区分は、以下のとおりである。
> （1）全国を省、自治区、直轄市に分ける
> （2）省、自治区を自治州、県、自治県、市に分ける
> （3）県、自治県を郷、民族郷、鎮に分ける
> 直轄市と比較的大きな市を区に分ける。自治州を県、自治県、市に分ける。
> 自治区、自治州、自治県はいずれも民族自治地方である[4]。

現行の82年憲法においても、第30条で「自治区、自治州、自治県はいずれも民族自治地方である」[5]とされており、このような立場に立つ研究者は、民族郷について「民族自治地方ではないが、民族区域自治を補完するもの」（岡本1999、pp.58-60）、民族自治地方以外に散居する少数民族の一部をカバーするもの（佐々木信顕1988、p.136）と論じる。

後者は、54年憲法より後の1955年12月29日の「民族郷を設立する若干の問題に関する国務院指示」において、「中華人民共和国憲法に基づき、およそ郷に相当する少数民族集居地方は民族郷を設立すべきである」[6]との指示が出され、1956年から実施されたことに注目し、自治県よりもさらに下の末端の自治区域として民族郷が作られた、との立場をとる[7]。ただし、最初の民族郷が作られた後、1958年の人民公社化で一般の郷政府と同様にすぐに消滅しており、1978年以降の人民公社の解体と郷鎮制度の復活に伴って民族郷が復活したのは、1993年10月になってからである（毛里1998、p.59、p.92）。

民族自治区域を持つ44民族の中でも、モンゴル、ウイグル、チワン、回、

チベット族の5民族だけが省に相当する「自治区」を持つ。カザフ、イ、朝鮮族などは省の一級下の行政単位である地区に相当する「自治州」まで、満州、タジク、ヤオ族などはさらに一級下の「自治県」までしか持たない。

　少数民族のほとんどは資源が豊かで人口希薄な国境周辺に集中しており、民族の識別・認定、民族自治区域の画定および民族自治権の付与は、少数民族の中国共産党に対する支持を固め、辺境部に国家権力を浸透させ安定化を図るために行われた（松村 2000、p.24）。民族識別調査において指導的立場にあった費孝通は、1978年8月、政治協商会議全国委員会民族組会議で次のように発言している。

　党の民族政策をまじめに実行するためには、わが国にどのような民族がいるかを明らかにする必要がある。たとえば、各級権力機関に民族の平等を実施するためには、各級人民代表大会にどのような民族が何人の代表を出さなければならないか、民族区域自治を実行し、民族自治地方を樹立するとき、どの地方がどの民族の集中居住地区であるかをはっきりさせなければならない[8]。

　1949年の中国人民政治協商会議共同綱領と1952年の民族区域自治実施綱領が民族自治区域の設立を約束し、1954年9月に第1期全国人民代表大会第1回会議が開かれ、人民代表の一員として各少数民族自治区域の代表が出席している点を鑑みれば、「民族識別は民族自治地方や人民代表の対象を確定するという政治権益と密接に関わって行われた」と考えることができる（岡本 1999、p.39）。

　民族を民族であると認定する（あるいは認定しない）という作業に科学的・客観的基準はなく、強い政治的意図に従って、国民国家形成との関係のなかで行われてきたのと同様に、どの民族に、自治区、自治州、自治県のいずれのレベルの自治区域を与えるか、あるいは与えないかも極めて政治的な行為であった。どの程度の民族比率が確保できれば民族自治区域を獲得でき

るのかといった基準や、自治区・自治州・自治県に区別する目安について、法的な規定はないからである（松村 2000, p.2, p.30）。唯一、1983 年 12 月 29 日「民族郷を設立する問題に関する国務院通知」が、「民族郷の設立は、少数民族の人口が全郷総人口中に占める比率が、一般に 30％前後の場合が適当である。個別の状況が特殊である場合は、この比率よりも低くてもよい」[9]と具体的条件を示したのみで、民族区域自治制度の基本法となっている 1984 年民族区域自治法では何らの基準も示されなかった。少数民族に民族区域自治を約束した 1952 年民族区域自治実施要綱は、その第 4 条で、少数民族が集住する地域についての定義を示さないまま、以下のような設立の原則を示した。

　第 4 条　各少数民族の集居する地区においては、その土地の民族関係と、経済の発展条件に基づき、かつ歴史的情況を考慮して、それぞれ左に記載する各種の自治区を設立することができる。
　　（1）一つの少数民族の集居区を基礎として設立する自治区。
　　（2）一つの少数民族の大集居区を基礎とし、かつ人口まれなその他の少数民族の個々の集居区を含んで設立する自治区。このような自治区に含まれる人口まれなその他の少数民族の個々の集居区は、いずれも区域自治を実行しなければならない。
　　（3）二個またはそれ以上の少数民族の集居区を基礎とし連合で設立する自治区[10]。

　すなわち、1952 年の民族区域自治実施要綱は、各少数民族の集住区は民族自治区域を設立することができるという原則と、民族区域を設立できる場合の民族構成パターンを示すのみで、どれぐらいの民族比率があればどのレベルの民族自治区域を設立してよいのか、という設立の条件については何らの明確な基準を示していない。その後も明確で具体的な条件は示されずに今日に至っている。

（3） 今日の少数民族政策・制度

① 民族自決権—構想から否定へ

中国共産党は、建国以前には少数民族の民族自決権と連邦国家を構想していたが、今日の中国は、少数民族の自決権・分離権を認めていない。民族自決権の承認と少数民族が自由意志で参加する連邦国家の構想は、中国共産党の結成から中華人民共和国の成立直前までの間に、あるときは宣伝され、あるときは否定され、またあるときは明確にされなかったりと揺れ動いた。なぜ初期の中国共産党は少数民族の自決権・分離権を認めたのか、なぜ自決権を認め連邦国家を作るという構想は捨てられたのか、いくつもの先行研究が、この政策転換の過程を検証する研究を行っている。中国共産党が当初、民族の自決権と連邦国家を構想していたことについて、多くの先行研究が「唯一のモデルだったソ連の経験やコミンテルンの理論をそのまま取り入れた」[11]と論じるが、加々美は「中共結成当時の民族自決権と連邦制の主張を、単純に当時のソビエト・ロシアの民族政策を踏襲したもの」と見なす解釈に疑問を投じ、国際政治環境を検討しながら、中国共産党の民族政策は、ソビエト・ロシアの大国主義的な姿勢への反発および孫文の掲げる統一主義への反発から、連邦制と民族自決権を強調するものになった、と結論づけている（加々美1992、pp.39-42）。また、松本は、「古代から現代にいたるまでの中国の為政者は統一を何よりも尊」び、中国共産党を含め「二十世紀中国全体を通底する論理」は「中国の統一を最高目標として掲げ」ることであったとの認識のもと、「中国共産党創生期の連邦制と『分離権』の承認は、例外的なことであった」と述べ、この例外的な承認を取り消させてしまったのは、「日本による中国東北地方・内蒙古侵略」、すなわち満州国と蒙古連盟自治政府の成立という衝撃であったと論じる（松本ますみ1999、p.279、p.326）。

いずれにせよ、民族自決権と連邦国家の構想が1931年の中華ソビエト共和国の憲法大綱に明文化された。しかし、中国共産党は、結局、少数民族の自決権と連邦国家を否定し、「自治区域」を与えて、その区域に限っての自治を与える少数民族政策を採用した。毛里によると、今日の中国では、民族

の自決権について、「独立国家の一部、つまり多民族国家の中の少数民族には適用されず、独立国家樹立後は、主権、防衛権、体制選択権こそが自決権である」と説明されている（毛里1998、p.45）。

② 制度と法

今日の中国の少数民族政策は、少数民族に自治区域を与え、区域内での自治（＝区域自治）を認めながら、その区域を中国の不可分な一部として管理し、民族の分離権にいたる自決権を否定する、というものである。この民族区域自治政策は、概ね、①1949年の人民政治協商会議で基本的な枠組みを決定、②1952年の民族区域自治要綱で制度化、③54年憲法で確定、④1984年の民族区域自治法で自治権を拡大、という流れで制度化されてきた。

まず、建国直前の1949年9月29日、人民政治協商会議で採択された中国人民政治協商会議共同綱領は、新中国の民族政策について次のように確定した。

第50条　中華人民共和国の領域内の諸民族は、一律に平等であり、団結し助けあい、帝国主義とそれぞれの民族内部の人民の共通の敵に反対し、中華人民共和国を、諸民族の友愛と協同の大家庭にする。大民族主義とせまい民族主義に反対し、民族間の差別と圧迫および諸民族の団結を分裂させる行為を禁止する。

第51条　各少数民族が集居する地区では、民族の区域自治を実行し、集居する民族の人口の多少および区域の大小に従って、それぞれ各種の民族自治機関をもうける。

第52条　中華人民共和国の領域内の少数民族はいずれも、国家の統一的な軍事制度にしたがって、人民解放軍に参加し、地方人民公安部隊を組織する権利をもつ。

第53条　少数民族はいずれも、その言語・文字を発展させ、その風俗・習慣および宗教信仰を維持しまたは改革する自由をもつ[12]。

この共同綱領では、①各民族の平等、②連邦制ではなく区域自治を行う、③民族の言語、風俗、習慣、宗教を保護し、文化面での自治を賦与する、という基本的方針を決めている。松村は、共同綱領が発表された1949年は、「中共勢力は必ずしも全ての少数民族地帯に浸透しておらず、むしろ多くの少数民族地帯では、国民党勢力や地元少数民族勢力が実権を掌握していた」ため、中国共産党は、この共同綱領では具体的な規定を設定せず、全国の諸少数民族に政権への支持を訴える意味をこめて、「民族区域自治の実行と少数民族の政権参加という中共の指針のみを示し」た、と論じる（松村2000、p.12）。

　次に、1952年民族区域自治実施要綱（8月8日承認、8月9日公布）は、以下のように、分離権・自決権を完全に否定し、民族区域を中国の不可分の一部として制度化した。

　第2条　各民族の自治区はすべて中華人民共和国領土の切り離すことのできない一部である。
　第6条　自治区を設立するにあたって適当に画定できないばあいには、臨時の処理をし、のちに調整することができる。
　第7条　各民族自治区の行政上の地位、すなわち郷（村）・区・県・専区或いは専区以上に相当する行政上の地位は、その人口の多少および区域の大小などの条件によって区分する。
　第12条　各民族自治区の人民政府機関の設立は、区域自治を実行する民族を主要な構成員として組織し、同時に自治区内の適当数のその他の少数民族と漢族を含まなければならない[13]。

　そのほか、自治の権利として、民族語を使用する権利（15、16条）、民族幹部の養成（17条）、一定の財政管理権（19条）、国家の軍事制度に抵触しない範囲で公安部隊や民兵を組織する権利（22条）、地域の法令の制定権（23条）を規定した。

政府は、少数民族を全国的な行政体系にすみやかに組み込むために、自治区域画定作業について、臨時的な処理による成立と成立後の再調整を認める（第6条）という柔軟な規定を示した。暫定的な民族自治区の設立を促した結果、1952年半ばまでに130の民族自治区が設立されている。当時、民族自治区設立の対象とされた行政階層は、現在と異なり、第7条にあるとおり「郷（村）・区・県・専区或いは専区以上」と多様であり、多様な行政レベルの民族自治区域が一律に「～族自治区」の名称で設立された。

　54年憲法では、次のように自決権・分離権を認めない多民族統一国家としての中国と、区域自治の原則を確認し、法制上の体系化を完成させた。

　第3条　中華人民共和国は、統一した多民族国家である。諸民族はすべて平等である。いかなる民族に対する差別・抑圧も禁止し、諸民族の団結を破壊する行為を禁止する。各民族とも自己の言語文字を使用し、発展させる自由を有し、すべて自己の風俗習慣を保持し、または改革する自由を有する。少数民族が集居する地域では区域自治をおこなう。民族自治地方は、いずれも中華人民共和国の切り離すことのできない一部である[14]。

　また、第53条によって、それまで一律に民族自治区とされていた名称を行政区域の大きさに従って区分し、自治区、自治州、自治県を民族自治地方とした。

　③　民族自治区域に付与される自治権利

　上記のように、1949年人民協商会議、1952年自治実施要綱、1954年憲法で定められた規定のもと、1957年までは民族語や民族幹部の保護・育成など比較的穏健な民族政策が取られた。反右派闘争、人民公社化、文化大革命によって民族自治区域に「漢化、革命化、軍事化」（毛里1993、p.122）が押し付けられた一時期を経て、1984年10月の民族区域自治法では、文化・経済分野における少数民族の自治権が大幅に拡大された。民族区域自治法第3章「自治機関の自治権」第19条から第45条[15]で規定される自治権を整理

すると以下の通りである。

1) 現地の政治・経済・文化的特徴に応じて自治条例と単行条例を制定できる。（19条）
2) 上級の決定や命令が現地の実情に合わない場合には、実情に合わせて執行し、または執行を停止できる。（20条）
3) 職務執行に際しては、現地で通用している一種類または数種類の言語を使用する。数種類の言語を使用して職務を執行する場合は、区域自治を実施している民族の言語を主とすることができる。（21条）
4) 民族幹部を養成する。（22条）
5) 企業や事業体は、少数民族を優先して募集し採用しなければならない。（23条）
6) 国の軍事制度および現地の必要に従い、社会治安を維持するための公安部隊を組織できる。（24条）
7) 現地の特徴と必要とに基づき、経済建設政策・計画を制定し、経済事業を実施・管理できる。（25、26条）
8) 現地の牧草地・森林などの所有権・使用権を持ち、天然資源を管理・保護し、優先的に開発し利用できる。（27、28条）
9) 国境貿易を行うことができ、外貨保留面で国から優遇を受けられる。（32条）
10) 地方財政を管理・運用できる。民族自治地方の財政予算支出については、融通資金（機動資金）を設け、予備費が予算に占める割合を一般地区よりも高くする。（33条）
11) 民族教育を自主的に発展させることができる。（39条）
12) 流動人口を管理するための法を制定することができる。（43条）

毛里によると、このような自治権は、概して一般的な地方自治に本来含まれるべきものが多く、特に少数民族の民族的権利と特定できるものではな

い。また、これらの自治権は、第24条で認められた国家の軍事制度のもとでの一定の武装権が有名無実になっているのをはじめとし、すべて国家の法律が優先する（毛里1993、pp.120-122；毛里1998、p.60、p.298）。

（4） 中国の少数民族政策の特徴と問題点
① 諸民族の平等

新中国は、漢族を含む諸民族間の、政治的・社会的・経済的・文化的平等を実現すると示して、新たに統治下に入った少数民族を統合しようとしてきた。先行研究は「建前上平等」（毛里1998、p.47）と表現するが、たとえ建前上であっても政治的権利を含む諸権利は平等であり、大漢族主義も批判されてきた。今日でも漢族に対する啓蒙活動が継続して行われている。

このような民族平等政策は、建国に至る過程にあっては、大漢族主義的であった国民党政府との違いを鮮明に打ち出し、諸民族を共産党政権にひきつけるのに大いに役立ったこと、建国後、諸民族の間に中華人民共和国の一員としての一体感、中国への政治的帰属意識を醸成するのに役立ったことは想像に難くない。例えば、小川は、奴隷制社会に苦しんでいた四川省イ族の民衆や、漢族の下で働く小作農であった多くの在中朝鮮人にとっては、中共の訴える民族平等が大きな希望を抱かせる魅力あるものであったと述べている（小川佳万2001、p.7）。

② 少数民族への特別な恩恵としての自治

中国では一般行政区には自治権が与えられておらず、一般的地方自治というのは存在しない。地方の人民代表大会は、それ自体、権力機関であって、それに自治権を与えること自体が論理矛盾であることと、地方自治概念は「ブルジョア式＝官僚制的中央集権制」に対応する概念であるとの理由で、社会主義国家に地方自治は必要ないとされている。少数民族にのみ、彼らは特殊に保護すべきマイノリティであるとして自治を認めている。理論的には、地方はそれ自体が権力機関であるが、実際には限られた行政権力しか持っていない。中央政府は国務院に直接従属する地方政府に対して強い行政

権力を持っている。中央政府は、地方政府の幹部の任命・移動の全権、地方政府の法規・条例などの批准権、地方政府の行政管理活動に対する強制命令の権限を持ち、地方政府は中央政府のすべての指導を執行する義務を負う（毛里1993、p.49、p.121-129）。

実態として、地方の権力そのものが否定され、地方政府が中央政府の出先機関となっている中国においては、少なくとも中央政府の認識では、民族自治区域に与えられている使命は自治ではなく少数民族保護にある。

③　自決権・分離権がない

今日の中国は自決権・分離権を認めていない。毛里によると、建国当初、中共は、帝国主義が少数民族の「分離権にいたる自決権」を利用して中国の統一を妨げる恐れがあるとして、これを斥けたが、1950年代半ばから、自決権・分離権は、原理的に認められない権利として否定されるようになった。現在、「自決権と主権の関係」については、「自決権は外国による奴隷化と植民統治からの脱却、民族独立の国家を樹立する権利であって、いったん主権国家として独立を達成したあかつきには、民族自決権は多民族国家の中にある少数民族には適用されないという議論が支配的」であり、「独立国家樹立後は主権、防衛権、体制選択権こそが自決権である」と説明され、自決権と主権は「ほとんど等置」されている。そのため、「主権国家とエスニック・マイノリティの間に本来ある矛盾や対抗」について議論が行われる余地がなく、すべての民族紛争や衝突はひと括りに「民族分離主義」としてとり扱われている（毛里1998、p.306）。

④　政治的自治ではなく、文化的自治

「民族区域自治」は、不可分の統一国家、社会主義、党の指導という強い枠のもとでの地方自治であり、少数民族というマイノリティを保護するために与えられている。中国で行われている区域自治は政治的自治というには程遠く、その実質は、「特殊な地域に賦与された若干の地方自治と『民族の文化的自治』が混合したもの」にすぎない。したがって「すべて国家の法律が優先することはいうまでもない」（毛里1998、p.49、p.60）。

⑤　国民国家を形成する過程で政治的配慮で形成され、法的に曖昧

　上述したように、民族認定作業に具体的・客観的な基準はない。民族調査・認定の作業は、少数民族を中華人民共和国の「人民」として統合していくための作業であって、「上からの国民形成」のための欠くことのできないプロセスであった[16]。また、民族自治地方を設立できる民族比率や自治区・自治州・自治県の区別について、基準が規定されておらず、自治区域画定もまた政治的作業であった。松村は、民族自治地方の設立は、原則的には少数民族側の「要望」を政府が取り上げる形で設立するとされてきたが、現実には、少数民族側の下からの「要望」により獲得されるというよりも、むしろ国民国家を形成する過程の中で、地方政府や中央政府によって「上から授けられた」様相を呈してきた、と論じている（松村2000、p.30）。

　民族政策に関する中国の法規は、客観的かつ具体的な基準を明記していないということに加え、その表現自体があいまいである。一見、少数民族の権利を認めるかに見えて、それを制約し得る文言を含んでいたり、恣意的な解釈や運用を可能にするあいまいな文言が多い。例えば現行の1982年憲法第4条は、民族の平等を謳いながら「民族の団結を破壊し、民族の分裂を作り出す行為を禁止する」と付け加える。これが拡大解釈されて、少なからぬ少数民族が、その言論・執筆活動を理由に国家分裂活動の罪をとわれ拘禁されてきた（岡本1999、p.62）。

　中国政府は、少数民族を統合し国境地帯を統治していく過程でその時々の政治的な必要性に応じて民族政策を発展させてきたが、その際に、中央集権と地方分権という課題には本格的に手を付けずにきた。そのため、1984年区域自治法が、現地の実情に合わない上級の決定や命令を適宜変えられ、執行しなくともよいと規定していても、現地にとっては、あいまいな法の文言のどの部分をもって政治生命を奪われる恐れは残されたままである。

⑥　法規と現状の隔たり

　少数民族に付与されている自治権よりも国家の法律が優先されていることや、法規の文言自体のあいまいさの問題に加え、現状では法規とその運用が

かけ離れており、研究者によっては絵に描いた餅にすぎない法規を「丹念に検証することにあまり意味はない」（岡本 1999、p.62）との立場を取っているほどである。立法・行政・司法の三権の全権力を立法府に集中した議行合一のシステムをとっている中国では、行政と司法は原則として立法府に従属し、司法権の独立は否定されているため、法規と現状がかけ離れていても行政が法に従わないことに対して行政訴訟を起こして裁判で争うことはできない。「国家の最高行政機関」である国務院は、全国人民代表大会に従属し、「最高の裁判機関」である最高人民法院も、全人代の監督と支配下にあって、院長を含むメンバー全ては全人代が選出する。先行研究は、その肝心の全人代が民意を代表した権力でなく、民意を代表した権力として機能してもおらず、国家権力を独占的に行使しているのは党である、と指摘する（岡本 1999、p.63；毛里 1993、p.107）。往々にして、司法機関は中国共産党の行政機関、党の命令を執行する機関と化し、行政機関の職務執行には、中国共産党や政府の機関が発する命令、決定などの公文書が具体的な行政指導上の強制力として作用する。従って、その時々の政策は、法規よりもその時々の指導部の考えに沿ったものになり、法規と現状の間に大きな隔たりを生んでいる（岡本 1999、p.64）。

⑦　属地的権利保障

　中国における少数民族の権利保障は、個人的な権利を保障するものではなく、国家が公認した55少数民族に含まれる人々に対し、集団を単位として与えられる特定の権利を保障するものであり、民族区域自治制度を中心とする属地主義が基調となっている。属人主義的な権利保障は、進学・就職上の優遇と風俗・習慣上の尊重などに限定されるため、民族自治区域に居住しない場合、また自治区域を持たない民族は、その権利は一般の中国国民と同等の扱いを受けるにとどまる（岡本 1999、pp.51-59；松村 2000、p.5）。属人主義的要素の権利保障は、例えば一般都市に住む少数民族に対して「城市民族工作条例」（1993年）で一定の配慮がなされているとはいえ、その実態は薄弱なものである。民族語で裁判を受ける権利といった自治区域の中におい

てのみ実現される施策は、自治区域外に住む個人には及ばない。改革開放と市場経済の導入は、少数民族の都市部への流出を増加させ、北京や上海などの大都市に住む少数民族が増加の一途にあるなかで、現在の民族自治区域内に限っての属地的な権利保障のあり方はますます有効性を問われてきている。

第2節　延辺朝鮮族自治州の成立史

　新中国成立当初から中国内の民族として認知されていたのは9民族にすぎない。朝鮮族は建国以前から中国内に居住する民族として認知されていた9民族のひとつである。朝鮮族は、民族識別調査によって、ひとつの民族として認められた民族ではなく、建国以前からひとつの民族として認知されていたが、建国後、国籍を中国に変更することによって中国内の少数民族となった集団である。松本は、「20世紀初の漢人知識人」の国内民族に対する認識は、大きくは次の3つの序列に分けて分類することができるとする。①漢族が「A級エスニック集団」であり、②独自領域を持ち、かつ独自の文化があると認定されるか漢語を解するものの割合が高く、領域の地政学的重要性がある満州、モンゴル、回、チベット族が「B級エスニック集団」であり、③中国の西南に点在し、「文明なし」とみなされ、領域の地政学的重要性もないとされたミャオ、ヤオ族などが「C級エスニック集団」である。朝鮮族は、このB級にもC級にも含まれていない。1928年7月、モスクワで開かれた中共第6回全国代表大会で「革命にとって重大な意味を有する」民族のひとつとして「満州の朝鮮人」が登場しているが[17]、この時、在中朝鮮人は中国共産党にとって「祖国が日本帝国主義のもとにある植民地で、本来独立を果たすべきネーションであることから、国内にもともと居住するエスニック集団を対象とした従来の中国共産党の民族理論では解釈ができない」存在であった（松本ますみ 1999、p.173、p.182）。

　自治区域・自治権の付与（あるいは獲得）に関して、少数民族全般をとり

扱う先行研究の意見と、朝鮮族を取り上げ事例研究を行う先行研究の意見とは食い違いを見せている。このことは、朝鮮族が中国共産党にとってどのようなエスニック・マイノリティであったかを考えるうえで興味深い。少数民族全般を取り扱う先行研究が、自治区域と自治権は上から与えられたもの、という立場をとるのに対し、鄭は、「1930 年代の抗日民族共同闘争や解放後の朝鮮族自治という輝ける歴史事象は、所与のものとして存在したのではない」と主張する。抗日民族共同闘争も朝鮮族自治も、上から与えられたものではなく、中朝両民族間の「民族対立」――主として軍閥政権支配、地主の搾取、日本帝国主義の侵略を源泉とし、一般大衆間にも影を落としていた「民族対立」――を乗り越えて「克ち取られたもの」であると考える立場である（鄭 2000、pp.8-9）。鶴嶋も、「延辺朝鮮族自治区は、朝鮮族が血で勝ちとった自治区」であり、「単なる中国民族政策の成果とみなすことはできない」と述べている（鶴嶋 2000、p.357、p.371）。

（1） 延辺成立前史
① 民族共闘の歴史

1 抗日期

1925 年に創建された朝鮮共産党は、翌 1926 年には海外総局のひとつとして満州総局を設置した。朝鮮独立を活動目的としながらも、中国人民衆との共闘も図りながら反地主・反封建・反帝国主義運動などを指導し、在東北朝鮮人社会、とりわけ農村部を中心に基盤を獲得していたという。中国共産党は、朝鮮共産党に 2 年ほど遅れて 1928 年に満州省委員会を正式に設置し、東北部での本格的活動を始めている（鶴嶋 1997、p.234、p.279、p.350；鄭 2000、pp.104-105）。

朝鮮共産党満州総局に出遅れた中共満州省委員会は、特に農村部にほとんど影響力を持たなかったため、1928 年には革命成功の暁には延辺で朝鮮人の自治権を認めることを方針として打ち出した。東北で抗日戦争を指揮した中共幹部の周保中は、1946 年に行った報告のなかで「1928 年以後、中共東

北党組織は東北とりわけ延辺の朝鮮居民を東北境内の少数民族に列し、彼らが中国人と同等の一切の権利を有すること、自治権と分離権を有することを承認した」[18] と述べている。1928 年、中共 6 回全国代表大会で採択された「民族問題に関する決議」では、「満州の朝鮮人」は「革命にとって重大な意味を有する」中国国内の少数民族のひとつとされてもいる。朝鮮半島が日本の植民地支配から解放されれば朝鮮半島へ帰っていく存在ともみなし得た彼ら在中朝鮮人を、中国共産党が早くから中国の少数民族と認識していたという点は興味深い。朝鮮共産党に大きく遅れをとっていた中国共産党にとって、在中朝鮮人を引き付ける魅力ある方針として自治の付与を打ち出し宣伝する必要があったことは想像に難くない。ただし、延辺大学の歴史学者である朴昌昱は、在中朝鮮人にとって、中国革命への参加は、弾圧と搾取を受けてきた自身を解放する唯一の正しい道であったのみならず、同時に朝鮮革命を勝利へと前進させることでもあったという認識のもと、中国共産党が朝鮮人の革命力量を利用したという見解を批判している（朴 1995、pp.83-84）。

ところが、1928 年夏のコミンテルン第 6 回大会は「一国一党原則」を採択し、同年 11 月頃、コミンテルン執行委員会幹部会議によって朝鮮共産党は支部としての承認を取り消されてしまう。朝鮮共産党は解散となり、メンバー各人は中国共産党に入党した。1930 年には千人以上の朝鮮共産党員が入党したため、東北農村における中共党員の 70 〜 80％は元朝鮮共産党員で占められることになり、とりわけ、延辺地区を管轄する東満特別委員会は幹部も大半が朝鮮人で占められた（東満特別委員会の部長級幹部 27 名中、朝鮮人幹部は 18 名）。朝鮮共産党員の吸収によって、中国共産党満州省委員会の活動は急速に活発化し、特に農村部に強大な影響力を獲得したため、中国共産党も朝鮮人党員の存在を評価していたが、その一方で、3 名の書記はすべて漢族で占められてもいたともいう（鄭 2000、pp.104-109、p.113）。

1932 年 11 月から 1936 年 2 月まで、中共満州省委員会ではほとんど全ての朝鮮人党員を対象にした内部粛清（＝反「民生団」闘争[19]）が行われた。鄭は、反「民生団」闘争の時期においても「抗日民族共同闘争そのものは絶

えることはな」く、朝鮮人党員は「反『民生団』闘争で受けた物理的精神的打撃にもかかわらず、中国革命の達成こそ朝鮮民族独立解放の前提であるとの信念」を持って、「広範な東北在住朝鮮人の旺盛な反日意識」に支えられ、中国共産党のもとで必死の闘争に取り組み続けた、と述べて、抗日共同闘争の歴史を主張する立場をとっている（鄭 2000、pp.117-118）。朝鮮族以外の民族の見解として、抗日期を在中朝鮮人とともに生きた中共幹部の周保中が「東北人民の勇敢で苦難に満ちた抗日14年の闘争の歴史は、中国人民と朝鮮人民の血と涙が凝縮して出来上がっている」[20]と述べていることも看過し得ない。

　鄭が指摘するように、「中国朝鮮族を巡る現代国内民族関係の基盤を抗日闘争に置くことに、過半数の朝鮮族は異存を持たない」し（鄭 2000、p.126）、今日の朝鮮族のほとんどは自らの集団が抗日と国共内戦に果たした役割を誇りに思っている[21]。公的文献[22]には、朝鮮族が各族人民とともに中国共産党の指導の下でいかに抗日闘争を戦い、中国の解放に貢献したかが長々と書かれている。中国で出版される文献には、中国共産党の正当性を援護する内容にとどまるものが多いのも事実だが、このような民族共闘関係は単なる上からの押し付けの歴史観とは言えないようである。延辺朝鮮族出身の研究者の指摘によると、中国朝鮮族は、中国の55少数民族のなかでも、漢族との関係が、①抗日闘争と中国革命という二つの目標を実現するにあたって、ともに戦った「血盟的同士関係」にある民族である、②漢族にとって、「報恩関係」にある民族である（在中朝鮮人は最前線に立って戦った）、③（在中朝鮮人の抗日運動と中国の抗日運動との関係により）「相互補完関係」にある民族であるという点で、特異な存在である（방 1999、p.49）。抗日闘争と中国革命に尽力した少数民族は朝鮮族だけではあるまいが、多くの朝鮮族の認識に従えば、朝鮮族は、抗日闘争と中国革命の実現のために尽力したという中国共産党との関係により、中国の少数民族として公認されるべき正当な理由を持っている。「自己の生活圏を、一方的に共産党政権の領域に組み込まれてしまったチベット族やモンゴル族、新疆の回族など」と朝鮮族の対漢

族関係が異なる点として、この抗日共闘闘争をあげることができる（鄭2000、p.126）。

2　国共内戦期

　日本統治崩壊後、延辺は一貫して「解放」地区を維持し、国民党の支配下に置かれることはなかった。在中朝鮮人の中には、地主や親日派で中国共産党の支配に抵抗する者、国民党の保護を受ける大韓民国臨時政府（金九主席）を支持する者がいたことも看過し得ないが、国民党支配地域の朝鮮人が土地の没収を受けていたのに対し、延辺では1946年には朝鮮人を含む貧農に土地を与える土地改革が始まったことも相俟って、東北の朝鮮人には共産党支持者が多かった。

　中国で出版された文献によると、国民党はその支配地区で、在中朝鮮人に共産党と関係があるという罪名をかぶせ、その財産や耕作地を「敵遺財産」として没収したという。国民党支配地区の朝鮮人農民の生活は極度に不安定で、食糧難も深刻であったうえ、朝鮮語の書籍出版は「不良な思想を予防」するとの名目で厳しく統制され、朝鮮人の結社・集会、文芸活動も運動会まで禁止されたという（반・리1997、pp.184-185）。以下は、中国で出版されたまた別の文献からの引用である。中国共産党の正当性を援護するための誇張の可能性や、数字の典拠が不明であることを考慮しなくてはならないが、当時の在中朝鮮人一般農民の心情の一端を知る手がかりになると思われる。

　和龍県スンソン村の宋氏宅の年老いた母親は、息子の宋キソプを見送る時、息子にこのように意味深長な言葉を言った。「国民党反動派をたたきつぶさねば、我々貧しい百姓は無事に暮らしてはいけない。お前は私の息子であり、また党と人民の息子でもある。勇敢に戦い、敵をたくさん掃滅しなさい」。…3年間の解放戦争期間に、延吉、和龍、汪清、琿春、安図、敦化の6県では合計5万余名が参加したが、そのうち朝鮮族が85％を占めている。そして、公安隊、武装工作隊、武装民兵など地方性格を帯びた武装組織に参加した人たちは10万余名を超えた[23]。

② 二重国籍者から中国公民へ
1 国籍問題—在中朝鮮人は中国国内の少数民族か？外国人か？

中国共産党は早くから在中朝鮮人を中国の少数民族と認識し、1928 年には革命成功の暁に自治を認める方針を打ち出していた。しかし、少数民族の民族自決権と連邦制国家の構想について揺れ動くなかで、在中朝鮮人を中国の少数民族とみなし、革命成功後に自治を与えるとの方針にも揺れ動きが見られる。

東北で抗日戦争を指揮した中共幹部の周保中（当時吉林省長）は、1946 年 12 月から 1947 年 1 月にかけて開かれた吉林省群衆工作会議での報告「延辺朝鮮族問題」のなかで、次のように述べている。周保中は、「"8.15" 東北光復以後、東北中朝人民関係と朝鮮居民の地位問題が再び提起されている。朝鮮人はつまるところ中国境内の少数民族なのか？それとも外国の僑民なのか？」と問題提起し、「1945 年 9 月末、中共中央東北局はすでに東北の朝鮮民族問題に注目し、華北抗戦に参加した朝鮮義勇軍を除き、東北の朝鮮居民一般を中国境内の少数民族と同一視した」ことや、「満州事変以前を見ても、1928 年以後、中共東北党組織は東北とりわけ延辺の朝鮮居民を東北境内の少数民族に列し、彼らが中国人と同等の一切の権利を有すること、自治権と分離権を有することを承認した」点を強調し、「党は現在の新環境の中で、まだ朝鮮人の少数民族としての地位を明確に宣布してはいないものの、実際は朝鮮人に対して少数民族の平等政策を実施しており、またそれは将来必ず発展していくだろう」[24] と述べた。1946 年 12 月に開かれた吉林省民族事業会議での演説「朝鮮族は中華民族の堂々たる一員」においても、周保中は、「朝鮮族は中国の一民族になるのに遜色がない」とし、「我が党は、たとえまだ朝鮮族の少数民族としての地位を明確に宣布してはいなくとも、実際上は朝鮮族に対し少数民族としての平等政策を実施している」[25] と述べている。先行研究は、周保中のこれらの発言から「中共は少なくとも 46 年末において、朝鮮人の少数民族としての地位を明確に宣布していなかった」（李海燕 2002、p.220）と指摘するが、1946 年 1 月 1 日付『延辺民報』掲載の「新年

献辞」は次のように論じており、中国共産党が在中朝鮮人を中国の少数民族として扱う道筋は 1946 年初には大枠で整っていたように思われる。

　新延辺を建設する巨大任務を完成させる為には、まず必要なのは強固な中朝民族間の兄弟のような団結である。中朝民族間の団結なくして新延辺の建設は不可能である。現在我が延辺地区の民主政権は既に成立している。疑いようもなく、延辺地区に居住している韓_マ人_マは政府の法令を遵守しなくてはならず、また政府の法律保護を受けられる。中国国籍加入を希望する韓_マ国_マ人_マは入籍でき、中華民国の国民になることができる。かくして朝族は中華民族の中の一少数民族になれる[26]。

2　土地改革と二重国籍の承認・解消

　1950 年半ばから華北・華中・華南、チベットを除く少数民族地区で土地改革が行われたが、この時すでに東北地方では土地改革が終わっていた。1950 年 11 月から本格的な軍事制圧が始まったチベットとは対照的に、延辺では 1946 年に土地改革が始まっている。延辺における土地改革運動は、かつて日本および満州国が所有していた土地を、土地を持たないか、わずかしか持たない貧農に分配することを目的に着手されている。日本および満州国という、すでに消滅した以前の権力者の土地を配分する土地改革に大きな混乱や抵抗は起こり得なかったであろうし、また、貧農として土地配分を受けた多くの朝鮮人を惹き付けたことは想像に難くない。

　土地改革と前後して在中朝鮮人に中朝の二重国籍を持つことが承認されている。この二重国籍承認の時期や目的については、研究者によって見解が異なっている。鄭は、土地改革運動が一段落した 1948 年には中国共産党が二重国籍の処理に着手していることから、この二重国籍承認の決定は「あくまでも土地改革のための便法」であったと述べ、二重国籍承認の時期も土地改革の初期である 1946 年半ばごろと推測する（鄭 2000、pp.161）。一方、李海燕は、東北地区における土地改革の初期段階（1946 年から 1947 年後半ま

で）は窮民革命的であり、土地分配の対象を限定するような規定がなかったことや大衆の支持を獲得する必要などから、「中共は土地の分配を中国国籍所有者に限定していたとは思われ」ず、朝鮮人の国籍問題も初期においては「とくに問題にはならなかった」と主張する。李によると、在中朝鮮人の国籍問題が浮上するのは、1947年後半以降、国共内戦の戦局が中共優勢に向かうなかで、中国共産党が10月に「中国土地法大綱」を、12月には「東北解放区で土地法大綱を実行するための補充方法」を発布し、「東北解放区内の少数民族は漢人と同じく土地を分配されるべきであり、同時に所有権を有するべきである」（「補充方法」13条）として土地分配を受ける者の資格を問題に取り上げ始めたことによる（李海燕 2002、pp.221-222）。

　延辺で土地改革に携わっていた中共幹部の劉俊秀は、「様々な歴史的原因、特に清朝と民国時期の封建統治者の民族差別視政策と傀儡満州国時期の日帝統治者たちの民族離間政策で、朝鮮族人民は中国国籍を得ることもできずにいた。土地改革運動が始まったが、彼らは中国国籍がないため中国公民としての待遇を受けることが困難であった。この問題を正しく解決できなければ、延辺地区では歴史的な土地改革運動を推し進めていくことはできなかった」[27]と回想している。劉俊秀は、「ある朝鮮族老人」との閑談によって、在中朝鮮人に中朝の二重国籍を承認することを思いついたという。以下は劉の回想からの引用である。

　あるとき一度、私はある朝鮮族老人と閑談しながら、朝鮮の状況や中国の状況を話し、「こちら側とあちら側のどちらが好きですか？」とたずねた。
　「本当にどのように言えばよいのだろうか？こちらも私の祖国だし、あちらも私の祖国だから」。このように言う老人はしばらく考えながら「まるで父と母みたいなもので、どちらがより好きかなんて言えるだろうか？」と笑ったのだった。
　老人の言葉は私に大きな啓示を与えた。突然彼らに一つの国籍だけを選べといったら彼らは感情を持ち直すのが難しかったはずだ。父の息子でもあり

母の息子でもある！彼らのこのような感情を尊重し、朝鮮が彼らの祖国であることを承認する一方、彼らは中国の公民で中国の一少数民族であるとみなしてはいけないのだろうか？つまり、彼らの二重国籍を承認することで、中国公民としての全ての権利を享受させ、中国の解放戦争に寄与するようにさせればよいのではないか？こうすれば当面の緊迫した問題も解決でき、彼らの感情も害さずにすむのではないだろうか[28]。

そして、在中朝鮮人を二重国籍者とみなし取り扱う自身の意見を報告したところ、中央は「即時許可した」と回想されている。1945年以降、少数民族に二重国籍が認められた例は他になく、異例の承認が朝鮮族にのみ認められたことになる。また李は、二重国籍承認の目的について、朝鮮人に土地を与えるためのみならず、「『中国人民の解放戦争』と『朝鮮に帰り、反侵略戦争に参加する』ための、東北地区居住朝鮮人むけの兵士募集というもう一つの目的」があったと論じている（李海燕 2002、p.223）。

いずれにせよ在中朝鮮人の二重国籍状態は1948年で終わっている。豆満江（図們江）を挟んで延辺と隣接する朝鮮半島では、南では1948年8月15日に大韓民国政府が、北では9月9日に朝鮮民主主義人民共和国政府が発足している。8月15日には中共延辺地委が「延辺民族問題について」とする決議文のなかで、「我が党と政府は延辺朝鮮民族人民に中国境内の少数民族としての地位を許可する」としたうえで、初めて中国朝鮮族公民と朝鮮僑民との違いを次のように区別している。

およそ延辺に居住している朝鮮人民で戸口を登録し戸籍のある人民は公民である。およそ暫時往来し戸籍のない者は僑民である。また、政府の批准を経て移住・出国し再び戻ってきた者も僑民である。我が方の高級政府の批准を得ず北鮮（ママ）から移住してきた者はみな僑民である。およそ家族は朝鮮にいるが家長と財産は延辺にある者は、政府の許可を経て公民としての承認を受けられる[29]。

3 伝統的な中朝跨境生活圏

この決議文でいまひとつ注目したい点は、中国朝鮮族公民と朝鮮僑民の区別を明確にしながら、祖国ある少数民族の特徴を認めなくてはならいこと、「歴史的にも解放後も彼らと祖国北鮮の間には直接的にも間接的にも、政治、思想、経済、宗教、家族関係上の一定の関係」があり、朝鮮族と朝鮮半島との間の人的往来は「避けられない現象」であることを率直に認めている点である[30]。

実際、二重国籍解消後も国境管理は困難で、1940年代末から1950年代初頭当時、生活のなかで国境を往来することが日常化していたようである[31]。図表1-1は、1951年から1971年の、延辺における中朝間の非合法越境状況を示した中国側の統計である。これによると、1951年に中国へ非合法に渡った北朝鮮の住民は1万4,889人、うち最多の9,509人の越境理由が「越境遊覧」であり、「親戚友人訪問」1,921人、「密貿易」1,892人、「求職」638

図表1-1 延辺における中朝間の非合法越境状況　　　　　　（単位：人）

項目	1951年		1959年		1961年		1971年	
	中国公民※	朝鮮公民＊	中国公民※	朝鮮公民＊	中国公民※	朝鮮公民＊	中国公民※	朝鮮公民＊
合計	1558	14889	357	534	11135	1235	215	137
畏罪逃避（処罰を恐れての逃避）	16	576	8	7	2	2	28	7
越境作案（越境犯罪行為）	498	233	33	3	28	5	4	14
密貿易	590	1892	139	57	1435	162	—	2
親戚友人訪問	454	1921	136	47	1395	333	37	—
求職	—	638	19	51	7893	731	129	—
越境遊覧	—	9509	22	5	297	2	10	1
治療	—	120	—	1	85	—	—	—
誤越国境	—	—	—	—	—	—	5	7
其他原因	—	—	—	363	—	—	2	106

出所：『延辺朝鮮族自治州志』上巻、中華書局、1996年、p.548。
注：※は北朝鮮へ渡った「中国公民」、＊は中国へ渡った北朝鮮の「公民」を指す。

人、「治療」120 人と続く。これは中国公安が把握し得た人数であり、実際にはもっと多かったであろうことは想像に難くない。また、ここには朝鮮戦争により延辺へ避難した北朝鮮の住民は含まれていない。中国側の統計によると、朝鮮戦争時に延辺へ避難した「朝鮮難民(マン)」は、1953 年までに 1 万 1,728 人に及ぶ[32]。この 1 万人を超える「難民」とは別途に、図 1 - 1 のような越境往来が存在していたことになる。

　これらのデータと合わせて考えると、建国直前の中国共産党は、国境管理に手を焼いていた一方で、延辺と朝鮮半島北部に暮らす人々にとって豆満江（図們江）を渡る相互往来は日常的な行為であり、跨境的な生活圏の存在に配慮する必要を認めていたと思われる。鶴島（2000）や西（2001）は、歴史的・伝統的に、間島（延辺）と咸境道の間にはスカラピーノ（Scalapino）の提起するところの自然経済圏（Natural Economic Territory：NET）が存在してきたと論じているが、それらの主張の背景にはこのような草の根の往来関係が存在している。

4　民族関係

　朝鮮族と漢族との民族関係について、周保中は 1946 年の報告のなかで「満州事変以前の延辺では、全東北でさえも、経済関係は基本的に中国人―地主、朝鮮人―農奴式小作貧農であった」[33]と述べている。李盛煥は、間島の農業経営構造の骨幹は主として漢族＝地主、朝鮮人＝小作人で構成されていて、かつ朝鮮人地主と朝鮮人小作人による同一民族間での小作関係よりも、漢族地主と朝鮮人小作による異民族間での小作関係のほうが、小作料がより高率であるなど小作条件が劣悪であったために、民族間の対立を発生させていた、と論じる（李盛煥 1991、p.430）。これに対し、鄭は、証言やインタビューなどの資料を用いて、搾取の度合いなどは個別的であり、朝鮮人小作が漢族地主に対して一律に民族的反感を抱いていたわけではなく、むしろ一般の農民同士の間には民族の違いを越えて素朴で牧歌的な共存関係が存在していた、と論じる。さらに、反「民生団」闘争として中共内部で朝鮮人党員を対象にした粛清が行われたことや、満州国期の民族離間隔離政策に起因

する民族間のわだかまりやいざこざが存在したことも認めながら、それでも「全期間に民族間の協調を目指した努力は常に存在していたし」、「両者の心理間に半永久的な憎悪を生み出すトラウマとして焼き付けられるような事態には決して至らなかった」として、民族対立説を斥けている（鄭 2000、p.58、p.126）。

　また、鄭は、祖国朝鮮の独立達成のため、中国共産党から約束された自治を実現させるため、抗日闘争にも反「民生団」闘争による党内粛清にも「多くの朝鮮人は共産党を信じ耐え続けた」と論じ、おおむね中国共産党の指導下でそれに協力して生きた朝鮮人像を主張する（鄭 2000、p.168）。一方、鶴嶋は、「中国の朝鮮人の反日・抗日闘争を中国共産党の指導下にあったものだけに視野を限ってはならない」とし、ひとくちに在中朝鮮人と言っても多様な立場が存在したことに言及する。鶴嶋によると、在中朝鮮人は少なくとも、中国共産党の指導する闘争に参加する者と、中国共産党の攻撃目標になる者（国民党系の朝鮮人団体、親日的団体、反日・抗日闘争を中共の指導下に入らずに展開しようとした民族主義者など）に大別することができる[34]。ただし、鶴嶋の研究は、全体的に、中国共産党の指導下で血と汗を流して協力した朝鮮人像が、在中朝鮮人の大きな流れであったことを肯定している。

　李は、在中朝鮮人は、形式的には日本人であっても、実質的には日本人でも朝鮮人でも中国人でもありえず、国籍もなく、国家の保護もなく、民族的保護もない存在であり、「ある意味では、朝鮮人の国籍問題を取り巻くこのような国際的環境は、朝鮮人が日中両国に完全に吸収、同化されることなく、"朝鮮人そのもの"として、存在しうる条件を提供するものであったと考えられる」と論じる（李盛煥 1991、p.165）。「"朝鮮人そのもの"」として存在していた、あるいは存在せざるを得なかった彼らが、自らが政治的主体となり得る自治を求めたこと、日本が持ち出していた朝鮮人自治の構想[35]よりは、抗日・反帝・反軍閥を掲げ、朝鮮人を含む諸民族に民族自決権や自治権付与の構想を語る中国共産党に魅かれたことは、自然なことであったのかもしれない。

（２） 延辺の成立過程

1952年9月3日、延辺朝鮮族自治区（後に州）が創建された。この時すでに、1947年5月1日に内モンゴル自治区、1950年11月24日に四川省甘孜チベット族自治区（後に州）、1951年12月15日に青海省玉樹チベット族自治区（後に州）が出帆しており、延辺は、州以上の自治区域としては全国で4番目にできた民族自治区域である[36]。

既述したように、少数民族一般を扱う先行研究は、民族自治地方の設立は建前上は少数民族側の下からの「要望」によるものであるが、実際には、国民国家を形成する過程のなかで地方政府や中央政府によって上から授けられる様相を呈してきたと論じる。しかし、延辺の場合、必ずしも単に「上から授けられた」ものではなく、延辺現地の選択や要求の結果として成立したと思われる点も少なくない。ここでは、中国共産党が「民族区域自治」を明確に打ち出すまでの転換期において、朝鮮族が自ら選択し自治区が成立した経緯を見ていく。

1931年の中華ソビエト共和国の憲法大綱を見る限り、朝鮮人への自治区域と自治権付与は自治区域の構想とともに早々に中国共産党の念頭に置かれていた。しかしながら、中国共産党は、結局は少数民族に分離独立権を認めた当初の連邦国家構想を捨て、分離独立を認めない統一国家を目指した。このような中国共産党の民族政策の揺れ動きのなかで、延辺に朝鮮人による自治を実行するための具体的な作業に着手がなされたのは、1948年に二重国籍問題の処理がなされ、全東北も「解放」されたのちの、1949年に入ってからである。

1949年1月21日、中共吉林省委は民族事業座談会[37]を召集した。延辺側が、少数民族の分離・独立権を否定した中共の区域自治政策の受け入れを決定したとされる、この民族事業座談会は、中国ないし延辺では「延辺朝鮮族人民が民族自治権を行使するのに画期的意義のある意義深い会議」[38]と位置づけられている。中国共産党の民族自治政策が分離・独立をめぐって揺れ動いている時期にあって、会議では、延辺の今後の有り様について各朝鮮族党

員から多様な見解が提出された。意見は大きく3つに分かれ、①延辺を北朝鮮に帰属させるべきという主張（林春秋）、②ソ連に習って延辺を将来自治共和国（加盟共和国）とすべきという主張（林珉鎬）、③民族区域自治を主張するもの（朱徳海）があった、という（鄭 2000、pp.163-164）。朱徳海は以下のように発言したという。

　我々朝鮮族が血を流し…（中略）…戦ってきたのは、誰もが皆承認する事実であり、我々の輝かしい歴史である。しかし、必ず肝に銘じなければならないのは、我々が革命に参加した目的である。我々は自分の王国を作ろうと革命に参加したのではなく、圧迫と搾取をなくし、勤労大衆の幸福と自由を得るために革命に参加した。そして我々が中国革命に参加したのは、客として、支援兵としてではない。中国人民の堂々たる一員として歴史が付与した義務を果たしたのである。血を流す戦いでこのようだったのだから、以後、建設のなかでも当然、客としてではなく、国の主人として自分の力を尽くさねばならないだろう。従って、我が民族の特徴に従い、民族自治権を享受することはできるが、自分の独立王国を立てることは完全に間違った考えである[39]。

　様々な見解が提出されたが、「最後には、延辺朝鮮族自治州を創立し、中国共産党と中央人民政府の指導下に十分な民族自治権利を享受しながら、延辺をより立派に建設することで意見を統一した」[40]、つまり、座談会の結論は朱徳海の主張に落ち着き、この座談会の結論をもって延辺に民族自治区域を設立することが決定された、という。朱徳海は1949年3月、中共延辺地委書記に任命され、特段の批判も混乱もなく、朱徳海を軸に自治区創建の作業が進められていった（鄭 2000、p.164）。延辺の北朝鮮帰属を主張した林春秋は北朝鮮で朝鮮労働党幹部になり、延辺を自治共和国とする提案を行った林珉鎬は延辺にとどまって、延辺日報社社長、延辺大学副校長としてその後の延辺の発展に尽力した。

延辺の今後の帰属についての議論が、座談会で平和裡に結論を見たこと、しかも中国共産党の意向に沿うものが結論として採用されたのは、なぜであろうか。その理由として、①既述したような在中朝鮮人と中共との共闘の歴史、そして②延辺に政治的な権威をもつ経済的・宗教的権力者が不在であったことの2つが考えられる。

　松村が「少数民族社会内で民族上層人と一般少数民族が支配・従属の関係にあるような地域」では民族区域自治制度の開始が容易でなく、逆に「既に多くの民族幹部を擁した革命の老根拠地や、漢族地主が一般少数民族を支配・搾取してきたような民族間構図を持った地域」では容易であった、と指摘している（松村2000、p.18）。少なくない少数民族地区で、中央政府は、王公・貴族などの土地の有力者、あるいは活仏・ラマといった宗教指導者を、新政権に引き込むよう様々なアプローチを行っている（毛里1998、p.98）が、延辺にはこの種の「土着の有力者」が存在しなかった。日本と満州国の権力が消滅したあと、中国共産党の指導下で活動する地元の共産党員が直面したのは、主に漢族地主と朝鮮人小作からなる農業経営構造であり、中国共産党にとっては民族区域自治制度が開始しやすいケースであったと考えられる。

　一見、延辺と類似した経過を持つのが内モンゴル自治区である。毛里によると、内モンゴルでは、日中戦争終了前後から翌年にかけて3つの系統の運動があった。ひとつは、同胞の国＝モンゴル人民共和国と統合しようとする動き（ハフンガらを中心とする）であり、二つ目は「内モンゴル人民共和国」として独立しようとする動き（ボインダライら）であり、三つ目は、中共のもとで内モンゴルに自治を敷こうとする動き（ウランフら）である。これは、延辺で、北朝鮮との統合と、共和国としての独立と、中国共産党の指導下での区域自治、という3つの選択肢が議論されたことと似ている。延辺と異なる点は、延辺では座談会の会議結果として中国共産党の指導下での区域自治を選択することが決定されたのに対し、内モンゴルではそれぞれが各自の目標に向かって行動を起こしていくなかで、モンゴル人民共和国が内外モンゴル統合も内モンゴル独立も歓迎せず、統合派と独立派が中共系の自治

運動に吸収されていったことである[41]。

　内モンゴルの例を勘案する限り、延辺の将来を方向付ける激動期にあって、延辺の帰属や自治のあり方という重要問題が、座談会という机上の話し合いのみをもって、中国共産党指導下の区域自治を選択することに結論がまとまったということは、正直なところにわかには信じがたい話である。この座談会については、管見の限り、その存在や議論の内容を裏付ける別の資料は見当たらない。中国では民族問題や民族政策を論じる著作が多く出版されているが、かねてよりその問題点として、「中共の民族政策の理論的根拠を示すことに主眼がおかれ、中共の政策を客観的に分析するのではなく、いわば中共の正当性を援護する内容にとどまっている」(小川佳万 2001、p.15)と指摘されている。また、中国で発表される朝鮮族研究は、在中朝鮮人の歴史のすべてを「朝鮮人が中国少数民族のひとつである朝鮮族になる過程」(鶴嶋 1997、p.238)という枠内にはめ込んで論じる傾向がある。「中国における朝鮮人の反日独立運動や朝鮮人共産主義運動に関する中国朝鮮族の研究の重要な特徴は、極端な一国社会主義の立場に立って、中国共産党の指導下になかったものすべてを無視ないし軽視している」(鶴嶋 1997、p.297)との鶴嶋の指摘は、辛らつだが、うなずけるものでもある。

　そのため、座談会の存在と内容を裏付ける別資料については、今後の研究が待たれるところであるが、ここではいったん現在利用可能な文献と先行研究の範囲内で座談会での議論を検討してみると、中共系グループが他の2グループを吸収していった内モンゴルの場合とは対照的に、延辺では、誕生後に中国共産党から離れようとする要素(中国からの離脱や独立といった思想を持つ者)を北朝鮮に受け渡し、生まれながらにして中国共産党と寄り添っていく以外に進む道を絶って設立されたのではなかろうか。

　松本が指摘するように、中国共産党は少数民族に対して「漢人とともにプロレタリア革命を起こすのが『当然』である」という態度を貫き、それ以外の選択肢を認めようとしなかったし、また、「各エスニック集団が主体的にどのような政治体制を選ぶのか、あるいは選ばないのかというエスニシティ

の観点から見たエスニック問題解決の方法」も欠いてきた（松本ますみ 1999、p.172、p.192）。加々美は、「漢は確かに解放戦争・抗日戦争を通じて主体的選択を行いマルクス主義の中国化を図って中国社会主義と中華人民共和国を選び取った。しかしその他の少数民族はこれらの選択に果たしてどれ程主体的に関わったと言いうるであろうか？かれらにとって中国社会主義と中華人民共和国がかれら自身の選び取ったものでなく、ただ漢から与えられたに過ぎないものであるとしたら、この受動的在り方が、様々な現実の弊害の出現と共に反省され、改めて主体的選択が望まれるようになったとしても何の不思議もない筈である」（加々美1983、pp.32-33）と論じている。松本が指摘したような中国共産党の政治態度、あるいは加々美が指摘するような受動的在り方に対する少数民族側の悔恨が、今日に続く中国国内の民族紛争に影響を与えている側面があることは確かであろう。しかし、朝鮮族は──現時点で利用可能な資料の限りでは──中国共産党が分離権を否定した「民族区域自治」を明確に打ち出すまでの転換期において、他の少数民族に先んじて中国共産党の方針に添った自治形態を自ら選び取ったことになる。1949年9月、朱徳海は中国人民政治協商会議に出席し、「民族区域自治」を提示する共同綱領についての討論に加わっているが、そこで朱徳海は民族自治に対して様々な意見を持つ各民族代表に対して、延辺が「民族区域自治」を実施するようになった原因を再三解釈した、という（鄭2000、p.165）。「朝鮮戦争（原文は抗米援朝）などの様々な理由により」[42]、実際の創建が1952年まで待たされたが、延辺はすでに1949年の時点で自治区創建のための形式的な手続きの完了を待つばかりの状態になっていた。つまり延辺は実質的には内モンゴルに次ぐ第2番目の民族自治区域として誕生していたことになる。

（3） 自治区域の画定

　少数民族一般についての先行研究は、自治区域の画定自体が政治問題であり、単一民族の自治区域はできるだけ避けて漢族を入れた区域として画定さ

れる傾向を指摘している。延辺の場合も、1958年9月に、朝鮮族が少なく、漢族が多い敦化県（現在は市）が加わって再編されたことについて、単一民族の自治区域はできるだけ避けて漢族を入れた区域にするという政治的配慮が働いたため、との認識が現地でも支配的である[43]。

　敦化の編入以前である1953年の延辺における朝鮮族比率は70.5％（538,243人）、漢族比率は27.2％（207,560人）である。岡本によると、この数字に敦化の人口を加えて計算し直すと、1953年の朝鮮族比率は56.91％まで低下し、敦化編入後の1964年に、延辺の朝鮮族比率は48.1％（623,136人）、漢族比率は49.7％（643,855人）と民族比率は逆転している[44]。1958年9月に漢族が多い敦化を編入したことで当時の延辺の朝鮮族比率が激減し、漢族人口が急増したことは間違いない。日本の研究者の間でも、現地で一般的・支配的な認識を反映してか、敦化の延辺編入は、政府が狭い区域に高い比率の朝鮮族が集住する状況を嫌い、より広く、より密集度の低い自治区へと変更させたとの認識を持つものが少なくない[45]。

　しかし、実際は、敦化の編入は延辺側からの要求であったようである。鄭によると、民族自治区域を画定する作業の段階で、省と中央が延辺代表の意見を聴取した際に、朱徳海は、延辺自治区発足直前の1952年8月に制定された「民族区域自治実施要項」第5条「その地方の経済・政治等の必要に基づき、かつ歴史的事情を考慮して、各民族自治区内に部分的に漢族住民区とその都市を含むことができる」という規定に基づいて、延辺に隣接する吉林省敦化県、蛟河県、長白県および黒龍江省東寧県と寧安県を延辺に組み込み、その上で延辺を内モンゴルと同じく省級の自治区にしたい、という要望を伝えたという。そして、この領域拡張の主張は、後年の朱徳海批判の根拠となった（鄭2000、p.167）。少数民族一般を研究する先行研究が、政府が少数民族区域に漢族地区を組み込むための法的根拠として用意したと解釈することの多い「民族区域自治実施要項」第5条を、延辺側は自ら持ち出し、区域拡張の要望を提出していたとすれば、「漢族を入れた区域」にしようとする配慮は上から働いたものではなく、省レベル自治区への格上げを望む延辺

自身の要望であったことになる。

　結局、延辺は吉林省に属する州レベルの自治区として出発し、領域拡大問題は自治区創建後も中央や吉林省と協議が続けられることになった。1957年、全人代民族委員会から4名の人員が延辺に派遣され、意見聴取が行われたが、吉林省は、延辺の省級格上げを否認し、敦化県、蛟河県の延辺帰属についてのみ同意した。しかし、実際に延辺に組み入れられたのは、敦化県のみであり、長白県は1958年9月に別個に長白朝鮮族自治県として出発することになった（鄭2000、p.179）。

　延辺側は、長白県も延辺領域内に含ませ、同時に延辺周辺の朝鮮族散居地区も延辺内に含ませ、多くの漢族を取り込むことには目をつぶり、広大な領域を引き入れることによって州ではなく区という一級上の自治行政単位となることを狙っていた。端的に言えば、「より広く、より密集度の低い」自治区域を延辺側が自ら要望していた。しかし、「より広く、より密集度の低い」自治区域になりたい、という延辺の要求は、現実には、いわば「もう少しだけ広くなったが、密集度は大きく低下した」自治区域になってしまった。

　長白県は、山間部に位置して双方の交通は不便であるとの理由から延辺帰属を認められなかったにもかかわらず、抗日戦争中に、朝鮮人部隊の活動拠点となったことや、朝鮮戦争中に前線を担った経緯が評価され、1958年9月、別個に長白朝鮮族自治県として出発することになった。延辺に隣接する長白県がなぜ延辺に含まれることができなかったのか、なぜ別個の自治県として成立しなくてならなかったのか。鄭はこれを反右派闘争の影響と見ているが（鄭2000、p.180）、自治州・自治県の成立要件が法的に具体的でないために、その理由は明らかではない。敦化が自治州に編入されたのは延辺において朝鮮色を薄めるためであった、と多くの朝鮮族が不満を持って語り継いでいる原因もまた、このような法的不備にあり、そもそも法的に具体的基準が存在していたら、長白朝鮮族自治県は延辺の一部に組み込まれていた可能性が高いことも否定できない。

（4）小括

本章第1節・第2節で明らかになったこととして、次の2点を指摘しておきたい。まず第1に、中国の少数民族一般について論じる先行研究の見解が、朝鮮族の事例ではあてはまらない点もあるということである。「上からの」政治的な意図によって決定されたという自治区域の確定も、現在の延辺の自治区域領域は自らの要望が取り上げられたものであった。第2に、中国の少数民族政策の内実は、制約の多いものであるが、朝鮮族は抗日共闘の歴史などを背景に、中国の政府やマジョリティ民族である漢族との間に比較的良好な関係を築いてきたということである。先行研究は中国における少数民族区域自治は単なる文化的自治にすぎないと評しているが、延辺において民族語（朝鮮語）による教育が普及していることや、民族語能力の高さが今日の韓国・北朝鮮との直接の民間交流を可能にしていることを考えれば、自治区域としての延辺の存在意義はけして過小評価し得ない。

1992年の中韓国交樹立以前、延吉はアクセスの不便な辺境の小さな地方都市にすぎなかった。中韓国交樹立により本格化した韓国との交流は、わずか10年ほどの間で、延吉を国内の主要都市からもソウルからもアクセスしやすい地方都市へと浮上させた[46]。延辺は、ある面、ある意味では、中央との交渉能力に長け、現行の制度のなかで可能な限りの工夫を凝らし、自らの利益・目的を追求しているとも言える。それを可能にしている背景のひとつは、中国共産党の指導下で漢族と共に抗日と内戦を戦ったという民族共闘の歴史であり、また、分離権を否定した区域自治を望まない朝鮮人指導者が中国を去る中、中共系の朝鮮人指導者のリーダーシップのもとで自治区域としての延辺が生まれ、発展してきたという経緯もある。このような歴史は、今日の中国朝鮮族が、中国国民としてのナショナル・アイデンティティを持ちながら、同時に、民族的には朝鮮民族であるというエスニック・アイデンティティを持つことの背景ともなっている。

第3節　1990年代以降の国際移動時代における朝鮮族社会

　中国朝鮮族は、1990年代以降、中国の東北地方から、北京や上海など国内大都市や海外へ活発に移動するようになった。彼らの海外への移動は、主として中韓国交樹立（1992年）に伴う韓国への出稼ぎ、次いで日本の留学生受入拡大政策（1990年）に端を発する日本への留学・就学、ソ連崩壊を契機としたロシアへの生活雑貨の行商が多い（金・浅野 2012、pp.53-54）。

　中韓国交樹立（1992年）以降、韓国は朝鮮族の主たる移動先となってきた。図表1-2を見ると、1992年の中韓国交正常化以降、韓国在住の朝鮮族は短期間のうちに急増し、韓国に暮らす外国人のうち最多の集団を占めるようになったことがわかる。現在では、在韓朝鮮族は60万4553人（『東亜日報』2015年1月24日）に達している。このことは、韓国社会にとっては韓国の総人口の1％を超える朝鮮族が韓国に住んでいることになり、中国国内の朝鮮族社会にとっては全朝鮮族の4分の1以上が韓国に移動し暮らしていることになる[47]。

　韓国に次ぐ移動先である日本には、推定5万人から10万人の朝鮮族が移

図表1-2　延辺における中朝間の非合法越境状況　　　　（単位：人）

	1995年	2000年	2002年	2003年	2004年	2005年
総計	110028	210249	252457	437934	468875	485144
朝鮮族	7367	32443	48293	108283	128287	146338
中国（朝鮮族以外）	11825	26541	36297	77202	80036	70654
ベトナム	5663	15624	16901	23315	26053	35514
アメリカ	22214	22778	22849	23208	22566	23476
インドネシア	3434	16700	17140	28349	26063	22572
台湾	23265	23026	22699	22585	22285	22178
タイ	478	3240	4790	19996	21890	21398

出所：韓国法務部『出入国管理統計年報』各年度版を、韓国統計庁の統計情報システム・ホームページ（http://kosis.nso.go.kr/）（ハングル）からダウンロード（閲覧：2007年6月5日）。

動し暮らしているとされるが、これらの数字は推定の域を出ない[48]。日本の法務省が管理する外国人登録には民族別の記載がなく、したがって、日本入国・日本滞在に関するデータから、中国国籍者のうち、朝鮮族だけを取り出して把握することができないためである。

　出入国や在留外国人関連の統計のなかで朝鮮族だけを取り出せる形式で記録し公表している国は韓国のみであり、韓国以外の国への移動、中国国内の移動、そして朝鮮族の人口移動の全体像を統計的に把握することは極めて困難である。しかし、全朝鮮族の約4分の1が韓国に移動し暮らしていること、延辺州の朝鮮族人口比率が、自治州が成立した1952年の60.95％から、今日では36.50％（2011年）へと減少してきていること（『延辺統計年鑑』1996、2012）、農村就労人口の転出率が中国全国平均9％に対し朝鮮族は17〜20％（岡本2001、p.105）であることなど、一連の断片的な数字が、朝鮮族の移動が「過流動」ないし「過剰」（佐々木・方2001、p.307、p.312）の状況であることを物語っている。グローバル化のなか、中国全体で移動が活発化しているが、朝鮮族の人口移動率は中国の56民族の中でも「群を抜いて高」く（岡本2001、p.105）、中国全体平均を上回るであろうことは疑いを入れない。

（1）　中国国内の朝鮮族社会の変化：送金、貯蓄、消費

　中国国内の朝鮮族社会は、1990年代以降、移動の送り出し地として大きな変化を経験した。まず、中国国内の朝鮮族社会の経済的な変化を見てみる。例えば、約200万人の朝鮮族のうち、約80万人が集住する吉林省延辺朝鮮族自治州（州都は延吉市）は、かつては朝鮮族が寒冷地であるにも関わらず中国でも有数の優良な稲作農業を成功させた土地との評価がもっぱらであった[49]。その延辺の経済は、1990年代後半から2000年代前半ごろまでの間に、つまり1992年の中韓国交正常化以後に移動が活発化するや、わずか5〜10年の間で、伝統的な姿を様変わりさせ、送金に基づく高消費・高貯蓄、第3次産業の突出、高い失業率といった特徴を示すようになった。

　海外から延辺への送金額は、韓国を中心に世界各国から1996年に11億元

（約 1 億米ドル、同年の延辺財政収入 11 億 8100 万元に相当）、2003 年の海外送金額は主に韓日ロ米などから 60.5 億ドル（同年の延辺の財政収入 20.9 億ドルの 3 倍、延辺 GDP171.5 億元の 31.4％）であったという（鄭 2000、p.313；太 2005、p.80）。

都市部と農村部の収入格差にも関わらず、延辺農村部の貯蓄預金残額が高い増加率を示すようになったのは、この送金のためであると考えられる。延辺における従業員（中国語で「職工」、職員・労働者）平均賃金と農村住民平均収入の格差は、1990 年の 2.5 倍（従業員 1186 元に対し農民 744 元）から、2005 年には 4.4 倍（1 万 1966 元に対し 2661 元）へと広がっている。しかし、貯蓄預金の増加率（前年比）を見てみると、延辺農村部は、とりわけ 1996 年から 2002 年の間に毎年平均して 20％増加している。延辺農村部における貯蓄預金の増加率は、1997 年から 2002 年にかけては延辺都市部よりも、1999 年から 2002 年にかけては全国レベルよりも高い（図表 1 − 3）。

消費の成長を示す社会消費品小売総額（2005 年）は、中国全国で前年比 12.9％増であるのに対し、吉林省では 13.5％増、延辺では更に高い 15.8％増

図表 1 − 3　貯蓄預金残額の増加率（前年比）

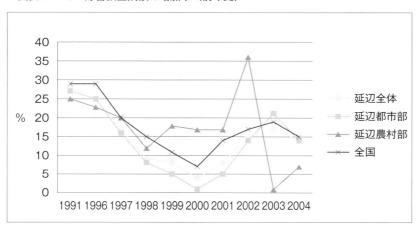

出所：『中国統計年鑑 2005』p.335、『延辺統計年鑑 2006』p.144 の各年度貯蓄預金残額から筆者作成。

図表1−4　GDP産業構成比（単位：%）

年	第1次産業	第2次産業	第3次産業
1990延辺	28.1	52.1	19.8
1995延辺	41.6	42.1	16.3
2000延辺	43.8	38.2	18
2004延辺	46	39.1	14.9
2004吉林省	30.6	51.4	18
2004全国	31.9	52.9	15.2

出所：『吉林統計年鑑 2006』『中国統計年鑑 2005』『延辺統計年鑑 1997』『延辺統計年鑑 2006』より筆者作成。

であった[50]。図表1−4で産業構造を見てみると、中国全国および吉林省全体では第2次産業比率が高いが、延辺経済は、第2次産業比率が低く、第3次産業比率が高い[51]。延辺の各産業別の就業人口を見ると、第3次産業の就業者の割合も、1990年 24.2％から、1995年 32.3％、2003年 39.9％と年々増加している（『延辺統計年鑑 2004』）。州都・延吉市では、この傾向はより顕著で、延吉市における第3次産業の就業者の割合は、1990年 42.1％から、1995年 57.6％、2004年 70.7％となっている（『延吉統計年鑑 2005』）。

延辺の公式失業率は、図表1−5に見るように、2000年から2005年にかけて全国レベルよりも低かったことがない[52]。金・浅野は、中国東北地方には国有企業が多く、国有企業改革の一環としてリストラが押し進められたため、現地（延辺）の生活実感では実質的失業率は5割を下ることはなく、世帯単位では4〜5割の朝鮮族世帯に移動者がいると推定する（金・浅野 2012、p.54）。働く場は限られていながら、延辺は移動先で稼いだカネで韓国に近い消費生活――家電から調味料に至る韓国製品、韓国式の飲食業・遊興業――を実現することに特化された「消費都市」としての様相を強めて

図表1−5　公式（登録）失業率（単位：%）

年度	2000	2001	2002	2003	2004	2005
延辺	3.5	3.7	4	4.8	4.5	4.2
全国	3.1	3.6	4	4.3	4.1	4.2

出所：『延辺統計年鑑』2000〜2005年各年度版；中国研究所編『中国年鑑』創土社、各年度版。

いった。同時に、国内大都市や韓国・日本などへ移動した朝鮮族は、移動先で身につけた技術・資格・人脈を活かすことのできる職場の限られた故郷への帰郷・帰国を躊躇し、移動先で長期滞在者化する者も増えていった。

（2）　中国国内の朝鮮族社会の変化：言語、メディア、文学

中国国内の朝鮮族社会の変化として、彼らの使用する朝鮮語も変化していることが挙げられる。

中華人民共和国憲法（1954年憲法）第3条は、中国の各「民族」[53]は各自の言語文字を使用する自由を持つと定めている。朝鮮族の朝鮮語は、1963年6月の周恩来の指示に基づき、平壌のことばを基準にしつつ中国の実情を考慮するという原則で規範化が進められてきた（植田1996、p.272）。延辺では、延辺朝鮮族自治条例第18条で「自治州内の国家機関と企事業単位の公印、扁額は全て朝漢両文字を併用する」[54]と定められており、延辺を訪れた韓国からの旅行者は、看板に漢字（中国語）と並んで書かれたハングルのスペルを見て、すぐさまそれが北朝鮮式であることを理解する。

しかし、一般の朝鮮族が日常の生活で使用している実際の朝鮮語は、平壌のことばそのままではないのはもちろんのこと、朝鮮族の規範語として定められたものとも同じではない。中国で出版された『朝鮮語規範集』（1996）は、その序文で「この規範集に収録された全ての内容は、中国朝鮮語査定委員会で審議、採択されたものであり、朝鮮語を使っている（中国）国内の全ての機関、学校、企業所、社会団体および全ての人々は必ずこの規範を守らなくてはならない」（pp.1-2）としているが、実際にはそれはなかなか守ら

れていない。植田が述べるように「実際の中国朝鮮族の朝鮮語は、方言および言語接触による音韻論的、語彙論的、ならびに統語論的特徴などに反映されて形成された渾然一体とした言語」であって、実際の朝鮮族の朝鮮語と朝鮮族の規範語は「かなり乖離」している（植田 1996、p.272）。例えば延辺の朝鮮語の難しさは、ひとつには、北朝鮮の言語政策を参考にしながらも、平壌ではなく隣接する朝鮮半島北部の咸境北道方言を基盤とし、かつ中国語からも大量の語彙や表現を借用して成立しているところにある[55]。そこへ 90 年代以降は、韓国のことばの影響が入り、朝鮮族の朝鮮語はますます複雑さを増している。

　韓国に移動し韓国に暮らした経験を持つ移動者本人がことばをはじめとして韓国の文化的な影響を受けるのはもちろんのこと、朝鮮族社会に韓国の衛星放送を視聴することが普及すると、移動者本人のみならず、中国国内の朝鮮族社会全体が、消費形態、ファッション、言語など日常生活全般にわたり韓国化を経験するようになった。朝鮮族社会では、韓国のスターやアイドルがそのまま自分たちの身近なスターと受け止められ、韓国のヒット曲やドラマが流行し、衛星放送で韓国のニュースやドキュメンタリー番組などを日常的に視聴する。「朝鮮族社会は韓国の衛星放送を中心にしたメディア空間に部分的に編入され」（玄武岩 2001、p.215）てしまった、という意見に従えば、韓国の標準語――ソウル方言が基盤となっている――の影響が強まっているのは必然の結果であろう[56]。

　日常的な出来事となっている移動は、朝鮮族によって朝鮮語で書かれる文学作品の題材にもなっている。以下に作品の一例を紹介する。張春植（チャン・チュンシク）の作品「ほんもの、にせもの　にせもの、ほんもの」（『長白山』1996 年 6 月号）は、勤め先の国営企業の工場が閉鎖になり、失業手当で食いつないでいる夫婦と幼い娘の 3 人家族の話である。妻の中学時代の同級生は、韓国への嫁入りの斡旋で羽振りが良く、妻が韓国へ渡って大金を稼いでくればよいと夫婦をあおりたてる。夫婦は偽装離婚し、妻は韓国人男性と偽装結婚し、韓国行きを果たす。しかし、偽装結婚したはずの韓国人男

性との間に子どもが生まれると、偽装離婚・偽装結婚が次第に偽装でなくなっていく。苦悩の末に、妻は、もはや自分は中国よりも物質的に豊かな韓国での暮らしを手放せないという手紙で中国に残してきた夫を捨ててしまう[57]。

　日本への移動も一般的な題材となっている。2006年、筆者が延吉の街角で何気なく買った1冊の雑誌『延辺女性』（2006年7月号）をめくって見るだけでも、「1996年、私はあちこちから巨額の借金をして夫と子供たちを薄情にも残し、見知らぬ日本という島国で旅装をといた」という一文で始まるパク・インジャの短編「私、本当に生きていけない」（pp.50-52）や、中国人留学生の働く日本の中小企業の弁当工場での就労体験を描いたチン・ヒュの「日本の弁当」（p.17）などがみられる。

　朝鮮族学校の児童の作文集を見ても、児童の描く日常のなかに、移動と家族の分散が散見される。現地では、両親とも、または両親のうちのひとりが子どもと同居していない家庭を「欠損家庭」、親の移動により中国に残されたそのような子どもを「留守児童」と呼ぶ[58]。今日、延辺州の朝鮮族学生のうち、その割合は、朝鮮族学生総数の53.9％を占める（『黒龍江新聞』2008年12月30日）。

（3）　交通インフラの発達

　図表1－6にみるように、延辺を訪れる外国人旅行者は韓国人旅行者が牽引する形で増加した。延辺を訪れる韓国人旅行者の目当ては、民族発祥の聖地とされる白頭山（中国語では長白山）である。

　辺境の地方都市に過ぎなかった延辺への交通網は、1992年前後の韓国との交流に牽引される形で整備され、2001年には延吉―ソウル（仁川）を直行で結ぶ国際航空路線が実現した。この国際線の就航によって、延吉―ソウル間の移動時間は2時間程度にまで短縮された。韓国からの旅行者を運び込むために必要であったこの国際線は、次第に中韓に跨って生活を営む朝鮮族によって利用されるようになった。飛行機の利用者の中には、韓国在住の親

図表 1 − 6　延辺の外国人旅行者数

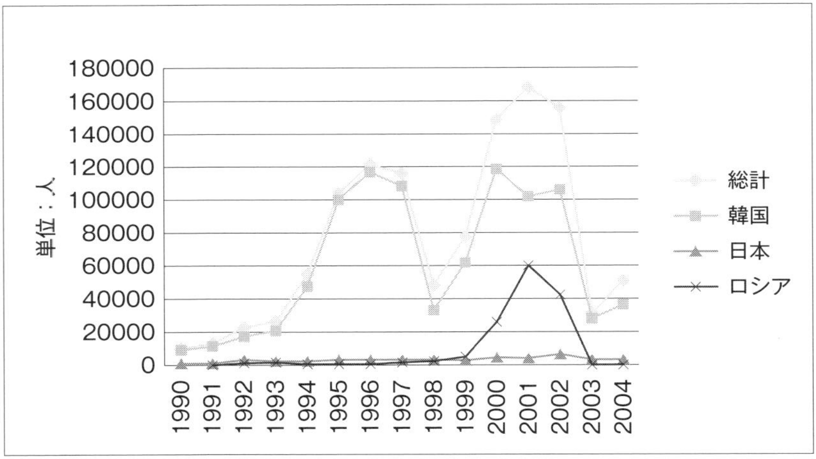

出所：『延辺統計年鑑』1998、2001、2005 の各年度版より筆者作成。

と中国の祖父母の間を行ったり来たりしながら養育されている乳幼児・未就学児、中国の祖父母に育てられ学校の長期休みを親のいる韓国で過ごす子ども、親と韓国で暮らしているが長期休みを中国の祖父母で過ごす子ども、韓国人男性と朝鮮族女性のもとに生まれた子どもなど、子どもの乗客が含まれている。

　筆者が 2005 年 8 月、この延吉発─ソウル（仁川）行きの直行便に搭乗したところ、隣の座席に座ったのは、孫（男児）を連れて搭乗したある老年の朝鮮族女性であった。その女性は筆者に次のように語った。

　長女が韓国人と結婚し韓国に住んでいます。仕事もいろいろ忙しく、生まれた子どもを育てられないとのことで、私が中国で育ててきました。小学校にあがる年齢になったので、韓国に呼び戻したいという連絡があり、今回韓国に連れて行くところです。この子は賢い子で、中国語も朝鮮語も両方とも読み、書き、聞き、話すことができます。漢族の幼稚園に通わせ、朝鮮語の読み書きは私が教えました。私は今はもう定年になりましたが、もともと学

校の教員だったので。次女は日本に住んでおり、日本人の男性と暮らしています。近い将来、結婚するつもりだということで、その日本人男性からプレゼントをもらったこともあります。洋服でしたが大変よい品物でした。私は次には日本の孫を育てることになりそうですね！

　働く女性が出産後に復職する際に、行政による保育サービスが不十分であれば、ひとつの選択肢として祖父母を頼ることは想像に難くない。
　延吉—ソウル間の直行便は、就航以来、増便を続け、1日平均3便（3往復）が就航するようになったが、座席の販売率は92％（2012年）で、利用者の多さに供給が追い付いていない状況である。2012年の延吉空港の利用旅客数はのべ108万人、そのうち国際航空便の利用旅客数はのべ39万人で東北3省における首位となった[59]。2015年7月には、延吉—大阪（関西国際空港）を2時間半でつなぐ直行便（週2便）が就航した。

（4）　韓国における外国人労働者としての朝鮮族

　韓国は朝鮮族の主要な移動先であり、韓国の産業界はすでに朝鮮族の労働力なしには立ちゆかなくなっている。
　韓国は、1970年代半ばまでドイツや中東などに労働力を送り出す立場であったが、1988年ソウル・オリンピック前後の急速な経済成長で、いわゆる3K業種（韓国ではDiffcult, Dirty, Dangerousの3D業種という）で労働力が不足するようになり、低熟練分野における外国人労働者の需要が発生した。1993年11月、外国人労働力を産業研修生として受け入れる制度が作られ、この制度を利用して朝鮮族も韓国に渡って就労したが、正規の「労働者」とみなされない「研修生」は労働者としての権利を保障されず、法的な保護を受けることができなかった[60]。その一方で、韓国における3K業種の人手不足は慢性的で、研修期間を終えてなお就労機会を求める者を含め、不法労働者は増加し続けた。韓国政府が2002年3月12日に、同年3月25日から5月29日までに自主的に申告した不法滞在者には最長1年の出国準備

期間を与えるが、申告しなかった者は強制出国させるという内容を含む不法滞在防止総合対策を発表し、その申告を集計した結果、2002年3月末現在で就業中の外国人は33万6,800人、その78.9％（26万5,800人）が不法滞在者であり、不法滞在者の約60％（15万1,000人）は朝鮮族を含む中国国籍者であった（小川昌代 2002、p.196）。

　産業研修生制度は、製造業、建設業をはじめとする特定分野に限定されており、サービスセクターの人手不足が深刻化するなか、多くの外国人不法就労者は、とりわけ人手不足感の強い飲食店等で就労していた。その中には、研修生の労働環境・就労条件に不満を持ち逃亡した者も含まれるという（労働政策研究・研修機構 2007、p.25、p.44）。筆者の個人的な体験でも、すでに1996年ごろにはソウルの下宿屋や大衆的な食堂で、朝鮮族の中年女性がこまごまと厨房を切り盛りしている様子を目にすることがあった。韓国の大学周辺には朝夕2食と洗濯付きの小規模な下宿屋が多い。1999年8月に、それらの下宿屋や大衆食堂へ足を運ぶと、以前の朝鮮族女性はおらず、また別の朝鮮族女性が働いていた。彼女らは、工場労働者（研修生）として韓国に渡り、工場での就労ののち、ビザが切れてオーバーステイとなると、個人経営の下宿屋や食堂などに働き口を求める。そして、その下宿屋や食堂を辞める際には、オーナーの求めに応じて、後任として知り合いの朝鮮族女性を紹介していく。そのようにして、下宿屋や食堂は、働いてくれる朝鮮族女性を切れ目なく確保していた。

　接客の現場で言語を教育する必要のない朝鮮族の需要がとりわけ高いことは想像に難くない。韓国政府は、2002年、外国人制度改善法案を発表し、「サービス業については、中国等にいる韓国系外国人を活用する」という方針が示され、まずは朝鮮族をはじめとする在外コリアンをサービス業6分野（飲食業・ビル清掃・社会福祉・清掃関連サービス・介護・家事）に活用できるようにした。2003年7月には製造業、建築業、農畜産業、サービス業における低熟練労働者受け入れのための外国人労働者雇用法を制定し、これにより2004年8月に、送り出し国政府と韓国政府双方が労働者管理を強化

させ、合法的に外国人を雇用できる外国人雇用許可制を施行した（労働政策研究・研修機構 2007、pp.25-26）。

　2007年3月には、中国朝鮮族と旧ソビエト連邦地域のコリアンに韓国内での自由な就業を認める訪問就業制が実施された。これによって、25歳以上の中国朝鮮族、在CISコリアンを対象に発給される H-2（訪問就業）ビザが新設された。このビザは、韓国内に縁故者（親族）を有する場合には無制限に、無縁故者の場合には数的制限をかけて発給される。5年間有効で1回のべ3年間の在留が認められ、期間内の出国と再入国も自由である。韓国政府の説明によると、連続した1回の滞在期間を3年までに限定したのは長期出稼ぎによる送り出し国（中国）での家庭崩壊を防止するためである（鄭 2008、p.86）。

　2012年4月、韓国政府が、韓国内外の4年制大学以上の卒業者のほか、韓国内の公認国家技術資格証所持者にも在外同胞資格（F-4ビザ）を付与するようになると、H-2（訪問就業）ビザで韓国に滞在する朝鮮族の間に資格証取得ブームが起こり、F-4ビザに滞在資格を変更する朝鮮族が増えていっている。H-2ビザは、5年の有効期限がくるとひとまず本国に戻らなければならず、再び韓国に渡るには一定の再入国猶予期間を経なくてはならないが、F-4ビザは無期限に更新が可能である。H-2ビザを持つ在韓朝鮮族は29万748人（2011年）であったが23万5542人（2012年）に減少し、F-4ビザを持つ在韓朝鮮族は6万9723人（2011年）であったのが、11万5853人（2012年）に増加した（『黒竜江新聞』2012年12月21日）。

（5）　小括

　筆者は1996年に延辺大学に留学し、以来、現在も、主として延辺をフィールドとして調査研究を行っている。1990年代当時を思い出すと、当時、延辺をめぐる議論は、そして延辺現地も、図們江（豆満江）開発計画に沸いていた。それから20年もの月日が流れた。図們江開発計画の当初の壮大な計画は、その後、頓挫した感が強いが、にもかかわらず、延辺はめざま

しい発展を遂げた。

　1996年当時、延辺は、陸路であれば北京から列車で2泊3日かかる、アクセスの不便な、まさに辺境地であった。航空路も、当時の延吉空港は国内線のみで、日本から行く場合は例えばまず北京空港へ向かい、北京で1泊して翌日の北京―延吉の国内線に乗り換える。延吉空港に着陸し、タラップを降りると、モーと牛が啼いているのを聞きながら、柔らかい草を踏みしめてトラックを待つ。搭乗客たちのスーツケースをこぼれ落ちんばかりに山積みに載せたトラックがやってくると、北京での搭乗チェックインのときに受け取った控えの紙を握りしめた人々が、トラックめがけて殺到する。江戸の火消しのように男気溢れる雰囲気の係員がスーツケースの小山に登り立つと――筆者はその江戸火消しのような係員に「め組の人」というニックネームをつけた――、人々は、「その赤いカバンが、私のです！」などと訴えて、控えの紙と引き換えに自身の荷物をやっと手に入れることができるという次第であった。「め組の人」は筆者には一瞥もくれず、いやはや、私が私のスーツケースを手にするのはなかなか時間がかかりそうだ、と途方にくれたことを思い出す。それが今では、ソウル―延吉を2時間ほどでつなぐ直行の航空便のみならず、2015年7月には日本（関空）―延吉を2時間半でつなぐ直行航空便（週2便）も就航した。本節で紹介したように、2012年の延吉空港の利用旅客数はのべ108万人であり、これほどの数の乗客の荷物を、「め組の人」でさばききれるわけがない。現在の延吉空港はターンテーブルでスーツケース等を受け取るようになっている。

　陸路の発展もめざましい。高速鉄道が開通し、延辺から東北地方各地への移動時間が飛躍的に短縮された（写真1、写真2）。高速道路も整備され、州内の各市への移動も便利になった。1996年には、のろのろと走る大きなバスに揺られて延吉から半日かけて行った和龍市が、今では整備された高速道路を車で飛ばせば、ものの1時間半ほどで到着する。

　1996年当時、チーズのような乳製品にはなかなかお目にかかれず、ほとんど口にする機会もなかったし、コーヒーは（商店でインスタントコーヒー

が売られてはいたが）日本から家族が送ってくれるものをそれはそれは大事に飲んだものだった。それが、今では、ピザ屋、ベーカリー、おいしいカフェが、街にあまたあふれている。自家用車を持つことも一般的になり、自家用車の普及と並行して駐車場の賃貸料金が高騰している。2017年1月に筆者が延吉市民に行ったききとりでは、ある人は、住んでいるマンションの家賃が年間10,000元ほどで、駐車場使用料は地下駐車場で年間5,000元（屋外駐車場の場合は2,000元）であるという。実に家賃の2分の1である。屋外駐車場が安価であるのは、屋外駐車場の場合、冬の寒さが厳しいこの地方で雪が積もったあとに車を出すのが一仕事であるからである。またある人は、13万元で地下駐車場を購入し、管理費を月50元支払っているという。延吉市の都市住民家庭における、ひとり当たりの年間総収入の平均は、1995年に3,744元、2000年に5,530元、2010年に1万8,903元（『延吉統計年鑑2011』）と増加していっているが、それにしても、これらの駐車場費用は平均収入に比して高額である。延辺の農村家庭の平均収入はより少ない9,113元（2010年統計、『延辺統計年鑑2012』）であり、延辺現地で得られる収入

写真1　高速鉄道駅として新設された延吉西駅。2015年9月20日の開業初日にはホームで民族舞踊等が披露された。

（2015年9月20日に筆者撮影）

写真2　延吉西駅に入った高速鉄道

(2015年9月20日に筆者撮影)

のみでこのような消費生活を享受するのは困難であろう。

　何につけても、今日の延辺は、1990年代とは隔世の感がある。このような延辺のめざましい変化と、今日の消費生活を支えているのは、ひとつには、人の移動である。

　1996年当時から、延辺では、誰が韓国へ行った、誰が日本へ行く、という話が飛び交っていたが、よもやこれほどの規模の移動になることを、誰も想像し得なかったであろう。1996年当時、朝起きて延辺放送を聞こうとラジオをつけると、流れてくるのは、その時の流行歌謡曲「타향의 봄（他郷の春）」であった。その歌詞の内容は、春には故郷に帰ると妻と約束をしていたのに、事情で約束を守れず帰郷できないという（おそらくは出稼ぎ中の）男の心情を歌うものであった。時代の流行歌や歌謡曲はそのときの世相を反映しているというが、その後、流行した延辺歌謡曲「모두 다 갔다（みな行った）」の歌詞は、妻も、夫も、おじ（伯父、叔父）も、みんな韓国や日本に行った、というものである。朝鮮族の移動は、移動が一般化した結果、もはや故郷に帰ったところで会いたい人々もみな移動してしまってい

る、というところまで進んだ。朝鮮族高校の同窓会が、そのほうが集まりがよいから、という理由で、韓国や日本で開かれていることも合点がいく（権 2006、p.230）。

　もはや朝鮮族の家庭では、家族の誰かが移動して、家族が国境を跨いで分散していることがありふれてみられる。1990 年代、日本に暮らす朝鮮族たちは、国際電話の通話料金が安くなる時間帯を狙って、何曜日の何時ごろに電話をする、と約束を交わし、家族と連絡をとりあっていた。子どもを中国に残して日本にやってきた朝鮮族の女性が、いつも子どものことを気にかけており、電話代は安くはないが、生活費を切り詰めてでも、その分、電話をかけたいという心情を吐露してくれたことが思い出される。電話をかけては、学校生活はどうであるかなどを確認し、母親として精一杯の限りの「電話での子育て」をしているようであった。スマートフォンが普及した今日では、中国、韓国、日本に分散して暮らす家族間の連絡は、はるかに安価で便利になっている。彼らは、LINE、カカオトーク（韓国で最も普及しているアプリケーション）、微信（Wechat、中国で最も普及しているアプリケーション）を利用して、いつでも、メッセージ、写真、動画を交換しあい、無料通話で通話を交わす。

　交通と通信技術の発達によって、離れていながらも、家族の構成員が相互に頻繁に往来し、つながりを保つことは以前よりもはるかに容易になった。しかし、物理的な移動と連絡が容易になったとはいえども、そのような生活には様々な不便や不利益が伴う。このような朝鮮族のトランスナショナルな移動と生活について、本書第 3 章、第 4 章、第 5 章で明らかにしていく。

〈注〉
1　蒋介石（波多野乾一訳）『中国の命運』日本評論社、昭和 21 年、15 頁。
2　日本国際問題研究所中国部会編『中国共産党史資料集』第 5 巻、勁草書房、1972 年、450－453 頁所収の「中華ソヴェト共和国憲法大綱」を参照し、453 頁から引用。

3　費孝通「わが国の民族識別問題について」辻康吾・加藤千洋編『原典中国現代史4』岩波書店、1995年、72頁。
4　中国研究所編著『中国基本法令集』日本評論社、1988年、440-446頁所収の「憲法〔中華人民共和国憲法〕1954年9月20日」を参照し、444頁から引用。
5　中国綜合研究所・編集委員会編『現行中華人民共和国六法1』（加除式図書）ぎょうせい、昭和63年所収の「中華人民共和国憲法〔1982年12月4日〕」を参照し、39頁から引用。
6　中華人民共和国民政部行政区画処編『中華人民共和国行政区画手冊』光明日報出版社、1986年、547-548頁所収の「国務院関於建立民族郷若干問題的指示（1955年12月29日）」を参照し、547頁から引用。
7　例えば、毛里（1998、pp.58-59）などが、挙げられる。
8　費孝通、前掲、72頁。
9　中華人民共和国民政部行政区画処編『中華人民共和国行政区画手冊』光明日報出版社、1986年、554-555頁所収の「国務院関於建立民族郷問題的通知（1983年12月29日国発201号）」を参照し、554頁から引用。
10　日本国際問題研究所中国部会編『新中国資料集成　第3巻』日本国際問題研究所、昭和44年、422－426頁所収の「中華人民共和国区域自治実施要綱」を参照し、422頁から引用。
11　例えば、毛里（1998、p.33）などがある。岡本も「1930年代初め頃までは、中共の少数民族政策に関する言説は、ソ連のものをそのまま持ってきたという感じが強い」としている（岡本1999、p.53）。
12　中国研究所編著『中国基本法令集』日本評論社、1988年、436-440頁所収の「中国人民政治協商会議共同綱領1949年9月29日」を参照し、439頁から引用。
13　前掲「中華人民共和国区域自治実施要綱」、422－423頁より引用。
14　前掲「憲法〔中華人民共和国憲法〕1954年9月20日」、411頁より引用。
15　中国研究所編著『中国基本法令集』日本評論社、1988年、36-41頁所収の「民族区域自治法〔中華人民共和国民族区域自治法〕」38-41頁を参照。
16　毛里（1998、p.74）。加々美は「漢（民族）を中心とした少数民族識別工作・認定工作が当該民族の主体的選択の問題ではなくて、むしろ漢がかれらに代って民族としての識別・認定を行ってやる、といった一種代行主義的傾向」を指摘している。（加々美1983、p.31）。
17　日本国際問題研究所中国部会編『中国共産党史資料集』第4巻、勁草書房、1972年、121頁所収の「中共六全大会その他の諸決議（一九二八年七月）民族問

題についての決議」。
18 「延辺朝鮮民族問題（草案）周保中同志在吉林省委群工会議上的報告（1946年12月）」延辺朝鮮族自治州档案局（館）編発行『中共延辺吉東吉敦地委延辺専署重要文件匯編（第一集）（1945.11-1949.1)』1985年、358頁。
19 1932年10月、東満の共産党支部内部に日本軍への内通者がいることが発覚した事件をきっかけに、東満特別委員会では、民生団（朝鮮総督府の介在により組織された親日派朝鮮人の反共団体）の特務が潜入している、との誤解が広がり、ほとんど全ての朝鮮人党員を対象にした内部粛清（＝反「民生団」闘争）が始まった。満州省委員会全体に広がり、3年半に及んだ反「民生団」闘争では、具体的根拠のないまま拘束された561名のうち、431名の朝鮮人党員ないし関係者が銃殺された。処刑とそれを怖れた逃亡により朝鮮人党員が激減し、東満特別委員会の組織は、1932年には支部122、党員1516名であったのが、1936年には支部14、党員380名まで縮小した（鄭2000、pp.110-113）。
20 前掲「延辺朝鮮民族問題（草案）周保中同志在吉林省委群工会議上的報告（1946年12月）」、346頁。
21 このような朝鮮族の意識を紹介する研究として、例えば高崎（1996、p.32）や鶴嶋（1997、p.20）が挙げられる。
22 例えば、そのような文献として、≪延辺朝鮮族自治州概況≫編写組編『延辺朝鮮族自治州概況』(1984)（日本語訳は＜延辺朝鮮族自治州概況＞執筆班（大村益夫訳）『中国の朝鮮族－延辺朝鮮族自治州概況－』(1987)）がある。その「あとがき」によると、これは国家民族事務委員会が責任編集する『民族問題五種叢書』の中の『中国少数民族自治地方概況叢書』のひとつとして、国家の要求により州党委員会と州人民政府の直接の指導下で執筆され、国家民族事務委員会の査読と修正を経て出版されたものである。
23 요작기「연변인민들의 참군열」《中国朝鮮族歴史足跡》編輯委員会編『中国朝鮮族歴史足跡叢書（5）勝利』民族出版社、1992年、434頁。
24 前掲「延辺朝鮮民族問題（草案）周保中同志在吉林省委群工会議上的報告（1946年12月）」、327、358-359頁。
25 주보중「조선족은 중화민족의 어엿한 일원」《中国朝鮮族歴史足跡》編輯委員会編『中国朝鮮族歴史足跡叢書（5）勝利』民族出版社、1992年、703、707頁。
26 董昆一「新年献辞」延辺朝鮮族自治州档案局（館）編発行『中共延辺吉東吉敦地委延辺専署重要文件匯編（第一集）（1945.11-1949.1)』1985年、7-8頁。
27 류준수「조선족인민들속에서」《中国朝鮮族歴史足跡》編輯委員会編『中国朝

鮮族歴史足跡叢書（5）勝利』民族出版社、1992 年、708-709 頁。
28　同上、711 頁。
29　「延辺地委関於延辺民族問題」延辺朝鮮族自治州档案局（館）編発行『中共
　　延辺吉東吉敦地委延辺専署重要文件匯編（第一集）（1945.11-1949.1）』1985 年、
　　387 頁。
30　同上、387 頁。
31　延辺朝鮮族自治州地方志編集委員会編『延辺朝鮮族自治州志』上巻、中華書局、
　　1996 年、548 頁。
32　『延辺朝鮮族自治州志』上巻、1996 年、503 頁。
33　前掲「延辺朝鮮民族問題（草案）周保中同志在吉林省委群工会議上的報告
　　（1946 年 12 月）」、355 頁。
34　李盛煥は、1935 年 11 月 2 日付のコミンテルン機関誌『共産主義インターナショ
　　ナル』に掲載された楊松（吉東特委所属）の論文「東北人民反日統一戦争を論
　　ず」が「現在の間島においては、一切の力量をもって現存の中国共産党組織を強
　　化・拡大し、さらに多数の中韓労農革命分子を吸収して党に加入させることのほ
　　か、韓国民族革命党を成立させることも必要である。このような党の最も重要な
　　任務は、日本帝国主義に反対して韓国民族の独立を戦い取るために闘争すること
　　である」としていることに注目し、「従来朝鮮人の革命意思を一方的に中国革命
　　および中国のための抗日戦線に吸収しようとしていた中共の路線が変更」され、
　　「間島での朝鮮人の自治と朝鮮の独立を朝鮮と中国革命の一環として明確に位置
　　づけ」られたとする（李盛煥 1991、pp.311-312）。このように、李が「間島朝鮮
　　人の共産主義運動は、形式的には中共の指導による朝中連帯の枠組みの中で展開
　　されるが、実質的には間島の自治と朝鮮独立という具体的かつ主体的目標の下で
　　展開され」 たとみなすのに対し、鶴島は、朝鮮共産党満州総局が「『朝鮮問題か
　　ら手を引け』という悲痛な言葉で解散宣言を結ばなければならなかった」ことを
　　注視し、コミンテルンに絶対的に服従する朝鮮人共産主義者は朝鮮共産党の解散
　　と中国共産党への加入を受け入れることができても、コミンテルンにそれほどの
　　権威を感じていない朝鮮共産党満州総局指導下の朝鮮人一般大衆が、そのまま
　　中国共産党の指導を受け入れたとは考えられない、とも論じている（鶴嶋 1997、
　　pp.299-344）。
35　日本の主導下の「民族改良主義的な意味での『間島における朝鮮人の自治』」
　　については、李盛煥（1991、pp.291-302）に詳しい。
36　自治県レベルの自治区域までを含めれば、50 年 5 月 6 日に甘粛省天祝チベッ

ト族自治県などが成立しており、延辺は全国 11 番目にできた民族自治区域となる（国家民委経済司・国家統計局総合司編『中国民族統計 1949 – 1990』1991 年、中国統計出版社、24-35 頁参照）。

37　朝鮮語文献（例えば前掲の『中国朝鮮族歴史足跡叢書』や반・리（1997））では「吉林省民族事業会議」としているが、日本語の先行研究（例えば鄭 2000）が「民族事業座談会」としていることと、他の民族事業会議と混同を避ける為に、本書でも「民族事業座談会」と記述する。

38　김세균「길림성민족사업회의」《中国朝鮮族歴史足跡》編輯委員会編『中国朝鮮族歴史足跡叢書（5）勝利』民族出版社、1992 年、727 頁。김세균はこの座談会に参加した一人である。

39　김세균、前掲、726 頁。

40　김세균、前掲、726 頁。

41　モンゴル人民共和国との統合を目指すハフンガに対し、モンゴルの閣僚会議主席チョイバルサンは、「内外モンゴルは合併できない。諸君は帰って毛沢東に会って革命を行いなさい」と言い、また内モンゴル独立を目指すボインダライらの支援要請に対し、モンゴル人民共和国は「国際情勢からしてモンゴル国は、内モンゴルが中国から離れて独立するわけにはいかない」と断った。毛利は、ハフンガの運動もボインダライの運動も、戦争末期及び戦後初期の中国をめぐる冷酷な国際政治（日本・ソ連・モンゴルと中国との関係）のなかで同胞の国から拒絶された、と見ている（毛里 1998、pp.177-179、pp.188-189）。

42　김세균、前掲、727 頁。

43　例えば、「敦化がなぜ自治州に編入されたかは、中国で出ているどの本にも書かれていない。しかし、多くの朝鮮族は、延辺において朝鮮色を薄めるためであったと信じている」（高崎 1996、p.89）。

44　岡本（1999、p.162）。ただし、岡本が使用したものとは別の統計資料（『延辺統計年鑑 1998』）を見ると 1964 年の朝鮮族比率は 47.41％（623,136 人）、漢族比率は 50.49％（663,588 人）と数字に若干のズレがある。

45　例えば小川は「敦化の編入は政府の方で漢族と朝鮮族のバランスをとるために行われた」（小川佳万 2001、p.160）としている。

46　92 年中韓国交樹立以降の延辺への交通網の発達については、宮島（1998b、pp.90-92）に詳しい。

47　聯合ニュース「朝鮮族 1％時代」（http://www.yonhapnews.co.kr、2011 年 7 月 4 日、ハングル）では、在韓朝鮮族を 50 万人突破と報道した。『東亜日報』「海

外移民の子孫、韓国に逆移民ラッシュ」（2015年1月24日）では在韓朝鮮族を60万4553人と報道している。
48　朴浩烈（2013）の整理によると、日本在住の朝鮮族は「5万人前後」（『朝日新聞』2010年2月12日）から「約10万人」（『朝鮮新報』2012年11月7日）と報じられている。
49　このことについて、例えば以下のような紹介がある。「朝鮮族人民は稲作に長じており、延辺地区で稲作を始めてからすでに百年の歴史がある。水田の開発や拡大、稲の品種の改良や栽培技術の向上は、いずれも朝鮮族農民のたゆまぬ労働と切り離せない」「延辺の大部分の地区でとれる米は白く粘りがあり、吉林省の内外で広くその名を知られている」（《延辺朝鮮族自治州概況》編写組編、1984、pp.127-128；「延辺朝鮮族自治州概況」執筆班（大村益夫訳）、1987、pp.125-126）。「朝鮮族人民」は原文（中国語）のままである。
50　『吉林統計年鑑2006』pp.14-15、『延辺統計年鑑2006』p.11、中国研究所編『中国総覧2006』創土社、p.157を参照した。
51　高橋満によると、2004年末の「第1回経済センサス」では、中国全体のGDP第3次産業比率は図表1－4に示した31.9%ではなく40.7%とされた。先進国では70%前後であって、40.7%でも「国際的に見ればかなり低い数字」である（高橋満2006、p.77）。
52　中国の公式（登録）失業率は、農村統計が排除され、実質失業率よりも過少な数字となっている。レイオフ総数を考慮した実質失業者数から実質失業率を算出することは、レイオフ数値の公表控え等のため困難である（日野2006、p.335）。
53　中国では政府の民族識別工作により「民族」と認められ、少数民族として認知されている「民族」が現在のところ55ある。国家に「民族」として認知を求めながら「民族」として認定されていない民族（未識別民族）もいる。このような中国でいうところの「民族」と、通常、民族ということばはいわゆるエスニシティないしエスニック・グループの意味であることの相違を勘案し、ここでは（かぎ括弧をつけ）「民族」と表記した。
54　延辺朝鮮族自治条例は、『延辺朝鮮族自治州志』下巻、1996年、1921-1929頁に所収のものを参照した。
55　延辺の朝鮮語の特徴としては、そのほかにも、ロシア語・日本語起源の外来語単語などがあり、それらの具体的な事例は拙稿（宮島1998a）を参照されたい。
56　また玄武岩によると、「そのもっとも大きな担い手が、韓国が1995年から打ち上げている放送衛星のコリアサット（KOREASAT）であ」り、「コリアサット

は放送による『韓民族放送共同体』の形成を一つの政策的課題としており、韓国政府は日本、延辺やロシア地域の民族団体を中心に受信機を供給」、その後の受信機価格が下落し「一般家庭への普及」に繋がった（玄武岩 2001, p.213）。

57　この作品は、劉孝鐘ほか（1999）によって日本にも紹介されている。
58　例えば、全国・省・市等の作文コンテストで受賞した朝鮮族小学生の朝鮮語作文を収録し出版した李波（2009）などを見ても、「留守児童」である小学生が家族への心情吐露を綴った作文が見られる。また、朝鮮族の中学生・高校生の朝鮮語作文を家族分散、「留守児童」を含むテーマ別に分けて分析した論文に、玄善允（2014）がある。
59　「연길공항 국제선 고객량，동북 첫자리（延吉空港国際線顧客量、東北第一位）」『吉林新聞』2013 年 10 月 21 日。
60　労働者としての法的な保護を受けることのできない研修生をめぐる事件としては、差別的待遇・過酷な労働環境のあまり、朝鮮族船員らが集団で反抗し韓国人船長・船員を殺害したペスカマ号事件（1996 年）がある。ペスカマ（PESCAMAR）号事件は、事件発生後、燃料不足で漂流中に日本の領海内で発見され、日本でも報道された。『朝日新聞』（1996 年 8 月 26 日）ではペスカ・マール号と表記している。

第 2 章　理論的整理

第 1 節　トランスナショナル・リレーションズ研究と人の移動

　人の国際移動もトランスナショナルな活動ないし現象のひとつであるが、このようなトランスナショナルな活動・現象全般が急速に活発化したのは冷戦が終結した1990年代以降のことである。国際政治学ないし国際関係論の分野においても、1990年代以降に、トランスナショナルな活動や現象に関する実証的な事例研究が多く生み出された。しかし、今日に至るトランスナショナル・リレーションズ研究の、その理論化の歴史を整理する先行研究・作業は、トランスナショナル・アクターについての定義さえ論争的であるなかで、十分になされてこなかったように思われる。ここでは、トランスナショナル・リレーションズ研究の理論化の歴史を、筆者の見解・解釈を展開しながら整理する。

（1）　トランスナショナル・リレーションズ研究の登場と流行

　ファーガソンとマンスバッハ（Ferguson and Mansbach）は、1960年代から国内活動と対外活動の関係に注目してきたローズノウ（Rosenau）の研究を挙げて、リンケージ概念がトランスナショナル・リレーションズ研究へのステップとなったと述べる（Ferguson and Mansbach, 1996, p.19）。連繋政治論のみならず、機能的統合論、多国籍企業論なども、国家以外のアクターの増加によって国際関係が複雑化するなかで、国家の対外行動のみから国際政治を語る旧来の認識視座の妥当性に疑問を投げかける主張を醸成した。しかし、国境を越える商業活動や移民などに言及して「トランスナショナルな社会」という概念を紹介した研究者の一人であるアロン（Aron）でさえ、西ヨーロッパ諸国家と共産主義諸国家との間に最低限の交流しか存

せず、「国家間システムの異質性が治療不可能にトランスナショナルな社会を分けている」状況のなかでは、トランスナショナルな関係は国際政治における基本的相互行為を理解するうえで重要性が低いと認識するにとどまっていた（Aron, 1996, pp.105-106）。

1970年代に入り、国境を越えて活動するMNC（multinational corporation、多国籍企業）、学術機関といった新しいアクターと、一国内では十分に解決されることのできない、環境汚染、人口過剰、核拡散、資源の消耗、貧困といった新しいイシューの出現を背景に、旧来の認識視座の妥当性に疑問を投げかける主張は、新しい視座・接近方法を形成しようという意図に発展した。なかでも、「それを綿密な企画の下にかなり組織立った形で提出した点で、群を抜いている」（石川 1973、p.127）と評されたのは、コヘーンとナイ（Keohane and Nye）の編集による『トランスナショナルな関係と世界政治』（1971）である。

コヘーンとナイは、「トランスナショナルな関係が国家間の関係にどのような影響を与えるかにもっと注意を払うべきでないか、これらの影響を探ろうとする場合、国家中心モデルは不適切ではなかろうか」と問題提起し、国家中心的パラダイムを批判し、パラダイム変更の必要性を訴えた（Keohane and Nye, 1971, p.xxiv）。この著書に対する書評として、石川は、新しいパラダイムを要求しつつも、「パラダイムの形成に伴う、分析的、規範的問題の整理と指針」を提示し得ていない「研究を刺激することを目的とした序論的考察」である、として、その不十分さも指摘した（石川 1973、p.132）。しかし、トランスナショナル・リレーションズ研究が、初期の段階で、①非国家アクターの織り成すトランスナショナルな関係への注目、②国家中心的アプローチ批判、③トランスナショナルに活動する非国家アクターの存在意義を正当に評価する新たなアプローチの要請、というキーワードを確定し得たのは、啓蒙的な役割を果たしたこの著書による貢献が大きい。

コヘーンとナイの問題提起に続き、国家中心的パラダイムに挑戦し、トランスナショナル・アクターとサブナショナル・アクターの役割を国際関係の

考慮に入れる必要があると主張する著作[1]が多く発表された。国家中心的パラダイムにおいては、サブナショナル・アクターもトランスナショナル・アクターも、自律的アクターであるとはみなされず、前者は国家に包括されるもの、後者は国家の外延と考えられ、アクターが織り成す一連の関係は、国家指導者を頂点として官僚集団・社会集団へと、階層的に秩序づけられていると考えられていた。しかし、これらの著作群においては、サブナショナル・アクターとトランスナショナル・アクターを国家アクターとは離れた自律的なアクターとして扱い、これら三つの各アクターの間の影響力が階層的に組織されているということはなく、サブナショナル・アクターも、外国政府や他国のサブナショナル・アクターと相互作用することによって、国内政治過程を通じて間接的にではなく、直接的に国際政治に影響を及ぼし、国家機構を飛び越えた活動を発展させることができるとみなした（Rochester, 1979, p.4）。

（2） 初期のトランスナショナル・リレーションズ研究と相互依存研究の関係

前述の『トランスナショナルな関係と世界政治』のなかで、コヘーンとナイは、トランスナショナルな相互行為・関係がもたらす影響を、①「態度変更」、②トランスナショナルな構造の中で国内の利益集団が結びついて推進する「国際的多元主義」、③政策に転化され、国家の行動を制約する「従属と相互依存」、④政府が他の政府に「影響力を及ぼす新しい手段」の創出、⑤私的な外交政策を維持する「自律的または準自律的なアクター」としてのトランスナショナルな組織の出現、ととらえた（Keohane and Nye, 1971, pp.xvii-xxii）。このうち、トランスナショナルな関係がもたらす影響のひとつに③相互依存が挙げられている。トランスナショナルな関係の進展が、国家間の相互依存状態を深化させ、その深まった相互依存状態のために国家の対外行動は制約される、との考えである。当時のコヘーンとナイは、トランスナショナル・リレーションズ研究のなかで相互依存研究をも展開し得る可能性を模索していたと考えられる。

一方で、70年代から、トランスナショナル・アプローチと相互依存アプローチを明確に区別する認識を提示する意見も提出されていた。例えば、鴨は、国際政治経済学を確立し体系化する方法論の潮流を、相互依存アプローチ、世界秩序アプローチ、そしてトランスナショナル・アプローチの3つに大別し、前二者のアプローチの問題点を指摘したうえで、方法論の第一次接近の一手段として相対的により高いレレヴァンシーをもち得るのはトランスナショナル・アプローチであるとした。鴨によると、伝統的な軍事戦略分析からの脱却の必要性を認識するトランスナショナル・アプローチは、同時に、国際政治における行動主体、イシュー構造を新たに組み立て直し、そこに新たな行動原理を模索しようとする理論的作業の試みである。経済実務型のイシューの比重の高まりによって外交・内政に関する伝統的な区分が妥当性を失いつつあるという認識を背景に、トランスナショナル・アプローチは、政府間の相互作用に非政府間の相互作用の次元を加え、両者の接点の力学に新たな光をあてようとしている。鴨は、この政府・非政府の接点という視点こそ、相互依存状況のなかで協力に向かう「国家」の行動に注目する相互依存アプローチに欠けるものであり、トランスナショナル・アプローチを真の国際構造に目を向けるアプローチと評価した要因であるとした（鴨1978、p.16-33）。したがって、当時のトランスナショナル・リレーションズ研究は、相互依存研究との関係において自律性をもった理論的潮流であったとみることが可能であろう。

（3） 二派のトランスナショナル・リレーションズ研究

トランスナショナル・リレーションズ研究は、非国家アクターに注目し、国家は国際政治過程のための唯一のゲートキーパーであるとはみなせないとすることで共通しているが、楽観的な結論をもつものと、悲観的な結果を憂慮するもの（ないし負の側面も認めるもの）の二派に大別できる。

前者は、トランスナショナルな関係が発展すれば、統合や相互依存が高まり、国家の行動の自由が制限されて、より平和な世界秩序が生み出されるだ

ろう、あるいは、最終的には大規模な国際統合や MNC が国家に取って変るだろう、と考え、MNC を平和への強い力と見なしもした。後者は、トランスナショナルな活動とその結果として起こる相互依存によって、紛争や分裂、拡散といった負の結果も生じたことを認める。MNC に関しても、母国の雇用を失わせ、第三世界においては外国による支配の代行人の役割を担い、結果として途上国から先進国へ資本を流してしまう、という側面を取り上げる。例えば、エヴァンス（Evans）は、MNC による負の結果の犠牲となる第三世界の途上国にとっては国家の自律性の増大こそ重要である（Evans, 1971, pp.340-342）、と論じ、ウォリック（Warwick）は、トランスナショナルな交流が「個人と平和に及ぼす影響は複雑で、いつも肯定的であるとは限らない」としたのみならず、トランスナショナリストの多くがもっているトランスナショナルな接触は世界平和の実現を促進するという確信は、「経験的な証拠以外のものから引き出されている」と述べて、この信念の根拠を調査するよう要請した（Warwick, 1971, pp.321-324）。馬場は、トランスナショナルな関係が発展すれば「統合や相互依存が高まり、人類は協働して世界平和の建設に接近していく」という期待の呪縛から離れて、相互依存・統合と分裂・拡散、すなわちトランスナショナルな関係の正の側面と負の側面とを同時に説明し得るトランスナショナル・リレーションズ研究を模索しようと、そのモデル化に取り組んだ（馬場 1978、pp.viii-ix）。

（4） トランスナショナル・アクターの定義

「トランスナショナル」という用語は人によって様々な使われ方をしている（Rochester, 1979, p.16）。トランスナショナル・アクターの定義も同様である。ロチェスター（Rochester）は「トランスナショナル・アクターとは MNC を含む IGO と NGO のことである」（Rochester, 1979, p.4）と述べるが、これは、トランスナショナル・アクターを国家アクター以外のすべてのアクターととらえるのに近い。

トランスナショナルな関係ないしトランスナショナルな相互作用について

も、少なくとも一方の行為主体が国家でない関係ないし政府間関係以外のすべての関係、と広範囲にとらえる考え方がある[2]。このような広義の定義に対し、それをより限定しようと試みる研究者は、MNC、PLO（Palestine Liberation Organization、パレスチナ解放機構）などの特徴を注視し、「政府以外の組織体」「民際的活動」「共通目的による連帯」「政府のコントロール外での活動」といった共通項を抽出し、非国家アクターとイコールではないトランスナショナル・アクターの特徴を探し出そうとした[3]。

広義と狭義という二種類の定義が存在することを認めて、体系的な定義を試みた石川によると、トランスナショナル・アクターとは、広義には国家以外のアクターすべてを指すが、狭義には、「『脱国家主権』的な国際活動単位、いいかえれば、既存の特定国家の利害を越え、私的にあるいは公的に自由な行動をとり、主権国家の対外問題処理能力の限界を明らかにするような非国家的行為体」を意味している（石川 1993、p.407）。しかし、より一般的には、狭義の定義は、特に、経済的利益、政治イデオロギー、宗教的信条、文化運動・精神運動などの要因によって本来サブナショナルな主体が連帯して運動体や組織を形成してできた主体がトランスナショナル・アクターであるという、70年代当時から研究関心を集めていたMNC、PLOなどのイメージによって定着し固定化した。

このイメージは、90年代以降に現れる多様なトランスナショナルな活動に対しては、適用不可能なものになってきている。今や私たちは、従来のイメージでは説明し得ないトランスナショナルな諸現象とそれをつくり出す行為体の登場を目の当たりにし、これまでのトランスナショナル・アクターに関するイメージが、70年代の現状説明のために生み出され、定着し、一般化され、固定化したものであることに気づく。

（5） 新現実主義による批判

非国家アクターの存在意義を強調したトランスナショナル・リレーションズ研究は、1980年代に「現実主義が再生し、トランスナショナル・アプロー

チをしのぐように」なった結果、次第に衰退していく（Bowker and Brown, 1993, p.13）。ここでは、トランスナショナル・アプローチ衰退の背景にあったとされる新現実主義からの批判として、ウォルツとギルピンの論文を取り上げる。

　新現実主義の代表的研究者であるウォルツ（Waltz）は、論文「国家の相互依存の神話」のなかで、MNCの活動や経済的相互依存の重要性を強調する主張に反論し、各国家の能力（capability）は不平等であるのだから相互依存の程度が低い方が均衡状態を保てる、と主張する（Waltz, 1970, p.223）。ウォルツによると、国内的相互依存と国際的相互依存を比較すれば、国際関係において相互依存というのは取るに足らないということが分かる。国内秩序が異質な要素で成り立っているのに対し、国際秩序は同質のユニットで成り立っている。国際秩序は似たもの同士の連合によって特徴づけられ、同じ機能をもつユニット間の違いとは、すなわち能力の違いである。似たもの同士の国家間で能力の不均衡が大きければ相互依存の程度は低くなるはずであり、第二次世界大戦以前はヨーロッパを中心に5つあるいはそれ以上の大国があったのに、第二次大戦以降は米ソ2国だけが超大国になったのだから、相互依存は以前より少ないということになる。

　また、ウォルツによると、重要な事は、密接に相互依存状態にある国家もあるが、アメリカもソ連もそうではない、ということである。第一次大戦前の世界の大国は貿易大国であって、経済的にお互いに密接に結びついていたが、米ソ両超大国はお互いでも他国ともほとんど取引せず、英仏伊日もかつて行っていたよりも小さな割合でしか貿易を行っていない。先進国と途上国の現在の関係はかつての帝国主義的結びつきほど密接でなく、価格の小さな変化に敏感に反応するような相互依存は政治的に見れば重要とはいえない。能力の不均衡が大きいと、能力の大きいものは他のものの活動にさして心配しなくて済むのだから、アメリカの企業の活動だけを見て、その利害関係がアメリカを脆弱にすると結論づけるのは誤っている。大きなMNCのほとんどがアメリカに拠点を置き、研究開発のほとんどがアメリカで行われている

状況下では、企業内の決定はアメリカの見通しが最も重要であると考えるほうが合理的であって、MNC が世界的規模で決定を下す時も、国家はもはや重要ではないとは言えない。

　ギルピン（Gilpin）も、国家の役割は減少するどころかむしろ拡大していっていると主張し、論文「トランスナショナルな経済関係の政治学」において、「MNC は国家に取って代わるだろうという議論に反対」して、「政治と同様に経済においても国家の役割はますます増えていっており、MNC は経済領域における国家のパワーのますますの拡大の刺激剤である、と議論する方が現実により近い」と述べた（Gilpin, 1971, p.69）。ギルピンによると、ある特定の環境、ある特定の国家では、例えば石油会社のような MNC は国内・国際関係にかなりの影響力をもち行使し得るが、一般に、独立したアクターとしての MNC が国際政治に重要な影響力をもつという議論を立証する証拠はほとんどない。企業が国際政治に影響力を行使するのは、独立したアクターとしてよりも、他の利益団体と同じように母国の政治に影響を与えることによって国際政治に影響を与えるのであり、MNC は国際政治における主要なアクターとして国家に取って代わるだろうという見解を支持する証拠はほとんどない。

（6）　トランスナショナル・リレーションズ研究の衰退

　筆者は、トランスナショナル・リレーションズ研究の衰退に関して、新現実主義からの批判の他に、もうひとつの要因があったのではないかと考える。すなわち、トランスナショナル・アプローチは、次第に相互依存研究に包摂されるものとみなされるようになり、非国家アクターの存在意義を強調するトランスナショナル・アプローチの代表的な研究者であったコヘーンが関心の対象を国家に戻すなかで、非国家アクターへの注目という主張の行き場を失った、という見解である。

　すでに述べたように、『トランスナショナルな関係と世界政治』（1971）当時のコヘーンはトランスナショナル・リレーションズ研究のなかで相互依存

研究をも展開し得る可能性を模索していたが、1970年代中頃、逆に相互依存研究がトランスナショナル・リレーションズ研究を包括するようになった。相互依存研究の全体的流れを流行開始・拡大期、総括期、流行の収斂期に分類して整理を試みた山影によると、1970年代中頃の総括期における相互依存研究の特徴は、「相互依存」を分析道具ではなく、分析対象を指し示す言葉ととらえたことにあり、これによって、異なった問題意識と前提に基づいた様々な相互依存研究の比較対照が容易になり、トランスナショナル・リレーションズ研究を包括するようになった（山影 1981、p.7）。これを機に、「国家中心的モデル批判」と並んで使用される用語は「相互依存」となり、「トランスナショナル」ではなくなった。

コヘーンとナイの二つの著書『トランスナショナルな関係と世界政治』（1971）と『パワーと相互依存』（1977）の間の数年は、相互依存研究に包摂されるものとみなされるようになったトランスナショナル・リレーションズ研究が、相互依存研究から切り捨てられ、衰退していくに至った時期であると考えられる。山影によると、1970年代末、流行の収斂期における相互依存研究は、「相互依存」のコンセンサス確立の失敗ともからんで、相互依存の状況を所与とし、そこにおける秩序の問題（秩序の形成・維持・変革）とアクターの対応（主として政府の国内・対外経済政策）という二つの関心領域に収斂するに至った。主要なアクターとしての国家の行動に注目し、国際秩序形成と変化の問題を考えようとした『パワーと相互依存』も、流行の収斂期における代表的な相互依存研究と位置づけられる。流行の収斂期における相互依存研究は、70年代中頃の総括期における相互依存研究の延長線上から外れたものとなったという意味で、「新たな相互依存研究」とも呼び得るという（山影 1981、p.8）。

「新たな相互依存研究」の登場は、トランスナショナル・リレーションズ研究の切り離しとも読み替えられる。トランスナショナル・リレーションズ研究の課題を引き受けた相互依存研究が、主として国家の行動に注目する手法で研究課題を秩序の問題に収斂させた時、トランスナショナル・リレー

ションズ研究は、トランスナショナルに活動する非国家アクターを評価する新たなアプローチの要請という主張の行き場を失い、事実上の終焉とも言える衰退へ向かったと考えられる。

『パワーと相互依存』で具現化されたトランスナショナル・リレーションズ研究の切り離しは、コヘーンの後日の心情吐露からも明白である。コヘーンによると、『トランスナショナルな関係と世界政治』（1971）では当時考慮されることが少なかった非国家アクターに注目したが、『パワーと相互依存』（1977）の執筆によって自らの研究関心を国家に戻すに至ったという（Keohane, 1989, p.8）。実際、『パワーと相互依存』後のコヘーンは、NGOは国家に従属し続けるという考えを維持し、国家間の国際協力を可能にする組織、レジーム、慣習から成る制度への注目を強めていった。

（7） トランスナショナル・リレーションズ研究の再興

1980年代後半より、再びトランスナショナルな関係に注目する著作が出現する。それらの研究のなかには、以前のトランスナショナリストに見られたような、トランスナショナルな関係が引き起こす相互依存の高まりによって国家は衰退し、他のアクターがこれに取って代わるといった単純な公式を放棄し、国際連帯を進める市民運動などの事例をもって、国内の平凡な日常的要素がいかにトランスナショナルな過程の影響を受けているかに焦点を合わせる手法をとるものがある[4]。

T. リセ＝カッペン（Risse-Kappen）は、トランスナショナルな関係の高まりが創り出す社会間の相互依存が国家の役割を減少させるという1970年代のトランスナショナル・リレーションズ研究の主張と、それに対するリアリストの批判という、二つの価値判断と両者の論争を越えて、国家の政策に対するトランスナショナルな活動の影響力を検討しようとする。すなわち、非国家アクターと国内政治構造、非国家アクターと国際制度との関係を明らかにする手法で、トランスナショナルな関係が国際社会においてもつ意味を問い直そうとする。リセ＝カッペンによると、今日、「ほとんど誰もトラン

スナショナルな関係が存在することを否定せず、その存在は十分に確立されている」にも関わらず、「トランスナショナルな関係が国家の政策と国際関係に及ぼす影響は未だわずかしか明らかになっていない」。「トランスナショナルな関係に関する 1970 年代の議論はあまりに早く幕を下ろしてしまったし、それは再生させるだけの価値がある」。そして、「"国家中心"対"社会優位"」という初期の議論のかわりに「国家間世界がいかにトランスナショナルな関係の"社会世界"（society world）と相互作用するのかを研究するほうが、より有益」である（Risse-Kappen, 1995, pp.4-6）。

　この時期に、なぜトランスナショナルな関係に注目する著作が再び出現するようになったのか、その理由を、冷戦との関係という視点から論じる必要があろう。冷戦期は、西側世界と東側世界という「国家間システムの異質性が、治療不可能にトランスナショナルな社会を分けている」状況にあった（Aron, 1996, p.106）。社会運動が 1989 年の東欧革命に及ぼした影響を探ろうとするチルトン（Chilton）の論文は、冷戦期の極度に緊張した国家間関係の中ではトランスナショナルな活動が困難であったこと、「限定的な社会を越える接触（trans-societal contacts）を可能にするのにさえ、ある程度の国家間協力が必要」（Risse-Kappen, 1995, p.287）なことを明らかにしている（Chilton, 1995）。

　冷戦後、国際場裡で活動する非国家アクターは「爆発的増加」（多賀 1994、p.13）を見せる。冷戦末期から冷戦後の世界において、地方自治体、（中小企業も多国籍化するようになった）MNC、NGO をはじめとする諸団体など、多様な非国家アクターの旧東西世界を跨ぐトランスナショナルな活動が活発化したことが、トランスナショナル・リレーションズ研究の再興の背景にあると考えられる。

（8）　今日のトランスナショナル・リレーションズ研究：アイデンティティへの注目

　再興したトランスナショナル・リレーションズ研究の傾向の一つとして、

アイデンティティへの注目の高まりが挙げられる。ファーガソンとマンスバッハによると、どんな政治体でも個人の諸価値観のすべてを満足させるのは不可能で、個人は、一族、階級、宗教、人種、民族、ジェンダー、国家などへ向かう様々ないくつものアイデンティティをもっている（Ferguson and Mansbach, 1996, pp.43-44）。

　これまで、国際社会における人々の目的や欲求の圧倒的な部分は、国民が国家を通じて達成する形で実現されてきた。今日でも国家は依然として国際社会における人々の目的や欲求の実現に重要な役割を果す存在であるが、同時に、今日の私たちは多様な目的や欲求を、国家を通さずに多様な方法で実現しようとする。アイデンティティへの注目の高まりによって改めて明らかになったことには、各人は国家の構成員でありながら様々な非国家アクターの構成員でもあるといったように、アイデンティティとは時と場合と状況に応じて使い分けられるものであり、アイデンティティこそが各アクターが構成員を動員する際の原動力であり、各アクターの基盤となるものである[5]。とりわけ、人々にとって最も身近なエスニシティは、国際的コミュニケーションの発達によって人々がより微細な文化的多様性を意識するようになった結果、次第に第一義的な、あるいは国家へ向かうアイデンティティと並ぶ、アイデンティティの対象として浮上している[6]。

　多賀の整理によると、人々の多様な欲求を引き受ける非国家アクターは、アイデンティティの視点から、①民族や家族といった血に対するアイデンティティを伴うもの、②女性の権利の問題や環境問題、人権問題、平和問題といった各イシューに自らの生きがいや存在証明を託す人々によるもの、③企業、国際機構、地域圏といった組織に対するアイデンティティを伴うもの、に大別できる（多賀 1999、pp.411-413）。多賀は、これまでの国際関係論が、これ以上分割不可能な単位を「actor」、その行為を「play」ないし「action」、単位間の相互作用を「interaction」、活動する場を「stage」と呼んできたのは、現在の国際関係を論じ得るうえで妥当性をもたないと主張し、これ以上分割不可能な単位を「identity」と読み替え、単位間の相互作

用の替わりに「identity」をめぐる国境を越える「institution」に注目し、「stage」の替わりに地理的空間や行政区界では語りきれない「network」からなる社会単位に注目しようとした（多賀1995、pp.25-27）。

（9） 人の国際移動と理論的不在

　トランスナショナルな関係の多様化・大量化が進むと、これまでの認識ではアクターとみなされない存在が国際活動の担い手として国際社会にますます登場するようになった。そのひとつに人の国際移動がある。外国人労働者などの人の国際移動に注目する平野によると、国民をひとまとめにし、人の国際移動の現実をその理論的枠組みの中に包摂し得ないのがリアリストの国際政治理論であり、人の国際移動の現実を包摂し得る可能性をもちながら、それを研究対象から除いてきたのが、リベラリストやアイディアリストおよびその系譜を引く相互依存とトランスナショナルな関係の国際理論である。リアリストが国家の軍事的安全を論題とするのに対抗して、相互依存を論題とすることを提起した相互依存研究では、人（移民、移動者）はそもそもその理論におけるアクターとはなり得ない。レジーム変化を説明する独立変数としての国際組織に含まれる「特定の公的な制度を持たない国際組織」は移動する人々や移民集団を含み得るにも関わらず、コヘーンとナイはそれをエリートのネットワークまでに限定し、国家・政府およびその関係者にのみ注目した（平野1988、pp.1-4）[7]。実は、冷戦後に新たなトランスナショナル・リレージョンズ研究を提唱したリセ＝カッペンもまた、コヘーンとナイと同じ論法によって取り上げる研究対象を限定している。

　平野は、ヒトの国際移動を「自己の日常生活にあくせくする市井の人間」の「国境を越える移動」と説明し、民族を「自己の日常生活にあくせくする市井の」人々からなる集団であり国際関係の基本「主体」であると仮定するが、平野自身が示すように、民族（集団）が国際社会における完全なアクターたり得るか否かについては今なお議論のあるところである（平野1988、p.1；平野1989、p.3；平野1996、p.140）。

人の国際移動ないし移民の問題を考えようとするとき、それをエリートのネットワークまでに限定してきた既存のトランスナショナル・リレーションズ研究では、移動する人々ないし移民集団をトランスナショナル・アクターとして取り上げることができない。これまでの国際関係論において、居住国の文化に同化し、居住国のサブナショナル・アクターとしての性質を強めた国内の少数民族は、国民統合ないし国民国家形成の研究事例とされてきた。また、研究対象とされてきたエスニック・グループの運動は、代表的なものとして、ケベック州分離独立運動やバスク民族運動があるが、これは独立を含めて自らが多数派となる自治集団を形成しようとする運動、あるいは、国家をもたない民族の国家をもとうとする運動であって、結局、国家の再生産・再構成の動きとみなし得る。したがって、今日、国際場裡で活動する移民集団としてのエスニック・グループは、これまでの認識ではトランスナショナル・アクターとして説明がつかない。

第 2 節　地域（region）と人の移動

既存のトランスナショナル・リレーションズ研究では、移民集団としてのエスニック・グループはトランスナショナル・アクターとして取り扱われてこなかったことを見た。トランスナショナル・アクターとして取り扱われてこなかったエスニック・グループの、トランスナショナルな活動に注目する研究に、地域（region）に関する研究がある。ここでは、地域に関する理論研究の整理を行う。

（1）　地域（region）に関する理論研究

1950 年代の西欧における初期の統合の動きが、ハース（Haas）に代表される新機能主義や、ドイッチュ（Deutsch）の交流主義など、地域統合に関する理論研究の展開を促した。1960 年代には、ナイによって、地域は「地理的関係とある程度の相互依存によって結びつけられる限られた数の国々」

と定義づけられ、地域主義は「地域に基づいた国家間の連合（associations）ないし集団（groupings）の形成」と説明された（Fawcett, 1995, pp.11-13 ; Nye, 1968, p.vii）。

これに対し、グローバル化の文脈で生まれた1980年代末からの地域主義の動きは「新しい地域主義（new regionalism）」と呼ばれる（Fawcett, 1995, p.17）。その特徴のひとつは、「国家以外の行為主体もリージョナリズムに深くかかわって」「多次元に及ぶ（multi-dimensional）重層的かつ多層的なリージョナリズム」が展開している点に求められる（山本2005, p.4）。

「新しい地域主義」において、地域が地域として機能する際には「国家以外の行為主体」も重要な役割を果たしているという認識が生まれ、これによって、多くの研究者たちが、地域主義（regionalism）と地域化（regionalization）は異なる現象であり、このふたつを区別して検討する必要があると考えるようになった。地域主義とは、地理的な制限に基づいた、国家間の公式の取り決めをつくるための「政治的な意思」と定義される。つまり、地域主義は「ASEAN、APEC、ARFといった政府間制度」を形成する「トップ・ダウンのプロセス」によって具現化されるものである（Hoshiro, 2013, p.2 ; Pempel, 2005, p.6, p.19）。

地域が地域として始動するには、公的関係や制度が整えられることに加えて、地域化、すなわち「特定の地理的範囲内におけるモノ、ヒト、カネの国境を超える流れ」を必要とする。地域化は、「主として、企業、NGO、トラック2のグループといった非政府アクター」によって国境を越える協力が推進されることで進展するため、「ボトム・アップのプロセス」と呼ばれる（Hoshiro, 2013, pp.2-3; Pempel, 2005, p.6, pp.19-20）。ハレル（Hurrell）は、地域化を「域内での社会的統合の進展であり、しばしば政策的意図がなくとも進行する社会的、経済的相互作用の過程」と説明し、地域化のパターンは必ずしも国境線とは一致せず、移民、市場、社会的ネットワーク（一例として華人ネットワーク）が、新たな国境横断的な地域を創出するような相互作用や連携を増大させる可能性もある、と述べる（Hurrell, 1995, pp.39-40）。

1960年代のナイによる、国家中心的パラダイムに依拠した地域の定義は、「誤りではないにせよ」「一面的に過ぎる」（山本2005、pp.3-4）と考えられるようになった。今日、例えば国連大学CRIS（Comparative Regional Integration Studies）プロジェクトによると、地域は、「あらかじめ定められたものでも、所与のものでも、自然のものでもなく」、また「形式的な組織」でもなく、「内部および外部環境の変更に応じて、様々なアクター間の相互作用を通じて、構築され、解体され、そして再建される」ものと説明されている。地域は、「自然に構成された地理的単位ではないが、物理的実在性なしには存在できない」ために、領域性（territoriality）を必須条件とし、なんらかの境界（boundaries）を必要とする。地域を定めるのは地域化の過程であり、換言すれば、地域とは「地理的、歴史的、文化的、政治的および経済的な変数の範囲内で起こっている広範な実践の相互作用のパターンによって『見える（visible）』ようにな」ったものである[8]。

（2） 下位地域（sub region）

上記のような新しい地域認識によって観察される事例として、EUの下位地域が挙げられる。下位地域（sub region）とは、地域（region）の下位概念である。下位地域への注目は、1980年代後半以降、特に欧州研究で顕著であった。欧州研究では、ECからEUへという統合の動きの展開のなかで、同時に、欧州の諸部分に、東西の国境を跨ぐ場合を含む地方自治体間の協力関係が見られるようになっていった事実に注目した。越境協力の研究対象とされるEU下位地域は、その規模も様々で、国境付近の村や町といった基礎自治体同士が結び付いた個々のユーロリージョンのような、比較的小規模でローカルな市民社会密着型のもの（図C）もあれば、北海沿岸地域や環バルト海地域のような、より大きな規模で見られる広域協力型のものもある（柑本2008、p.14）。

1990年、ECは下位地域における越境地域協力をバックアップするためにINTERREGプログラムという資金援助制度を導入した。INTERREGの目

的は、「国境線がヨーロッパ領域のバランスある発展と統合に障害となってはならない」として、国家の辺境に位置しているために経済や運輸通信の発展が十分に行われていない地域に梃子入れをして、地域内格差を是正しようとすると同時に、海や河川の汚染、森林の立ち枯れなど国家の枠組みを越えて協力しなければならない環境問題へ対応することであった。EUは、このINTERREGプログラムによって、各国の中央政府を通じてではなく、直接援助を必要としている、越境地域協力を行うEU下位地域に対して資金援助を行った（高橋和2007、p.180）。

　INTERREGは、第Ⅰ期（1990-93年）、第Ⅱ期（1994-2000年）、第Ⅲ期（2000-2006年）と継続して続けられた。INTERREG Ⅰに始まったプログラムは、第Ⅱ期に至り、その対象とする地域の大きさによって、あるいは協力分野によってA・B・Cへ分けられた。INTERREG Ⅱ Aは、CBC（Cross-border cooperation）と呼ばれ、ローカルな越境地域協力を対象とす

図C　Cross-border cooperation

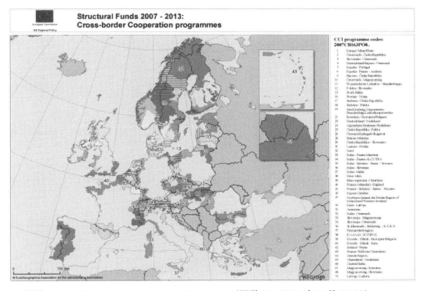

出所：http://ec.europa.eu/regional_policy/　（閲覧日：2016年9月24日）

る支援プログラムである。支援される協力は特定の分野に限定されず、通商、交通、農業、教育文化、観光、市民生活など多岐にわたる分野を網羅する。INTERREG ⅡBは、「エネルギー・ネットワークの完成」を目的とした。INTERREG ⅡCは、「地域空間計画に関するトランスナショナルな協力（Transnational cooperation on regional and spatial planning）」と呼ばれ、ⅡAを、北海沿岸地域のような広域協力型の協力を対象にする支援へと発展させたものである。第Ⅲ期では、第Ⅱ期プログラムに修正がなされ、A・B・Cは、その対象とする地域の大きさで分けるものとされた。INTERREG ⅢAは、ⅡAのユーロリージョンにおけるCBC支援を引き継ぐ。図Cに見るように、多数のCBCがINTERREGの支援を受けており、このことは、EUという大きな空間を末端で下支えしているのは、人々にとって最も身近なミクロ・レベルの国境を跨いだ生活空間であることを意味しているように思える。

　このような、EU下位地域における国境を挟んだ自治体同士の越境協力に注目した研究では、公的な関係や制度が整えられていくトップ・ダウンのプロセスに加えて、「人々が顔をつきあわせて暮らす空間が、国境線で区切られていたらどのようになるのだろうか」といった、そこに生きる「人々」の視点からの問題意識も提示された（高橋・秋葉2010、p.105）。アジアにおける下位地域に関する研究は、環日本海経済圏、環黄海経済圏、華南経済圏といった経済分野の研究や議論が中心であってきたことを勘案すると、その空間に生きる人々の日常生活という視点をももち得てきたのが欧州下位地域研究の特徴であるように思われる。

　しかし、下位地域で展開される現象を研究することは困難の多い作業であったようである。その困難の理由として、百瀬は、冷戦の終焉という国際秩序の変動期にあって、下位地域協力の新たな試みは、現実にはなかなか期待どおりには進まなかったこと、そして、「人が社会生活を営む地上にある広がり」ともいえる下位地域の活動は、「日常的で地味な性格」をもつものであり、国際政治学・国際関係論の「伝統的な手法では扱いにくい性質の対

象」であることなどを指摘していた（百瀬 1996、p.4）。

　国家・非国家アクターが混交してなされる EU の政策決定とその実施の解明について、理論的には、90 年代以降、EU 加盟各国の政党、地方自治体、労働組合、環境保護団体などが相互連携とネットワーク化を進め、欧州委員会や欧州議会を通じて、EU の政策決定やその実施に直接関与する事例へ注目が集まり、そこから「マルチレベルガバナンス」の概念が用いられるようになった（稲本 2003、p.25）。しかし、柑本によると、このマルチレベルガバナンスの研究アプローチでは、現実の EU のありようを説明しきれない。その理由は、今や、EU の政策の容器境界は、スープラナショナル、ナショナル、リージョナル、ローカルの順に入れ子状になっているのではないことにある。EC が「国家スケールに入れ子状に収まらないスケール」である既存のユーロリージョンに目をつけ、その地域政策 INTERREG のなかで活用したのに始まり、今や、EU の地域政策は様々なスケールで実施されている。マルチレベルガバナンスの研究アプローチは、「入れ子状の領域的ヒエラルキーを形成する政治機構の各レベルに焦点」が当てられ、「ガバナンスというよりガバメント中心の議論」であり、「サブリージョンなどの新しいスケールでの政策決定メカニズムに関する考察に欠け」ている。これにより、柑本は、「スケールは、所与、あるいは定まったものではなく、実態・制度・行為体の観点から構築・再構築され、結束する」ことを考慮し、地域分析を進める必要がある、と主張する（柑本 2008、p.11）。

　なるほど、上述したように、今日の地域は「定められたものでも、所与のものでも」、また「形式的な組織」でもなく、可変的な空間的実体であるにも関わらず、その可変的な地域の内部実態を把握する理論が、国家スケールから入れ子状に収まる、従前の固定的な境界における「ガバメント中心の議論」では不十分であろう。したがって、国家スケールに入れ子状に収まらない、様々な下位地域で機能している、実際の「ガバナンス」のありようを探究すべきであり、そのために、その「実態・制度・行為体」を観察すべきとの指摘と主張は、正鵠を射ていると思われる。

（3）　トランスナショナルな社会空間

　下位地域の実態を把握する必要と、またそのために、ひとつには、その域内の行為体を観察すべきである、との指摘を見た。ここで、国境を跨ぐ下位地域において、その域内を生活空間として移動し生活する人々に注目する視点が必要となる。このような視点を提示しているのが、クラインシュミット（Kleinschmidt）である。クラインシュミットは、「トランスナショナルな社会空間（transnational social space）」を、個人アクターが日常の行為を通じて構築する「空間的実体」と説明する。また、トランスナショナルな社会空間が最もわかりやすい形であらわれたもの（most obvious representation）が地域（region）であり、移民・移動者をトランスナショナルな社会空間の「自律的な作り手（autonomous maker）」ととらえる（Kleinschmidt, 2011）。

　かつては、移民たちのトランスナショナルな空間は、例えば華僑・華人たちが居住国と祖先の出身地の間に特別な紐帯を維持していることは知られていても、私的な空間として社会科学の分析対象とは認識されてこなかった。また、従来の移民や移動する人々に焦点を当てた分析は、すでに入国した外国人をいかに社会に統合するかという意味での「統合（Integration）パラダイム」を前提としていた。「同化」も「エスニックな多元主義」も、いずれも「統合パラダイム」に属している（梶田・小倉 2002、pp.9-10）。「同化」はもちろん「統合パラダイム」に属するが、意外にも「エスニックな多元主義」も「統合パラダイム」に属している。異なるエスニック・グループの文化をも認めるという方法で、つまり多文化・多民族国家という形式で、結局は外国人を自国家の領域内に統合していくことを目指すものであるからである。

　しかし、IOM報告書によると、今日では、移動先での永住を前提・目的とした一回限りの一方向の移動はもはや少数である。今日の国際移動は、ますます一時的で、双方向ないし循環的で、多方向の傾向を示している。一生のうちに1つ以上の社会に所属し、いくつかの異なる国で、教育を受け、働

き、子どもを育て、退職し老後を迎えることが可能になり、さらには一般的になってきている（IOM, 2006, pp.2-3）。いつでも母国との間を行き来し、いつ第3国に移るかもしれないので、定住は永住の意図なく選択され、また、かつてほど同化を強制されずに定住に帰着する。平野は、国民の同質性を前提とする国民国家にとって、異質なまま存在しようとする異質な人々の集団を多数包摂しなくてはならない今日の状況は、本質的に困難をもたらす状況であると指摘する（平野2004、p.2）。今日、移民たちのトランスナショナルな空間が分析対象として浮上している背景には、今日の移動が反復的な移動傾向を示し、異質な存在が国家のなかに多数存在している状態がありふれた状態になっていることが背景にある。

第3節　人の移動を説明する諸理論と移民の社会保障

　既存のトランスナショナル・リレーションズ研究において、トランスナショナル・アクターとして取り扱われてこなかった移動する人々や、国際場裡でトランスナショナルに活動するエスニック・グループは、近年では、地域に関する研究において、地域化を推進し、地域を創造していく担い手のひとつとしてみなされるようになっていることを見た。

　ここでは、国際関係論ないし国際政治学の分野で、人の国際移動がこれまでいかなる理論によって説明されてきたかを整理する。「マイグレーション」現象の増加に伴って「マイグレーション研究」が盛んな状況ではあるが、国際移動を取り扱う諸理論の整理、ないし、理論的な諸研究の推移・動向を整理することは極めて困難な作業である。その一因は、「〈人の移動〉は他の社会現象にもまして単一の学問分野からだけでは解明しにく」く、「国際移住・国際労働力移動・移民、さらに観光（ツーリズム）に伴なう移動など」（吉原2013、p.8）、さまざまな移動を、経済学、政治学、社会学などの多様な学問分野が個々にそれぞれの方法論で研究を進めてきたことにあろう。そのようななか、国際関係論・国際政治学の分野に限定しながら、理論的な先

行研究の整理を試みたものに高橋和（2014）の研究がある。高橋は、国際関係論・国際政治学の分野における1990年代までの国際移動をめぐる研究が、いかなる理論的推移をたどったかについて、①プッシュ・プル理論、②世界システム論（歴史－構造アプローチ）、③ネットワーク論、④トランスナショナル論、の4つに整理を行っている。ここでは、主にそれに依拠しながら、高橋が整理の際に用いなかった文献も提示しつつ、諸理論を整理し概観する。そして、近年、移民の問題は、移民のセキュリタイゼーション（移民の安全保障問題化）の議論が強まっていることと相俟って、移民の社会保障問題が、再び国際的イシューとしてクローズアップされていることに触れる。

（1）プッシュ・プル理論

「移民研究でもっとも影響力をもっている」（高橋和2014、p.46）、あるいは「最も多く引用されている」（戴2003、p.3）のが、新古典派経済学が労働力移動の要因を二国間の所得格差ととらえ、そこから展開したプッシュ・プル理論である。このプッシュ・プル理論は、送り出し要因（プッシュ要因）と受け入れ要因（プル要因）から人の移動を説明する。プッシュ要因には、送り出し側の人口増加・低い経済水準・低所得などがあり、プル要因には、受け入れ側の労働力需要・高い経済水準・高所得などがあり、移動は、自国に残った場合と別の国に移った場合の純所得の差（difference in the net present value of earnig）を比較しての個人の意思によるもの、ないし、個人の合理的な行動とみなされる。

また、経済的格差を移動の要因と考えるこの理論では、両国間の所得格差が小さければ、移動規模も小さくなると主張する。そして、最も不利益をこうむっている人々が、貧困国から豊かな国へと移動する、と考える。地域間に様々な経済格差があれば、移民の流れが生まれ、こうした流れは、発展途上国と先進国の賃金や生活条件が均等化するのを助け、地域間の経済格差の是正に有効である、とする。

しかし、今日の移動の現状をそうしたプッシュ・プル理論では十分に説明できない側面がある。第1に、発展途上国から先進国への人口移動を見ると、最貧国よりもむしろ中所得国からの移出率がはるかに高いのはなぜか。同様に、移民の多くが、経済的・社会的変動を経験している地域からの、いわゆる中流の社会的地位の人々であるのはなぜか。第2に、一部の国からの国際移動人口が特定の国へ集中しているのはなぜか。移動には移動のための資金やバックアップが必要であり、移動は必ずしも貧しい地域から起こるとは言えないのである（戴2003、pp.3-4；岩田2003、p.90；高橋和2014、p.46）。

（2）　世界システム論アプローチ

　移動をミクロ・レベルから分析し、移動を生存や豊かさを求める個人的な問題であるとし、送り出し国と受け入れ国の二国間の経済格差に注目するプッシュ・プル理論に対して、移動をマクロ・レベルから分析し、その背景には世界全体の構造があるとするのが、世界システム論による説明である。送り出し側・受け入れ側を別々に、もしくはその二者関係に限定して理解するのではなく、両者を含む世界全体の構造と変動との関連で考えるべきと主張する。ウォーラーステイン（Wallerstein）の世界システム論は、もともとマルクス主義の影響を受けたものであり、世界システム論の立場からの国際移動や移民の研究では、全体の構造のために、経済格差だけでなく、搾取が存在している、との指摘がなされる。

　それを例えば、新古典派経済学のプッシュ・プル理論の立場と対比してみる。新古典派経済学では、移民ないし外国人労働力の受け入れ国に、次のような利益が生じるとされる。第1に、国内での労働力の生産費、つまり労働力人口に達するまでの教育費、医療費、さらには住宅費などの支出を削減することができる。第2に、受け入れた労働力に対するコスト削減、つまり外国人に対して、必ずしも教育、医療などを提供しなくてもよいので、企業にとってはコスト削減が可能になる。第3に、外国人労働力は景気変動における緩衝役をはたす。景気後退が見込まれれば、外国人労働力は最初に整理対

象となり、景気拡大となれば低コストでの労働力調達が可能である。第4に、外国人労働者の採用に関しては国内では調達できない専門技術者の雇用も可能である。例えば旧ソ連の技術者が大量にアメリカに移住し、アメリカのIT技術者の不足を補い、アメリカのIT産業の発展に寄与した。第5に、労働力の送り出し側にとっては、自国の過剰失業を輸出することで、失業手当を削減することができるなどの利点がある。世界システム論の立場からの移民研究では、以上のことを、送り出し側・受け入れ側双方にとってメリットがあると肯定的に見るのではなく、先進国における移民の低賃金労働や、先進国が移民のための社会保障費を回避していることは、先進国による搾取である、と批判的に見る（高橋和2014、p.47：岩田2003、p.90）。

（3）ネットワーク論

　以上のような世界システム論アプローチに対して、カースルズとミラー（Castles and Miller）は、それは移動する個人を「エージェンシー」——エージェンシーというタームは国際政治学におけるアクターと同じ意味である——としてとらえていない、と批判する（高橋和2014、p.47：カースルズ・ミラー2001、p.34）。移動という現象を、移動者の主体的な動き（プッシュ・プル理論）とみるか、構造のなかで強いられたもの（世界システム論）とみるかは、依拠する理論枠組みの違いによるものであろうが、なるほど、世界システム論では、構造のなかにあって移民の主体的な移動がなぜ存在し得るのか、を十分に説明できない。

　このような批判から生まれたのがネットワーク論である。それは、世界システム論のマクロ構造と、個人的な移動を促すミクロ構造のあいだにあって両者をつなぐ役割を果たすメゾ・レベル構造に注目し、移動を説明しようとする。このような研究に、ファイスト（Faist）の研究がある。ファイストは、マクロ・レベル（送り出し・受け入れ国家間や国際システムにおける政治・経済・文化的構造）とミクロ・レベル（生存や豊かさを求める移動者側の要因）から説明されてきた移民や移動の問題に、マクロとミクロをつなぐ

メゾ・レベル（移民の社会的紐帯と、そこからもたらされる社会資本）の視点を加えて検討を行う。ファイストが、その事例として取り上げるのは、①送金を行う契約労働者のようなトランスナショナルな親族集団、②華商や印僑の通商ネットワークを例とするトランスナショナルなサーキット（circuit）、③ユダヤ人、クルド人のようなディアスポラ、である（Faist, 2000, pp.30-31, p.102, p.203）。

（4） トランスナショナル論

ネットワーク論の研究によって、国家間を跨いで存在するトランスナショナルなコミュニティの存在が改めて明らかとなった。例えば華僑・華人研究などがトランスナショナルなコミュニティの存在を古くから提示していたが、それは国家間に跨る空間であるため、伝統的な社会科学では私的な空間とみなして分析対象にしてこなかった。しかし、ネットワーク論の研究成果を受けて、トランスナショナル・コミュニティやトランスナショナルな社会空間の性格や役割に注目しようとする新たな研究視座、つまりトランスナショナル論が生まれた。

先行研究は、「トランスナショナルなコミュニティ」と「トランスナショナルな社会空間」の関係を明確にしていないが、本書では、トランスナショナルなコミュニティはトランスナショナルな社会空間の形成を下支えする基盤のひとつととらえる。ここでは、コミュニティとは、家族や村といった、赤の他人ではない共属感情に基づく人々による共同体であり、社会（ソサイエティ）とは、独立した個人（赤の他人）を構成員とする、例えば都市空間のような社会として想定している。

送り出し地から受け入れ地への移動が行われ、家族、一族、村や町のような基礎自治体の構成員、エスニック・グループの相互往来がなされると、共属感情による紐帯（ネットワーク）を利用したトランスナショナルなコミュニティが形成される。このようなトランスナショナルなネットワークと空間形成は、移民たちだけのものを超えて、その空間に生きる様々な独立した個

人（赤の他人たち）を構成員とするトランスナショナルな社会空間の形成に重要な意味をもつと考えられている。例えば、90年代初頭の北東アジア地域には、冷戦期の遮断のために地域を結ぶネットワーカーが不在であることが指摘されていたが（多賀 1994, p.19）、この北東アジア地域において、将来、東南アジアの華僑・華人に相当するネットワーカーの役割を果たすのは、北東アジアの国々に定住民として分布する民族であるコリアンではないかとの期待があった。清水は「現時点では、東北アジア地域の全域にあまねく存在する唯一の民族」であるコリアンは、「東北アジアの地域発展の上で連係と調整の作用を発揮し得る潜在的条件を具えている」と述べ、櫛谷は、各国に分布するコリアンが、「国境を越えた同じ民族同士の相互関係」あるいは「朝鮮語を共通言語とする『国際』関係」を築くことは、北東アジア地域の「交流と発展にも大きく寄与」するであろうと期待を寄せた（清水 1992、p.63；櫛谷 1994、p.130）。北東アジアにおいて地方自治体や NGO が国境を越えて連携し、国境を跨いだ新たな空間的実体が生成されていくことに関心を寄せる多賀は、リンガフランカ（共通語）がないこの地域に分布するコリアンが、今日、「歴史の負の遺産としてバイリンガル、トリリンガル」となっていることについて、「ひとつひとつの人生のなかに蓄積された能力の意味とその正の財産への転化」に関する研究の必要性を訴えていた（多賀 1991、pp.340－341；多賀 1992、pp.16－17）。いずれの研究者もトランスナショナルなエスニック・ネットワークとコミュニティの形成と発展は、そこに重なる空間に形成されるトランスナショナルな社会空間の始動を下支えするとの考えを根底に共有していると考えられる。

　また、トランスナショナルなコミュニティなきトランスナショナルな社会空間の政策的創造が容易ではないことは、鶴巻によるアルザスの越境通勤労働者の事例からも確認できる。アルザス地域はドイツ・スイスと国境を接し、独仏二大国との間で翻弄され、戦争の度に所属を変えるという歴史を辿った。アルザスには日常的に国境を越えてドイツあるいはスイスへ働きにいく越境労働者が 6 万 3,000 人余りおり、逆にドイツ・スイスの人々がアル

ザスへ向かうことは少なく、人の往来は一方向的である。ドイツ・スイスからアルザスへ向かうのは資本、特に第二次産業部門のドイツ系資本である。EU は 2006 年、移動奨励年と銘打ったキャンペーンを行ったが、その実施の背景となった 1999 年の調査によると、EU の移動奨励にも関わらず、調査対象国境地域 3400 万人あまりの労働者のうち、越境労働者は 50 万人弱に過ぎなかったという。鶴巻は、その理由を次のように指摘する。まず、越境労働者は、居住地ごと変えてしまう一般的移民と異なり、個別の求人に応募して得た「職場」のみについて国境を越える。ネットワークによって移動するのではない彼らは、コミュニティの基盤を自国側にしか持たない。国境の向こう側にある職場で、自国で享受していたアドバンテージを新たに築くためには大きな投資を負担しなくてはならず、このことが越境しない選択の要因である。次に、越境労働者は、受け入れ国（特にスイス）では「不動産や物価の安いフランスで家を買い、買い物をし、給料だけはこちらで高給を得る」という反感に耐え、アルザスにあっては、近所からの「特権階級」「成金」といったやっかみ、あるいは見下すような見方に耐えており、つまり彼らは「うらやみと憐みを同時に集める存在」である。越境労働者たちの「越境に伴うリスクは個人化され」たままであり、そのため、鶴巻は、EU が移動を推奨しても、彼らのための「トランスナショナルな空間形成のための制度的足場は、未だ未形成である」と述べる（鶴巻 2007、p.292）。

　前述のように、クラインシュミットは、トランスナショナルな社会空間を、個人が日常の行為を通じて構築する「空間的実体」と説明し、これが最もわかりやすい形であらわれたものが地域であるとし、移民をトランスナショナルな社会空間の自律的な作り手ととらえる。ファイストは、①送金を行う親族集団、②華商や印僑の通商ネットワーク、③ユダヤ人やクルド人のようなディアスポラ、の事例を取り上げ、移動する人ないし移民のトランスナショナルな「生活世界（life-world）」を観察し、国境を跨ぐ社会的紐帯（ネットワーク）と彼らの生きるトランスナショナルな空間の存在を注視する（Faist, 2000 ; Faist, 2006）。上述のファイストが挙げる移民の社会的紐帯

の事例は、いずれも家族や民族といった共属感情による紐帯であり、先行研究では、トランスナショナルな社会空間はトランスナショナルなコミュニティを包摂するものであることを自明のこととしてとらえているとも考えられる。

　因みに、アジアで比較的に研究が進んでいる下位地域研究の事例のひとつに、GMS（Greater Mekong Subregion、大メコン圏）研究があるが、この事例は、トランスナショナル・コミュニティの研究事例のひとつとしても発展していくものと思われる。GMS（大メコン圏）とは、タイ、カンボジア、ラオス、ベトナム、ミャンマーの５カ国と中国雲南省、広西チワン族自治区にまたがるメコン川流域の総称である。この地域に、各国や国際機関が積極的に介入して、巨額の投資によってインフラ整備を行い、ひとつの空間的実体を作り上げようとしている。経済開発と発展の促進、国際貿易の円滑化や国際的な環境保護等を行うのがその目的である。そのために現地の研究機関で熱心に研究されている項目のひとつが、歴史的・伝統的にメコン川流域の各国を自由に越境往来して暮らしてきた少数民族の、暮らしに密着した越境往来の動きである[9]。

　しかし構造的に見た場合、トランスナショナルなコミュニティは、送り出し国（地域）のコミュニティ、もしくは受け入れ国（地域）のコミュニティが越境拡大したものであり、この意味において「脱領域的」であるとは言えず、国際社会において独自の「ポリティ」として成立しえているわけでもないとする批判もある（高橋和 2014、p.49）。

（5）　移民の社会保障

　欧州では、2001 年 9.11 テロや、2004 年の EU の東方拡大による移民の増加、その後の大規模な移民暴動などにより、異質な存在である移民が社会の秩序や安全を脅かしているという認識がもたれるようになり、移民が安全保障上の脅威としてとらえられるようになった。その結果、2000 年代以降、国際政治学の議論においても「移民のセキュリタイゼーション」（移民の安全保

障問題化)が重要なテーマとなっている(高橋和 2014、p.51)。欧州における「移民のセキュリタイゼーション」の議論については、高橋和(2014)の整理に詳しいが、ここでは、特に、その議論が社会政策や福祉政策分野にも持ち込まれていることに注目する。

EU 域内での就労が自由化されると、他の加盟国内での求職活動や失業手当の申請、さらには低所得者向けの各種給付金の受け取りが可能となった。そのため、2004 年に、チェコ、ハンガリー、ポーランドなどの東欧諸国を中心に 10 カ国が EU に加盟すると、これらの社会保障制度が未発達の加盟国から、EU 先進国へ、就労するためではなく、社会保障給付(benefits)を目的に移動してくる恐れが高まった。このことから、就労するためではなく社会保障給付金を得るための移動を指す「ベネフィット・ツーリズム(benefits tourism)」という言葉が普及・定着した。同じ意味で「ウェルフェア・ツーリズム(welfare tourism)」という場合もある[10]。

受け入れ国において、失業率の高さは労働市場において移民が職を奪っていることによるという議論や、移民は本来国民として支払うべき負担なしに社会保障に「ただ乗り」している、さらには、移民が福祉による給付金を母国に送金している(移民は「ただ乗り」どころか「持ち出し」をしている)という批判がなされ、欧州委員会は、これに対して、加盟国に移動した EU 市民が受入国の国民よりも社会保障給付金を利用しているというわけではない、と反論している。一般課税によってまかなわれる年金・障害手当・求職者手当といった現金による社会保障給付金の場合、経済活動をしない EU 移動市民は受給者の非常に少ない割合を占めるに過ぎず、国家の社会福祉予算に対する影響も非常に低い。その割合は、オーストリア、ブルガリア、エストニア、ギリシャ、マルタ、ポルトガルの 6 カ国では 1 パーセント以下にすぎず、ドイツ、フィンランド、フランス、オランダ、スウェーデンの 5 カ国では 1～5% であった[11]。

しかし、この欧州委員会の報告は、EU 内に暮らす EU 市民に限定した議論である。オックスフォード大学のプロジェクト「The Migration

Observatory」によると、ベネフィット・ツーリズムの問題をEU内に暮らす非EU市民について議論することは非常に困難である。まず、ベネフィット・ツーリスト（社会保障給付金を目的とする移動者）について、そのような動機の移動者に関するデータは存在しないし、そのようなデータを集める手段を考案することも困難である。非EU移民（Non-EU migrants、EU加盟国の出身ではない移民）は英国に５年間居住するまで公的資金に頼ることはできないので、社会保障給付金だけを彼らの英国への移動の動機とするのは現実的ではない。そのため、イシューとしてのベネフィット・ツーリストの潜在的な規模を確認する最も簡単な初期的方法は、EU移民（EU migrants、EU加盟国出身の移民）による社会保障給付金の受給状況を見ることである。そのようにして、英国在住の（英国国民を除く）EU国籍者の就業率について、EU14（2004年以前の加盟国、いわば「古いEU」）、A8（2004年に加盟した東欧諸国）、A2（ルーマニアとブルガリア）の出身者ごとにそれを見てみると、いずれも英国国民の就業率71.7％よりも高い（図表２－１、図表２－２）。初めて英国国民保険番号（NINo, National Insurance Number）を登録するときに、就業年齢にある者を対象とする福祉手当（Working-age benefits）を要求したEU国籍者（英国国民を除く）は121,280人であり、求職者手当を要求したEU国籍者（英国国民を除く）は60,100人であった（図表２－３）。前者は英国在住のEU移民全体の5.1％、後者は2.5％に過ぎない。このことは、大多数のEU移民は、失業手当や就業年齢にある者を対象とする福祉手当を利用しないということを示唆している[12]。

　ベネフィット・ツーリズムの問題は、受け入れ国にとって外国人や移民をどのような待遇で統合するかという問題でもあると同時に、福祉政策は誰のためのものかというEUにおけるシティズンシップ権利をめぐる議論を生んでいる。このEUにおけるシティズンシップ権利をめぐる議論は、上述のようにデータ不在の問題もあって、EU市民のシティズンシップに限定され、EU内に暮らす非EU市民のシティズンシップを視野に入れた研究はほとん

第 2 章　理論的整理

図表 2 − 1　英国在住の EU 国籍者数（英国国民を除く）

全体	2,343,000 人
EU14	1,092,000 人
A8	1,074,000 人

図表 2 − 2　英国在住の EU 国籍者の就業率（英国国民を除く）

全体	77.5%
EU14	76.1%
A8	79.6%
A2	73.9%

図表 2 − 3　初めて英国国民保険番号を登録するときの社会保障利用状況

就業年齢にある者を対象とする福祉手当（Working-age benefits）を要求した EU 国籍者（英国国民を除く）	121,280 人
求職者手当を要求した EU 国籍者（英国国民を除く）	60,100 人

出典（図表 2 − 1 〜 3）：Cost and 'Benefit'：Benefits tourism, what does it mean?, 21/02/2014, The Migration Observatory at the Oxford University.
原出典：（図表 2 − 1）Annual Population Survey, 2012, ONS;
（図表 2 − 2）Labour Force Survey, 2013 Q2, ONS.
（図表 2 − 3）Department for Work and Pensions（DWP）, February 2013.

ど見られない。また、移民の送り出し国である東欧諸国の視点に立つ研究では、それについて人権といった普遍的な価値の適用を求めるため、議論はかみ合うことがない。高橋は、この現状について「移動する人の側からの議論はなされていない」と指摘している（高橋和 2014、pp.64-67）。

〈注〉

1　例えば、Brown（1974）、Mansbach, Ferguson, and Lampert（1976）などが挙げられる。
2　広義の定義をあげているものとして、例えば、Keohane and Nye（1971, p.xii）、Archer（1983, p.1）、Luard（1992, p.540）、岡部（1992, p.17, p.55）などがある。
3　例えば、大隈（1986, p.112）、渡辺（1983、p.3）、渡辺（1984、p.9）、などが挙げられる。
4　例えば Smith, Pagnucco, and Lopez（1998）などが挙げられる。
5　日本でも、1970 年代から終始一貫して、グローバルなレベルからローカルなレベル、サブナショナルなレベル、個人の日常的生活世界までを有意味に連係できる構成的ストラテジーの確立を模索し続けてきた馬場が、いち早くこの視点を

提出し、NGO から超国家組織まで含む無数の非国家アクターの発生は人々のアイデンティティの多様化に起因しており、多様化した人々のアイデンティティがあらゆるアクターに向けられて結局国際関係を動かすと主張していた（馬場 1980）。
6 このことに注目する研究として、例えば、民族的なアイデンティティを保持したまま外国に暮らす外国人労働者などの国際移動現象を取り上げる、平野（1997）が挙げられる。
7 ここで平野が用いた論文は Keohane and Nye（1977）である。
8 国連大学 CRIS（Comparative Regional Integration Studies）プロジェクトのウェブサイト。URL：http://www.allied-co.com/ri/sitemap.html（閲覧日：2016年3月15日）。
9 下位地域としての GMS については、多賀（2012）、多賀（2016）に詳しい。
10 みずほ総合研究所、ホーム＞リポート・パブリシティ＞オピニオン＞エコノミスト Eyes、URL:http://www.mizuho-ri.co.jp/publication/opinion/eyes/index.html（閲覧日：2016年3月18日）
11 欧州委員会（European Commission）、HOME ＞ Employment, Social Affairs & Inclusion ＞ News, "Impact of mobile EU citizens on national social security systems", 14/10/2013, URL:http://ec.europa.eu/social/（閲覧日：2016年3月18日）
12 The Migration Observatory at the Oxford University のウェブサイト, HOME＞ Commentary, Cost and 'Benefit': Benefits tourism, what does it mean?, 21/02/2014, URL: http://migrationobservatory.ox.ac.uk/commentary（閲覧日：2016年3月18日）

第3章　日本在住の朝鮮族に対するアンケート調査

　日本には推定5万人から10万人の朝鮮族が移動し暮らしていると報じられている[1]。しかし、これらの数字は推定の域を出ない。日本の法務省が管理する外国人登録者には民族別の記載がなく、したがって、日本入国・日本滞在に関するデータから、中国国籍者のうち、朝鮮族だけを取り出して把握することはできないためである。報じられている5万人から10万人という数字は、推定値としても大きな幅があるが、おそらく、日本の法務省が管理する本籍地別外国人登録者のうち、中国（台湾を含む）国籍をもつ者の総数は2011年現在67万4,879人で、そのうち朝鮮族が集住している東北三省に本籍を持つ中国人の総数は23万9,789人（遼寧省105,127人、吉林省56,909人、黒竜江省77,753人）であることから[2]、多めに見積もれば東北地方出身者の約半数は朝鮮族であろうという考えで10万人、少なく見積もっても約4分の1は下らないであろうという考えで5万人、ということではないかと思われる。

　日本の外国人登録では国籍が登録されるのみで民族の記載がないことも相俟って、日本において、朝鮮族は、ただ「中国人」として生活している場合も少なくない。日本社会における彼らは、ときに、「中国人」一般のなかに埋没しているが、彼らはひとつのエスニック・グループとして日本においても彼ら独自のコミュニティを有している。そこで、筆者は、日本に暮らす朝鮮族に対して、2001年、2011年、2015年の合計3回にわたってアンケート調査（調査票調査）を行い、本章において、その調査結果を用いて彼らの移動と生活を把握しようと試みる。3回の調査のうち、第1回を関東地方で、第2回・第3回を関西地方で実施したが、地方別の朝鮮族の特徴を見出すこ

とは困難である。ただし、第1回（2001年）と第2回・第3回（第1回から10年を置いて2011年、2015年）の間にある、調査時期の差異は大きいと思われる[3]。

第1節　調査結果の留意点

　3回のアンケート調査の結果を用いるにあたっては、特に次の2点に留意する必要がある。まず、調査の対象となる母集団に関する留保である。調査の母集団は日本に在住する朝鮮族の総体であることが望ましいが、上述のように、日本の法務省が管理する外国人登録者には民族別の記載がないため、日本に暮らす朝鮮族の実数を把握することはできず、母集団の規模自体が不明である。標本（sample）調査では、集団を構成する全個体から一部分を標本として選び出し（標本抽出、sampling）、この標本に対して調査を行うが、真に知りたいのは母集団の状況に他ならず、母集団の縮図となるような標本を選び出し、その標本に対して行った調査で得られた統計量（標本統計量）から統計学理論を用いて母集団統計量を推測する[4]。これが量的調査の理想である。しかし、日本在住の朝鮮族については、そもそも母集団の規模さえも把握できないという根本的欠陥を余儀なくされているのである。

　次いでは調査方法にまつわる留保である。本調査は、人間関係のネットワークを利用して調査対象者を増やしていく「雪だるま式標本法（snowball sampling method）」（機縁法とも言う）を採用した。無作為抽出で標本を選定する方法に比べてこの方法による調査は、サンプル（標本）の代表性に乏しく、得られた結果の一般化は困難である。したがって、本調査の結果は、各回の調査に協力してくれた朝鮮族についての傾向を把握するにとどまる。

　したがって、以上の留保を前提にしながらも、各回の調査に協力してくれた朝鮮族も日本在住の朝鮮族という集団を構成する人々であることは確かなことなので、これを日本在住の朝鮮族について議論する「ひとつの手がかり」とし、続く第3章で行う質的調査（生活史の聞き取り調査）を含めて包

括的に検討を行いたい。

第2節　2001年調査

（1）　調査概要

　まず、3回の調査のうち、初回の調査は2001年に関東地方で実施した。この2001年関東における調査は、筆者を含む4名による共同調査であり、日本在住の朝鮮族が増え続ける状況のなかで、日本における朝鮮族の生活実態と実情を把握することを目的として、100名を超える規模の朝鮮族に対して行われた初めての調査であった。その全容は、2001年に東京で開催された「第1回在日本中国朝鮮族国際シンポジウム」（於：目白大学）で報告したのち、権香淑・宮島美花・谷川雄一郎・李東哲「在日本中国朝鮮族実態調査に関する報告」（権ほか2006）として刊行されている。ここでは、本研究の論旨に照らして、その一部を抜粋し、加筆を施して提示する。

　調査の実施（調査票の配布・回収）時期は2001年9月～11月であった。回答者は121名で、うち1名が未成年者であったので、これを除外し、120名分を有効回答とした。調査票の配布と回収は、日本にある中国朝鮮族の諸団体（延辺大学日本校友会・天池倶楽部・中国朝鮮族研究会）[5]およびシンポジウム準備委員会の協力のもと、①各団体の会合において参加者・出席者に手渡しで直接配付して回収する方法、②各団体の会合への参加者・出席者に、家族・友人・知人である中国朝鮮族に配布してもらい、郵送にて回収する方法、③天池倶楽部のメーリング・リストを活用し、Eメールで配布し回収する方法という3つの方法で行った。調査票は、日本語版のほか、朝鮮語版、中国語版の計3種類を準備したが、ほぼすべての回答者が日本語版を利用して回答した。

（2）　回答者の基本情報

　2001年調査において、回答者（総数120名）の出身地は、「吉林省」が

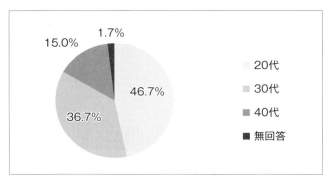

図表3−1　年齢（2001年調査、回答者数120名）

76.7%（92名）、「遼寧省」が14.2%（17名）、「黒竜江省」が8.3%（10名）、「その他」が0.8%（1名）で、99.2%が東北三省の出身者であった。性別は、「男性」が62.5%（75名）、「女性」が37.5%（45名）であった。配偶関係については、「未婚」が44.2%（53名）、「既婚」が55.8%（67名）である。また年齢（図表3−1）は、「20代」が46.7%（56名）、「30代」が36.7%（44名）、「40代」が15%（18名）、「無回答」が1.7%（2名）であった。

在留資格（図表3−2）は、「留学」が38.3%、「就学」が16.7%、「技術」「国際業務」「研究」「教授」などの「就労」資格が26.7%、「家族滞在」が8.3%、「超過滞在者」が4.2%、「永住者など」（「永住者」および「永住者の配偶者」）が3.3%、「日本国籍など」（「日本国籍」および「日本国籍の配偶者」）が2.5%である。55%が就学および留学資格をもつ、いわゆる学生であり、次いで技術や研究などのビザで働く就労者という結果になっている。

日本で教育を受けるための在留資格は、教育機関の形態により、大学等の高等教育機関で教育を受ける場合には「留学」、高等学校や、日本語学校を含む専修学校および各種学校等において教育を受ける場合には「就学」として、在留資格が区分されていた。なお、平成22年（2010年）7月1日から在留資格の「留学」と「就学」の区別はなくなり、現在はすべて「留学」に一本化されている[6]。

図表3-2 在留資格（2001年調査、回答者数120名）

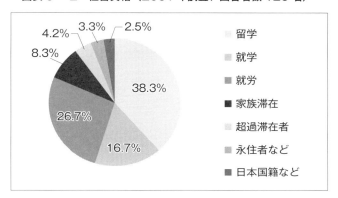

中国における最終学歴（図表3-3）は、52.5%が「大学本科」を卒業しており、次いで「高等専科学校・大学専科」が15％、「大学院以上」および「高級中学」が共に12.5％、その他「中等専門学校など」（「中等専門学校」、「短期職業中学」および「初級中学」）が7.5％であった。「大学本科」は4年制大学であり、「大学専科」は2年制で日本における短大に相当する。「初級中学」は日本の中学校、「高級中学」は日本の高校にあたる。

「大学院以上」、「大学本科」を合わせると65％、それに「高等専科学校・大学専科」を合わせると、80％が短大以上の学歴をもっていることになり、

図表3-3 中国での最終学歴（2001年調査、回答者数120名）

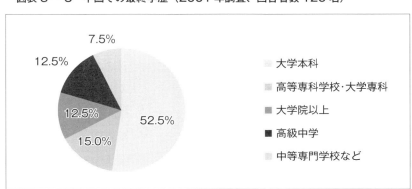

学歴の高さが際立った特徴となっている。また、このような高学歴という特徴と併せて、中国における職業においても、教師などの「専門職」および「管理職」がそれぞれ 35.8％と 14.2％で計 50％と最も多く、以下、「学生」20.8％、「賃労働」（「事務系」や「サービス・販売」など）17.5％、「無職・その他」9.2％、「自営業」2.5％の順になっている。

現在の状況は、多い順から「大学院生」23.3％、（日本語学校に通う）「就学生」18.3％、「大学生・専門学校生」9.2％、合わせて 55.8％がいわゆる学生で占められている。学生以外の人たちの状況は、「企業社員・自営業」20.83％、以下「その他・無回答」10.8％、「パート・アルバイト」5.8％、「教員」5.0％、「出稼ぎ労働者」1.7％であった。

これらのことから、2001年の関東地方でのアンケート調査（共同調査）の回答者（総数120名）は、年齢は20代、次いで30代が多く、性別は男性、中国での学歴が高く、中国では専門的職業についていたが、日本では学生をしている人が多い、とまとめられる。

（3） 来日に関わる諸事情

在留資格において、約 55％が「就学」および「留学」の在留資格をもつ、いわゆる学生であったこと、および、現在の状況においても、約 55％が「大学院生」「就学生」「大学生・専門学校生」という学生であったことと関連して、「来日の動機」（複数回答可）の最多は「勉強・研究」（54.1％、73／135件）であった。次いで「その他」（14.8％、20／135件）、「出稼ぎ」（12.6％、17／135件）、「外国への憧れ」（10.4％、14／135件）、「ビジネス」（8.1％、11／135件）であった。「その他」のなかで、理由が書かれていたものには、配偶者が来日を希望したためと記述されていた。

「来日のための借金額」は、「なし」が 52.5％、「5万元以下」が 17.5％、「5〜10万元」が 19.2％、「10万元以上」が 5.0％、無回答が 5.8％であった。金額の差はあるが、合計で 41.7％の人が、何らかの形で借金をしながら来日している。

「来日の経緯」は、「知人・友人・親戚の紹介」が 48.3％、「その他」が21.7％、「業者の斡旋」が 17.5％、「会社の招聘」が 7.5％、無回答が 5％であった。「知人・友人・親戚の紹介」で来日したものが多いが、その背景として考えられるのは、1996 年の保証人制度改定である。日本への留学の大きな障害だった入国・在留のための身元保証人制度が、1996 年 12 月に廃止され、1997 年 4 月以降の留学生および就学生に適用されるようになった。外務省が日本留学に関する情報を提供するウェブサイト「日本留学総合留学ガイド（Study in JAPAN）」では、「1996 年 12 月に入国・在留のための身元保証人制度が廃止され、日本留学のための入国にあたって、身元保証人は必要ではなくなりました」と説明したあと、しかし、「アパートを借りる時や、大学・専修学校の受験、入学の手続きをする時」など「日本における生活においてはまだ必要な場面も多いのです（これらは、日本人学生にも要求されます）」、「日本留学を希望するなら、来日後の身元保証人について来日前に入学先によく確認しておいた方がよいでしょう。例えば日本語学校に入学する場合、在学中については学校が保証人を引き受ける場合があります」等と補足説明している[7]。保証人制度の改正以降、朝鮮族は日本人で保証人になってくれる人がいなくても、様々なネットワークを利用して来日することが可能になった。以下は、この調査の際に、筆者が回答者である 20 代の女性留学生（当時）に対して同時に行ったインタビューの記録である。身元保証人制度の廃止が来日を「決意」する要因のひとつとなったこと、および、先に日本に移動していた親戚が日本語学校が求める来日後の身元保証人になったことが確認できる。

　　以前、日本留学は難しくて無理でした。日本人の保証人を見つけなくてはいけなかったし。親戚が日本にいたけれど、日本人の知り合いはいなかったので。それが、97 年に、日本人保証人制度がなくなったと日本にいる親戚が教えてくれたんです。それなら可能性が高いと思い、当時は収入はよくて貯金もあったので、決意しました。親戚に

日本語学校の書類を送ってもらいました。日本にいる親戚が保証人になってくれたので、1回目の申請で日本語学校に合格できたんだろうと思います。この点、親戚にはすごく感謝してるんです。来日後の住まいも親戚に保証人になってもらって、決めました。(権ほか2006、p.195)

(4) 日本での暮らし

図表3－4は、アルバイトおよび仕事に関する情報の入手方法ないし入手ルートについてである。

これらの回答のうち、「朝鮮族」「漢族」「日本人」という「人」の選択肢と、それぞれの言語で書かれた新聞などのメディアの選択肢を抜粋し、対応させたものが図表3－5である。そこでは、「朝鮮族」が抜きん出ていることが分かる。また、「日本人」と「日本語のメディア」の関係、および、「漢族」と「中国語のメディア」の関係において、比較的にメディアから情報を入手するケースが多いのに対し、「朝鮮族」と「朝鮮語のメディア」の関係

図表3－4　アルバイト・仕事情報の入手方法1（2001年調査、複数回答）

	件数	割合（％）
朝鮮族の紹介	43	25.9
日本語のメディア	28	16.9
日本人の紹介	17	10.2
店頭張り紙	17	10.2
学校の紹介	12	7.2
中国語のメディア	8	4.8
公共機関の紹介	6	3.6
漢族の紹介	6	3.6
朝鮮語メディア	3	1.8
外国人向けボランティア団体の紹介	1	0.6
その他	25	15.1
合計	166	100

図表 3 − 5　アルバイト・仕事情報の入手方法 2（2001 年調査、複数回答）　　　　　　　　　　　　　　　　　　　　　　（単位：件）

- 朝鮮族　43
- 朝鮮語メディア　3
- 日本人　17
- 日本語メディア　28
- 漢族　6
- 中国語メディア　8

では、「朝鮮族」という人からの情報入手が圧倒的多数であった。

　家庭におけるコミュニケーション言語を聞いた設問の回答は図表 3 − 6 の通りである。最も回答が多かったのが「三カ国語の組み合わせ」で 30％、以下、「朝鮮語」が 25.8％、「朝鮮語・日本語」が 15％、「朝鮮語・中国語」が 13.3％、「中国語・日本語」が 5.8％、「中国語」が 5％、「日本語」が 3.3％、「無回答」が 1.7％であった。これらの結果をそれぞれの言語で分けて図表 3 − 7 のように合算してみると、「朝鮮語」が 101 件、「中国語」および「日本語」ともに 65 件という結果になった。回答者 120 名のうち、「朝鮮語」は 101 名の家庭で使用されている。つまり、回答者の多くは、朝鮮語をベースにした三カ国語、あるいは朝鮮語のみ、あるいは朝鮮語をベースにした二カ国語という順で、いずれも朝鮮語を基層に据えながら家庭内におけるコミュニケーションを図っていると言えよう。

　権の研究においても、日本に暮らす朝鮮族の家庭での使用言語として、朝鮮語が選択される場合が多いことが示されている。権は、「家庭における使用言語」という調査項目においては、本来、家庭をもたない未婚者の回答を統計処理から排除すべきであるが、家族の分散がありふれてみられる朝鮮族の場合、被調査者が想定する、または、現実に関わっている「家庭」が、従

来のいわゆる「一つ屋根の下で暮らす」家族を前提にとらえることはできない、としている（権 2011、pp.136-137）。未婚者の場合は、故郷にいる、あるいは、中国の大都市や韓国などに移動して暮している、親やきょうだいなどとの会話を想定して回答するものと思われるが、既婚者であっても夫婦が離れて暮らしている場合はありふれてみられるので、本書においても、既婚者と未婚者のそれを区別せずに「家庭における使用言語」として処理する。物理的に離れて暮らす家族が日常的なコミュニケーションを取れるようになったのは、通信技術の発達によるところが大きい。朝鮮族たちは、LINE、Wechat（微信）、カカオトークといったメッセンジャーサービスで、連日のように、しばしば一日に複数回も、画像・動画・音声・文字で、国境を越えて離れて暮らす家族とコミュニケーションを取る。このことは、続く第4章におけるGさんの生活史にもあらわれている。LINEは日本で、Wechat（微信）は中国で、カカオトークは韓国で普及しているため、朝鮮族は、この3つのアプリケーションを適宜組み合わせて使用する。筆者が驚いたことには、2013年に、延辺に住む70代の朝鮮族知人の自宅に立ち寄ったところ、その家は子どもたちが移動先から仕送りをしてくれるため、経済的に余裕のある暮らし向きであり、リビングのテーブルにタブレット端末が置かれていた。

図表3－6　家庭でのコミュニケーション言語1（2001年調査、回答者数120名）

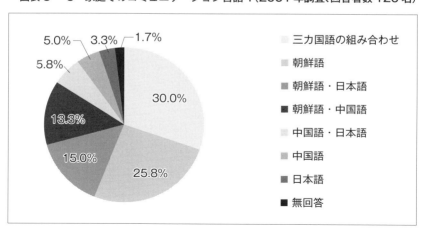

図表３－７　家庭でのコミュニケーション言語２（2001 年調査）

言語	件数
中国語	65
日本語	65
朝鮮語	101

　老齢のために外出することも少なくなった毎日のなかで、日本、韓国、中国の大都市にいる子どもたちや孫たち、親族たちとメッセンジャーサービスで連絡を取り合い、それが日々の楽しみのひとつとなっているということであった。

　「一番親しい友人」は、複数回答可能な設問として設定していなかったが、回答者（120 名）のなかにはひとつだけを選択することが困難であった者がおり、複数回答がなされていた。欠損値として処理することも検討したが、いったんそのまま結果を集計してみたところ、総数 133 件、うち、「朝鮮族」（109 ／ 133 件）、「漢族」（16 ／ 133 件）、「日本人」（8 ／ 133 件）、「在日コリアン」（1 ／ 133 件）、「その他」（1 ／ 133 件）という結果であった。

　「今後の予定」は、「まだ分からない」が 37.5％、「帰国する」が 32.5％、「引続き日本に住む」が 18.3％、（日本以外の）「外国に移住する」が 9.2％、「その他」が 2.5％であった。

第 3 節　2011 年調査

（1）　調査概要

　本節では、2011 年に、関西地方で実施した日本在住の朝鮮族へのアンケート調査の結果を抜粋して紹介する。この調査は、前節に示した関東地方における 2001 年共同調査の約 10 年後に、筆者が個人研究として行ったものである。調査項目は、2001 年共同調査で使用した調査票に、新たに「現在の居

住地」と「日本滞在期間」の2項目を加えた。

　調査の概要は以下のとおりである。調査の実施（調査票の配布・回収）時期は2011年11月〜2012年3月である。配布・回収方法と、それぞれの調査人数は、以下のとおりである。配布・回収方法については①2011年11月に京都で開かれた第4回在日本中国朝鮮族国際シンポジウム（於：龍谷大学）で、参加者・出席者の朝鮮族に手渡しで直接回収する方法（16名）、②2011年12月に大阪で開かれた在日本中国朝鮮族関西友好会の忘年会において、参加者・出席者に手渡しで直接回収する方法（18名）、③関西地方にある（キリスト教の）教会に通う朝鮮族に、同教会に通う筆者の知人の朝鮮族を介して配布してもらい、郵送回収する方法（14名）という3つの方法で行った。

（2）　回答者の基本情報

　回答者の人数は48名、男女比は男性16名、女性32名であった。本調査はサンプル数が48名と少ないため、本調査結果は、各割合（パーセンテージ）を示さず、実数で整理を行う。

　回答者（48名）の年齢は、20代・30代が41名を占めている。最多は30代の23名で、20代が18名である。日本滞在期間は、5〜10年が14名、10〜15年が19名であり、日本滞在期間と年齢のクロス表（図表3−8）を見ると、年齢が30代で日本滞在が10〜15年の者が最も多い（14名）。現在の状況（図表3−9）を見ると、「日本企業社員」22名が最も多い。来日動機（図表3−10、複数回答可）は「勉強・研究」が最も多く（35／57件）、これは2001年の関東調査も同様であった。

　これらから見て、2011年の関西地方でのアンケート調査に協力してくれた回答者（48名）は、①30代、次いで20代が多く、②「日本企業社員」として働いており、③日本滞在期間が、5〜15年の人、特に10〜15年の人が多かった、と整理できる。日本での学生生活を終えて、日本の企業に就職し、日本在住期間が長くなっている人が、この調査の回答者には多かったことになりそうである。

図表3－8　日本滞在期間と年齢のクロス表（2011年調査）

		年齢				合計
		20代	30代	40代	50代	（人数）
日本滞在期間	1年以内	2	1	0	0	3
	1～2年	2	0	0	0	2
	2～5年	7	0	0	0	7
	5～10年	6	7	1	0	14
	10～15年	1	14	4	0	19
	15～20年	0	1	1	0	2
	20年以上	0	0	0	1	1
合計		18	23	6	1	48

図表3－9　現在の状況（2011年調査）

	人数
日本企業社員	22
その他	6
教員	5
大学院生	4
大学生	3
自営業・共同経営者	3
研究者	2
技術・熟練労働者	2
就学生	1
合計	48

図表3－10　来日の動機（2011年調査、複数回答）

	件
勉強・研究	35
外国憧れ	9
出稼ぎ	6
ビジネス	4
その他	3
合計	57

（3）　来日と日本での暮らし

　来日の経緯（図表3－11）は、「知人・友人・親戚」の紹介が最も多い（29名）。これは10年前の関東地方での調査も同様であった。アルバイトおよび仕事の情報入手ルート（図表3－12、複数回答可）については、関東での調査結果とは異なっている。10年前の関東調査では、最多の回答は「朝鮮族の紹介」（43／166件）であり、また、「日本人」と「日本語メディア」、「漢族」と「中国語メディア」の関係においては、比較的メディアから情報を入手する場合が多かったのに対し、「朝鮮族」と「朝鮮語メディア」の関

係では、「朝鮮族」という人からの情報入手が圧倒的多数であった。しかし、2011年調査では、「日本語メディア」が最多の回答（11／61件）で「日本人の紹介」（7／61件）も3番目に多い。「朝鮮族の紹介」（5／61件）は「日本人の紹介」（7／61件）よりも少ない。「公共機関」の利用も8／61件見られ、この「公共機関の紹介」は10年前の関東調査では6／166件にすぎなかった。ひとつの考え方として、2011年調査に協力してくれた人たちには、日本での滞在期間が長く、「日本語メディア」や日本の「公共機関」を利用するなど、日本に暮らす朝鮮族同士の紐帯のみならず、ホスト社会である日本社会との関係性を深めている人々が多いとも考えられる。

図表3－11　来日の経緯（2011年調査）

	人数
知人・友人・親戚の紹介	29
業者の斡旋	7
会社の招へい	4
その他	6
小計	46
欠損値	2
合計	48

図表3－12　アルバイト・仕事情報の入手方法（2011年調査、複数回答可）

	件数
日本語メディア	11
公共機関紹介	8
日本人紹介	7
店頭張り紙	7
朝鮮族紹介	5
漢族紹介	4
朝鮮語メディア	2
学校紹介	6
ボランティア団体紹介	1
その他	10
合計	61

家庭でのコミュニケーション言語（図表3-13）をみると、最も回答が多かったのが「朝鮮語」で、以下、「三カ国語すべての組み合わせ」「中国語・朝鮮語」「朝鮮語・日本語」「日本語」「中国語・日本語」と続く。これらの結果をそれぞれの言語で分けて図表3-14のように合算してみると、回答者（48名）のうち、「朝鮮語」は最も多い43名の家庭で使用されている。10年前の関東調査においても、最も多くの家庭で使用されている言語は「朝鮮語」であった。

図表3-13　家庭でのコミュニケーション言語1（2011年調査）

	人数
朝鮮語	17
3カ国語すべて	12
中国語・朝鮮語	10
朝鮮語・日本語	4
日本語	2
中国語・日本語	2
欠損値	1
合計	48

図表3-14　家庭でのコミュニケーション言語2（2011年調査）

	朝鮮語	中国語	日本語
朝鮮語	17		
3カ国語すべて	12	12	12
中国語・朝鮮語	10	10	
朝鮮語・日本語	4		4
日本語			2
中国語・日本語		2	2
合計	43	24	20

第 4 節　2015 年調査

（1）　調査概要

　2015 年調査は、2015 年 2 月から 4 月にかけて関西地方在住の朝鮮族に対して実施し、33 名の回答を得た。調査は、大阪在住の朝鮮族 1 名に調査補助者になっていただき、以下のとおりに行った。まず、①大阪朝鮮族新年会（2015 年 2 月 21 日、於：大阪）の会場で参加者 19 名に、②大阪朝鮮族花見バーベキュー・パーティ（2015 年 4 月 12 日、於：大阪）の会場で 7 名に、調査票を配布し実施・回収した。新年会の主催団体は、関西朝鮮族友好会という関西地方在住の朝鮮族の親睦団体である。次に、③関西地方の大学で教鞭をとられている T 先生（日本人）の指導学生たちが催すパーティ（2015 年 4 月 18 日、於：大阪）にうかがい、4 名に調査票を配布し、実施・回収した。T 先生の研究室には朝鮮族の学生が多く、このパーティは、T 研究室の卒業生・在学生たちが家族も伴って集まる、年に 1 回の機会となっている。最後に、④関西地方在住の 3 名に、個人的なつてで回答を依頼し、E メールに添付する形式で調査票を配布し回収した。このようにして、2015 年 4 月 18 日までに合計 33 名から回答を得た。

　2015 年調査では、2001 年調査・2011 年調査と同じ質問もしているが、多くの新しい質問項目も設けた。新しく設けた質問は、来日年度（最初に日本に来た年）、在留資格などである。反省点として、質問項目がかなり多く、記入方式も複雑であったため、とりわけ、新年会やパーティの機会にその場ですべて正確に記入してもらうのは難しく、欠損値が発生する結果となった。また、実施前には 50 名程度からの回答回収を目標としていたが、実際に回収できたのは 33 名にとどまった。調査票を受け取っても回答記入を行わないケースも見られ、これは実施してみて痛感したことであるが、質問項目が多く複雑であるため、受け取った調査票を一見しただけで、うんざりしてしまい、回答を躊躇するのも無理はないと反省させられた。調査を実施す

る研究者の側は、せっかくの機会なので、あれもこれもと欲張りになりがちである。しかし、調査される側の都合を考慮して、回答の負担が少ない調査票を準備することも重要な留意点である。今回の反省点を今後に活かしていきたい。併せて、今回のような負担の大きな調査票に回答してくれた33名の朝鮮族たちに、お詫びと心からの感謝を表したい。なお、2015年調査はサンプル総数が33名と少ないため、各割合（パーセンテージ）は示さず、調査結果は実数で整理を行う。

（2） 回答者の基本事項

　回答者（33名）の性別は、男性8名、女性が23名、欠損値2名で、女性が多い。出生地は、吉林省18名、遼寧省11名、黒竜江省2名、欠損値2名である。年齢は、最多は30代（16名）、次いで40代（8名）、20代（5名）、50代（1名）、欠損値3名である。日本滞在期間（図表3－15）は、最多は10年以上～15年未満の11名、および、15年以上～20年未満が11名である。10年から20年未満の者が33名中22名を占めており、長期滞在者が多い。これと関連して、初めて来日した年（図表3－16）は、最多は2000年代前半（2000～2004年）が12名、次いで1990年代後半（1995～1999年）11名である。1990年代後半以降に来日した者が33名中22名を占める。

図表3－15　日本滞在年数（2015年調査）

来日年数	人数
1年未満	1
1年以上～5年未満	3
5年以上～10年未満	4
10年以上～15年未満	11
15年以上～20年未満	11
20年以上～25年未満	1
欠損値	2
合計	33

図表3－16　（初めて）来日した年（2015年調査）

来日した年	人数
1990～1994	1
1995～1999	11
2000～2004	12
2004～2009	5
2010～2014	4
合計	33

図表 3 − 17 は、（はじめて）来日した年・日本滞在期間・年齢、の 3 つの変数のクロス表である。年代が若いほど、最近来日し、日本滞在期間が短い傾向に分布し、年代が高いほど、来日した年が古く、日本滞在期間が長い傾向に分布がみられる。今回の回答者は、1990 年代後半以降に来日し、日本滞在期間が 10 年〜 15 年の 30 代が 9 名、15 年〜 20 年の 30 代（4 名）・40 代（5 名）が、33 名中 18 名を占める。初めて来日した年の調査項目に欠損値は生じなかったが、日本滞在年数に欠損値（2 名）が生じており、これについては、日本をいったん離れて再来日した可能性もあり得る。具体的には、直近の来日以降の日本滞在期間を記入するのか、以前の来日機会と合算した日本滞在期間を記入するのかに戸惑ったために、記入を行わなかったなどの状況が考えられる。

　2001 年、2011 年、2015 年と調査を重ねるたびに、それぞれの調査の回答者集団は、年齢が高くなっていっており、かつ長期滞在者が多くなっている。2001 年調査は 20 代が最多で次いで 30 代、2011 年調査は最多が 30 代で次いで 20 代、2015 年調査は最多が 30 代で次いで 40 代であった。日本滞在期間は 2011 年調査では 5 〜 15 年が 33 ／ 48 名、2015 年調査は 10 〜 20 年が 22 ／ 33 名であった。また同時に、来日して 5 年に満たない者を常に含んでいる。

図表 3 − 17　来日年度・日本滞在期間・年齢のクロス表（2015 年調査）

（はじめて）来日した年	日本滞在期間	年齢					合計
		20 代	30 代	40 代	50 代	欠損値	
2010 〜 2014	1 年未満	1					1
2010 〜 2014	1 年以上〜 5 年未満	2		1			3
2004 〜 2009	5 年以上〜 10 年未満	1	3				4
2004 〜 2009	欠損値					1	1
2000 〜 2004	10 年以上〜 15 年未満	1	9			1	11
2000 〜 2004	欠損値			1			1
1995 〜 1999	15 年以上〜 20 年未満		4	5	1	1	11
1990 〜 1994	20 年以上〜 25 年未満			1			1
合計		5	16	8	1	3	33

2011年調査では来日して1年に満たない者が3/48名、2015年調査では1/33名、5年に満たない者は2011年調査で12/48名、2015年調査で4/33名であった。日本の朝鮮族コミュニティは、日本にますます長期滞在者を含みながら、同時に、常に新参の来日者を迎えていると考えられる。

来日の経緯は、最多が「友人・知人の紹介」(17名)、次いで「業者の斡旋」(9名)、「会社の招聘」(2名)、「その他」(4名)、欠損値1名である。2001年調査・2011年調査においても、来日経緯は「知人・友人・親戚の紹介」が多かった(2001年調査で48.3%、2011年調査では29/48名)。今回の回答者も、1990年代後半以降に「友人・知人の紹介」で来日したものが多く、その背景として考えられるのは、前述でも指摘したように1996年の保証人制度改定であろう。

現在の国籍は、33名中27名が中国国籍、次いで日本国籍(4名)、欠損値2名である。婚姻状況は、33名中22名が「既婚」で、「未婚」8名、「その他」1名、欠損値2名である。配偶関係において、回答の選択肢に「既婚」「未婚」のほか「その他」を設けたのは、死別、離別、あるいは外国人同士が外国で行う婚姻手続き[8]・離婚手続きの複雑さを勘案して本人にとって「既婚」とも「未婚」とも表現しがたい状況がある場合に——例えば同居するなど実質的な既婚状態ではあるが法的な婚姻手続きができずにいる場合など——、欠損値が発生することを回避しようとしたものである。今回、1名が「その他」を選んでいるが、「その他(　)」とした回答欄の(　)の部分が未記入であったため、その実際のところは不明である。

表2-18は配偶関係と性別のクロス表である。「既婚」者22名のうち16

図表3-18　配偶関係と性別(2015年調査)

	未婚	既婚	その他	欠損値	合計(人数)
男性	3	4	1		8
女性	5	16		2	23
欠損値		2			2
合計(人数)	8	22	1	2	33

図表3-19 「既婚」者（22名）の、性別と配偶者（2015年調査）

	朝鮮族	日本人	漢族	韓国人	欠損値	合計（人数）
男性	3				1	4
女性	6	5	1	1	3	16
欠損値	1				1	2
合計（人数）	10	5	1	1	5	22

名が女性である。つまり、全体33名のうち16名が「既婚」女性である。図表3-19では、「既婚」者（22名）のうち、その配偶者で最も多いのは朝鮮族（10名）となっており、「既婚」者（22名）のなかでは朝鮮族同士で結婚をしている場合が最も多いことがわかるが、「既婚」女性（16名）に限ってみれば、ばらつきが大きく、朝鮮族の夫をもつ者（6名）の次に多いのが、日本人の夫をもつ者（5名）で、漢族や韓国人の夫と結婚している場合もそれぞれ1名づついる。

図表3-20は、現在の在留資格の種類をあらわしており、「永住者」（11名）、「人文・国際業務」（7名）、「日本国籍」（5名）、「留学」（4名）で33名中27名が占められ、残りの資格は各1～2名にすぎない。この設問では、1名（女性）が在留資格を「永住者配偶」と回答しており、「日本人配偶者等」と間違えて回答したか、あるいは「永住者」と間違えて回答した可能性も考えられるため、欠損値として処理することも検討したが、いったんその

図表3-20 在留資格（2015年調査）

	人数
永住者	11
人文・国際業務	7
日本国籍	5
留学	4
技術	2
家族滞在	1
永住者配偶	1
欠損値	2
合計	33

図表3－21　在留資格（28名）・性別・配偶関係のクロス表（2015年調査）

性別	配偶関係	配偶者属性	永住者（11名）	人文・国際業務（7名）	日本国籍（5名）	留学（4名）	永住者配偶（1名）	計（人数）
男	既婚	朝鮮族	2	1				3
		欠損値		1				1
	未婚					1		1
	その他		1					1
女	既婚	朝鮮族	3	2	1			6
		日本人	2		2		1	5
		漢族	1					1
		欠損値	1	1				2
	未婚		1	1		2		4
	欠損値			1		1		2
欠損値	既婚	朝鮮族			1			1
		欠損値						0
計（人数）			11	7	5	4	1	28

まま整理して保留とする。

「永住者」（11名）、「人文・国際業務」（7名）、日本国籍（5名）、留学生（4名）、そして、（「永住者」ないし「日本人配偶者」と回答し間違えた可能性もある）「永住者配偶」（1名）、の5つの在留資格（計28名）について、その性別と配偶関係を知るために、在留資格・性別・配偶関係の3つの変数でクロス表を作成したものが図表3－21である。

図表3－19において日本人と結婚している者は5名で、すべて女性であったが、図表3－21においてもこのことが確認できる。日本人（男性）と結婚している朝鮮族女性5名のうち、2名は日本国籍を取得し、2名は「永住者」の在留資格を持つ。

日本在住の朝鮮族のうち、引き続き日本に住む意向を持つ者が、日本国籍取得よりも、永住者資格の取得に、より強い意欲ないし関心をもつことは、権の研究でも示されている（権2011、pp.144-145）。ここでさらに新たに示されていることは、日本人（男性）と結婚している朝鮮族女性が、日本国籍

(取得)者、永住資格者とに分かれているということである。

　日本人(男性)と結婚していて在留資格「永住者」を持つ2名の女性について、その理由を考えてみると、在留資格の「日本人の配偶者」は、在留期間が5年、3年、1年又は6カ月間であり、期間がくると更新手続きが必要である。この「日本人の配偶者等」に対し、「永住者」は在留期間が無制限である[9]。かつ、もしも日本人配偶者と離婚又は死別した場合にも在留資格の変更申請を行う必要がない。そのため、「日本人の配偶者等」よりも「永住者」が選好され取得されたのではないか。

　33名中11名で最多であった「永住者」資格は、実は、その取得申請は、「日本国籍」の取得申請よりも日本に引き続き住んでいなければならないとされる年数の要件が長い。つまり、日本国籍の取得よりも、永住者の資格を取得するほうがハードルが高い。以下は、日本の法務省による「帰化の一般的な条件」ないし「最低限の条件」である[10]。

1　住所条件（国籍法第5条第1項第1号）
　　帰化の申請をする時まで，引き続き5年以上日本に住んでいることが必要です。なお，住所は，適法なものでなければなりませんので，正当な在留資格を有していなければなりません。

2　能力条件（国籍法第5条第1項第2号）
　　年齢が20歳以上であって，かつ，本国の法律によっても成人の年齢に達していることが必要です。

3　素行条件（国籍法第5条第1項第3号）
　　素行が善良であることが必要です。素行が善良であるかどうかは，犯罪歴の有無や態様，納税状況や社会への迷惑の有無等を総合的に考慮して，通常人を基準として，社会通念によって判断されることとなります。

4　生計条件（国籍法第5条第1項第4号）
　　生活に困るようなことがなく，日本で暮らしていけることが必要

です。この条件は生計を一つにする親族単位で判断されますので，申請者自身に収入がなくても，配偶者やその他の親族の資産又は技能によって安定した生活を送ることができれば，この条件を満たすこととなります。
5　重国籍防止条件（国籍法第5条第1項第5号）
帰化しようとする方は，無国籍であるか，原則として帰化によってそれまでの国籍を喪失することが必要です。なお，例外として，本人の意思によってその国の国籍を喪失することができない場合については，この条件を備えていなくても帰化が許可になる場合があります（国籍法第5条第2項）。
6　憲法遵守条件（国籍法第5条第1項第6号）
日本の政府を暴力で破壊することを企てたり，主張するような者，あるいはそのような団体を結成したり，加入しているような者は帰化が許可されません。

これに対し、「永住者」資格の要件は以下のとおりである[11]。

（1）素行が善良であること
　　法律を遵守し日常生活においても住民として社会的に非難されることのない生活を営んでいること
（2）独立生計を営むに足りる資産又は技能を有すること
　　日常生活において公共の負担にならず，その有する資産又は技能等から見て将来において安定した生活が見込まれること
（3）その者の永住が日本国の利益に合すると認められること
　　ア）原則として引き続き10年以上本邦に在留していること。ただし，この期間のうち，就労資格又は居住資格をもって引き続き5年以上在留していることを要する。
　　イ）罰金刑や懲役刑などを受けていないこと。納税義務等公的

義務を履行していること。

　ウ）現に有している在留資格について，出入国管理及び難民認定法施行規則別表第２に規定されている最長の在留期間をもって在留していること。

　エ）公衆衛生上の観点から有害となるおそれがないこと。

　日本国籍の取得申請には「引き続き５年以上日本に住んでいることが必要」とされるのに対し、「永住者」資格は「原則として引き続き 10 年以上」日本に在留していることが必要で、かつ、その 10 年間のうち、「就労資格又は居住資格をもって引き続き５年以上」在留している必要がある。「就労資格」とは「投資経営」「技術」「人文知識・国際業務」など特定の活動に限り就労が認められている在留資格であり、「居住資格」とは身分・地位に基づき認められる在留資格であり、「永住者」以外に「日本人の配偶者等」「永住者の配偶者等」「定住者」がある。「留学」「就学」「研修」「特定活動（技能実習）」は原則として就労が認められないので、就労資格には該当しない。そのため、例えば、日本語学校（２年）、大学や大学院を経て、卒業後に日本で就労した場合、全体の日本滞在期間が 10 年以上であっても、就労可能なビザに切り替えてから５年以上を待たなければ、原則としてこの要件を満たさないことになる。

　「日本国籍」の取得申請のほうが、「永住者」資格の取得申請よりも、日本に引き続き住んでいなければならないとされる年数の要件が短く、要件としてのハードルが低く設定されているということは、国家にとって、定住外国人を、永住資格を持つ外国人としてよりも自国民として取り込んで扱うほうが、国内社会の統合や管理の面で都合がよいためとも考えられる。

　「日本国籍」を保持している５名のうち、日本人（男性）と結婚した朝鮮族女性２名を除く３名についてみてみると、うち１名は夫が朝鮮族であり、調査票（記述式回答欄）でその夫の在留資格を確認すると「日本人の配偶者」であった。またもう１名は、夫が朝鮮族で、その夫の在留資格は「永住

者」であった。この2組の夫婦は、妻が日本国籍を取得し、夫が「日本人の配偶者」ないし「永住者」の滞在資格で、日本に暮らす朝鮮族夫婦であることがわかる。最後の1名は、夫、子どもたち（2名、6歳と10歳）とも日本国籍を取得しており、おそらく本人も含めて家族4名全員で日本国籍を取得したことが予想される。世帯全体で日本国籍を取得するケースがある一方で、夫婦で国籍が異なる場合（夫婦の一方のみが日本国籍を取得する場合）があることがわかる。

　現在の在留資格は「永住者」（11名）が最も多かったが、来日時の在留資格では、最多が「留学」19名、次いで「就学」11名、「その他」3名である。つまり、来日当初は学生として過ごしていた者が33名中30名を占める。ここまでの情報を整理すると、2015年調査の回答者には、女性、年齢は30代（次いで40代）、「既婚」者、1990年代後半以降に留学生または就学生として来日し、修学を終えた後も日本に継続して暮らし、長期滞在（10〜20年）となっている者が多く、現在の在留資格は「永住者」次いで「人文・国際業務」が多い、とまとめられる。

（3）　来日に関わる諸事情

　来日前に日本に居住する「親族」がいた者は14名で、いなかった者は19名である。これに対し、来日前に日本に居住する「友人」がいた者は、33名中24名を占めており、いなかった者（9名）よりもかなり多い。

　図表3－22は、来日理由（なぜ日本を選択したか）の自由記述欄に書かれたものを整理したものである。「中国から一番近い外国だから（韓国は外国と思っていない）」という記述の背景には、朝鮮族社会の日常のなかで、韓国への出国がありふれたものになって久しいことがある。すでに触れたように、中韓国交樹立（1992年）以降、韓国は、朝鮮族の主たる移動先となってきた。在韓朝鮮族は60万4553人（『東亜日報』2015年1月24日）に達している。このことは、韓国社会にとっては韓国の総人口の1％を超える朝鮮族が韓国に住んでいることになり、中国国内の朝鮮族社会にとっては

図表3-22 来日理由（なぜ日本を選択したか）（2015年調査）

中国から一番近い外国だから（韓国は外国と思っていない）
進学のため
友人が誘ったので
大学で日本語専攻したから、本場の日本語をマスターするため。
外国語が日本語
妻が日本にいたから
親のすすめ
経済発展している近い国
近いから。他の国へは留学しようとしてもできなかったから
日本語しかできないため
学んだ日本語を活かしたかったから。日本への憧れ（中学、高校で日本語の先生の日本紹介のなかで）
大学で日本語を勉強したため
中学から日本語を勉強したため
①手続き上、自分で日本の学校の情報、先生の情報について調べることができたので。②専攻上、同じアジアである日本が参考になるかと思ったため。③生活上、同じアジアで中国と距離が近いから、より早く慣れると思ったので。
日本語を勉強したし、友人の紹介もあったので。
その当時、日本はアジアで一番の経済大国
①高い報酬、②将来発見の可能性があると判断
日本への憧れ
日本に知人がいたので
近いから
中国で大学卒業後、外国でもう少し勉強を続けたかったが、日本文化が好きだったため、こちら（日本）を選んだ
友だちが日本にいたため

全朝鮮族の4分の1以上が韓国に移動し暮らしていることになる。

　来日理由に見られる「友人が誘った」「妻が日本にいた」などの記述は、来日前から日本に「親族」が居住している場合（14／33名）や、来日前から日本に居住する「友人」がいる場合（24／33名）と関連して、日本に暮らす朝鮮族と、彼らの故郷（中国国内の朝鮮族社会）とをつなぐネットワークの存在をあらわしていると思われる。また、「日本語しかできないから」「外国語が日本語（であったから）」「学んだ日本語を活かしたかったから」

など、「日本語」が来日の動機と結びついている場合が見られる。

　朝鮮族学校における中等教育課程からの日本語学習が、渡航先として日本を選択する要因になっていることは、以前から指摘されてきた（権ほか2006、p.187）。このように、朝鮮族の日本への移動者の多さは、ひとつには日本語学習者が多いことによる。本田によると、1990年当時、中国の日本語学習者の3人に1人は朝鮮族であり、当時の朝鮮族総人口の4％に達する人口あたりの日本語学習率は他に類を見ない高さである。世界で日本語学習者が最も多いのは韓国の約91万人であるが、それでも人口当たりにすると約1.8％にすぎない（本田2012、p.1、p.20）。

　朝鮮族に日本語学習者が多い理由は、歴史的には「満州国」期まで遡るが[12]、文革および文革後の外国語教育再開時の事情とも関係が深い。朝鮮族の民族性へのこだわりは、伝統的にも現代にあっても、しばしば「教育熱」となってあらわれる。延辺では、1910年代に既に「学校が多すぎる」状態であり、1949年4月には民族幹部養成を目的として、延吉に中国初の少数民族大学である延辺大学（設立当初の名称は東北朝鮮人民大学）が開校した。1952年には朝鮮族適齢児童の小学校就学率が92％に達し、1958年には延辺をはじめとする集住地区の朝鮮族に中学校教育がほぼ普及した。これらの達成は、中国各民族の中で最も早いものである（小川佳万2001、p.99；鄭2000、pp.227-228）。このように早くから発展してきた朝鮮族教育は、1957年の反右派闘争に始まり60年代の文化大革命に至る政治動乱期においては、「地方民族主義」を助長するものとして抑圧された。とりわけ、1968年の「階級隊伍整理運動」では、多くの教員を含む朝鮮族知識階級が「反逆者」「外国特務」といった汚名を着せられ、「打倒」の対象とされた。延辺だけでも、迫害により死亡した者は2,653名（うち1,483名が自殺）、暴行により心身に障害が残った者は2,983名、隔離・審査の対象にされるなど巻添えにされた者は10万名を超えるという（鄭2000、p.234）。

　1966年5月からは「外国語は西洋崇拝の担い手」として外国語科目が学校教育の中で廃止され、外国語教育が再導入され軌道に乗るには、1979年

3月に、国家教育委員会（現教育部）によって「外国語教育強化についての意見」が全国に配布されるまで、10年以上を経なくてはならない（金2009、pp.54-55）。その間、外国語教員をはじめ、外国語に関連する人材の育成も困難であり、文革後に民族学校が教育の正常化を図っていく際に、中等教育の現場では、外国語教育を再開しようにも、教鞭をとることのできる人材が不足していたことは想像に難くない。

続く第3章・第4章における生活史の聞き取り調査でも、いくつかの事例において、外国語教育の再開期の朝鮮族学校で、外国語科目として日本語を学んだ経験が語られている。1960年生まれのAさんの場合は高校時代に、1971年生まれのBさんは中学時代に、日本語のできる年配の朝鮮族から日本語を学んだ。文革後に教育の正常化を図っていく過渡期において、日本語の能力を有していた年配者が日本語を教えることで、当面の外国語教師の不足を補ったと思われる。Bさんの通った中学・高校では、英語を学ぶ機会をもつことはできず、学ぶことができた外国語は日本語だけであった。朝鮮族の日本語学習者の多さは、このような学校教育も背景となって、日本による被支配の当事者として日本語能力をもつに至った世代から、日本による支配の終焉ののちに生まれた世代へと、その日本語能力を、個々人や個々の家庭のレベルのみならず民族集団のレベルで継承していった側面が指摘し得る。

このような共有が下地となって、大学入試でよい点数を得るために外国語として（英語ではなく）日本語を学ぶ、という発想が持たれてきた。第4章で生活史の事例として取り上げるGさん（1975年生まれ）が入学した中学校は、1学年に全8クラスがあり、そのうち2クラスが外国語として英語を学ぶクラスで、6クラスが日本語を学ぶクラスであった。どちらの外国語を学ぶかは生徒のほうで選択する。Gさんの場合は、Gさんの両親が、朝鮮語を話す朝鮮族にとって、英語よりも日本語のほうが学習しやすい外国語であって、大学入試の際にも（高得点を出しやすく）有利であると考えて、日本語を選択するように勧め、Gさんは両親の意見に従って日本語を選択した。このことについては、小川佳万（2001）が、延辺朝鮮族は入試において「語

文」(「朝鮮語文」)と「外国語」(「日本語」)で平均点よりも20〜30点高い得点をたたき出すことによって全省文系合格率トップに躍り出ている、と実証的に論じてもいる。

　ただし、日本語学習が日本への移動の動機のひとつとなっていることが今回の調査結果にあらわれているのは、回答者の年齢層と関係している。現在の朝鮮族学校では、基本的に外国語科目として英語教育が提供されているので、より若い年齢層への調査では異なる結果が得られるであろう。

（4）　日本のなかの朝鮮族社会

　図表3－23「アルバイト・仕事情報の入手方法」（複数回答可）は、2001年調査・2011年調査でも行った調査項目である。今回の調査では、最多が「朝鮮族の紹介」（12／51件）で、次いで「日本語の情報誌」（9／51件）であった。2001年調査においても、同様に、最多が「朝鮮族の紹介」（43／166件）で、次に多いのが「日本語メディア」（28／166件）であった。人が情報源となる場合は「朝鮮族の紹介」が最も多いことは、朝鮮族のネットワークが、来日の際に利用されているのみならず、移動後に移動先で生活を送る際にも利用されていることを示していると考えられる。各言語の「情報誌」が情報源となる場合に「日本語の情報誌」が最も利用されているのは、日本において、最も利用しやすく、量的に豊富であるのは、各言語の「情報誌」のなかでも「日本語の情報誌」である、ということではないか。

　ただし、2011年調査では、最多が「日本語メディア」（11／61件）で、次が「日本人の紹介」（7／61件）であった。2011年調査の結果をまとめた際には、2011年調査に協力してくれた人たち（48名）には、日本での滞在年数が長く（日本滞在歴5〜10年が14人、10〜15年が19人）、「日本語メディア」や日本の「公共機関」（回答数8／61）を利用するなど、「日本に暮らす朝鮮族同士の紐帯のみならず、ホスト社会である日本社会との関係性を深めている」とも考えられる、とした。2015年調査の回答者は、2011年調査よりも、さらに日本滞在年数が長めとなっているが、「日本人の紹介」

図表 3 - 23 アルバイト・仕事情報の入手方法
（複数回答）（2015 年調査）

	回答数
朝鮮族の紹介	12
日本語の情報誌	9
店頭の張り紙	6
インターネット	6
公共機関の紹介	5
学校の紹介	5
漢族の紹介	3
韓国人の紹介	2
中国語の情報誌	1
朝鮮語の情報誌	1
その他	1
総計	51

の回答はなかった。これらのアンケート調査は、無作為抽出による調査ではないので、得られた調査結果をそのまま一般化して考えることは困難である。その回その回の回答者たちの傾向を示す結果であることに留意しつつ、検討の俎上に載せるほかない。従って、ここでは3回の調査結果の推移を示し、今後も検討を継続することとしたい。

図表 3 - 24「家庭でのコミュニケーション言語」も、2001 年調査・2011

図表 3 - 24　家庭でのコミュニケーション言語 1
（2015 年調査）

	人数
三ヶ国語すべて	10
朝鮮語	9
日本語	5
中国語・朝鮮語	4
朝鮮語・日本語	4
中国語・日本語	1
総計	33

図表3−25　家庭でのコミュニケーション言語2（2015年調査）

	朝鮮語	日本語	中国語
三ヶ国語すべて	10	10	10
朝鮮語	9		
日本語		5	
中国語・朝鮮語	4		4
朝鮮語・日本語	4	4	
中国語・日本語		1	1
合計	27	20	15

年調査でも行った調査項目である。今回の調査において、最多は日本語・朝鮮語・中国語の「三ヶ国語すべて」（10名）で、次いで「朝鮮語」（9名）であった。その次に多いのは「日本語」（5名）であるが、そのうち3名は日本人（男性）と結婚している朝鮮族女性であった。「中国語・日本語」を選んだ1名は、漢族と結婚している朝鮮族女性であった。

　それぞれの言語で分けて積み上げて合算してみると、今回の調査では「朝鮮語」は33名中27名にとって家庭で使用する言語となっている（図表3−25）。3回の調査すべてにおいて、「朝鮮語」が最も話されているという結果であった。

　図表3−26では、日本にいる朝鮮族の友人の数を質問した。「10人未満」が14名で最も多く、「10〜19人」が8名、「20〜29人」が6名、「30人以上」が4名である。日本に朝鮮族の友人が10人以上いる者は18名であり、その

図表3−26　日本にいる朝鮮族の友人（2015年調査）

	人数
30人以上	4
20〜29人	6
10〜19人	8
10人未満	14
欠損値	1
総計	33

図表3−27　一番親しい友人（2015年調査）

	人数
朝鮮族	25
漢族	2
日本人	1
その他	1
欠損値	4
総計	33

うち10名は日本に朝鮮族の友人が20人以上いる。図表3－27では、日本における一番親しい友人を質問した。33名中25名が「朝鮮族」と回答している。「その他」を選んだ者が1名おり、自由記述欄に「韓国人」と書かれていた。

「民族・言語」に関する設問は、「5. とても思う、4. そう思う、3. どちらとも言えない、2. そう思わない、1. 全くそう思わない」の5段階の選択肢を設けた。以下に回答数と平均値を示す。平均値が高い（＝5に近い）ほど、「とても思う」が多く選ばれており、（本人としては）そのように考えている程度が高いことになる。

図表3－28を見ると、「朝鮮族同士は付き合いやすい」は平均値が4.35で、

図表3－28　民族関係（2015年調査）

○朝鮮族同士は付き合いやすい（回答数31、欠損値2）　平均値4.35
○漢族とは付き合いやすい（回答数30、欠損値3）平均値3.86
○韓国人とは付き合いやすい（回答数30、欠損値3）平均値3.2
○在日コリアンとは付き合いやすい（回答数30、欠損値3）平均値3.1
○日本人とは付き合いやすい（回答数29、欠損値4）平均値3.51

図表3－29　言語能力について（2015年調査）

○自分は朝鮮語が上手く	話せる（回答数30、欠損値3）	平均値4.63
	聞ける（回答数29、欠損値4）	平均値4.68
	読める（回答数29、欠損値4）	平均値4.72
	書ける（回答数29、欠損値4）	平均値4.65
○自分は中国語が上手く	話せる（回答数30、欠損値3）	平均値4.1
	聞ける（回答数30、欠損値3）	平均値4.26
	読める（回答数30、欠損値3）	平均値4.3
	書ける（回答数30、欠損値3）	平均値4.06
○自分は日本語が上手く	話せる（回答数29、欠損値4）	平均値3.86
	聞ける（回答数29、欠損値4）	平均値3.93
	読める（回答数29、欠損値4）	平均値4.03
	書ける（回答数29、欠損値4）	平均値3.72

「漢族」「韓国人」「在日コリアン」「日本人」よりも付き合いやすさが高くあらわれている。このことは、図表3－27において、日本における一番親しい友人として33名中25名が「朝鮮族」と回答していることとも重なる。「朝鮮族同士」の次に付き合いやすさが高いのは「漢族」で、平均値3.86である。次いで「日本人」（平均値3.51）、「韓国人」（平均値3.2）、「在日コリアン」（平均値3.1）と続くが、差は大きいものではない。

　自身の朝鮮語・中国語・日本語の能力についての考えは、図表3－29のとおりである。話す・聞く・読む・書く、の4つの技能のいずれにおいても、朝鮮語が最も高いと（自己評価で）考えられている。次に中国語、日本語の順番となっている。このことは、図表3－25において朝鮮語が33名中27名の家庭で使用される言語であることとも関係していると思われる。

（5）　今後の予定

　図表3－30を見ると、今後の予定として、「引き続き日本に住む」という回答が33名中21名である。「日本国籍」者5名はすべて「引き続き日本に住む」を選択している。「永住者」11名は8名が「引き続き日本に住む」を選択している。図表3－31「今後の予定の回答理由と在留資格」をみると、「（日本に）住み慣れたから」「日本での生活と仕事、友人関係が落ち着いている」といった理由で、「引き続き日本に住む」としている「永住者」がいる一方で、同じ「永住者」でも「まだわからない」を選択している者もいる。

　在留資格「永住者」を持ち、「まだわからない」を選択している者は2名いる（図表3－30）。この2名について、家族関係（記述回答）と、今後の予定の回答理由（記述回答）を照らし合わせてみたところ、2名とも「既婚」女性で、夫は朝鮮族である。1名は、子どもが2人おり、家族4名全員が「永住者」の在留資格を持っており、「子どもの進学（留学）によって変わる可能性が高い」ために今後の予定は「まだわからない」としている。もう1名は、子どもが1名おり、夫の在留資格は「永住者」だが、子どもの在留資格

図表3－30　今後の予定と在留資格のクロス表（2015年調査）

	永住者	人文・国際業務	日本国籍	留学	技術	家族滞在	永住者配偶	欠損値	計
引き続き日本に住む	8	3	5	3		1	1		21
中国に帰国		1							1
まだ分からない	2	3		1	2				8
その他	1								1
欠損値								2	2
計	11	7	5	4	2	1	1	2	33

図表3－31　今後の予定の回答理由と在留資格（2015年調査）

今後	今後の予定の回答理由（記述回答欄）	在留資格
日本	生活便利のため	日本国籍
	中国より日本の生活になれた	日本国籍
	日本での生活と仕事、友人関係が落ち着いているから	永住者
	日本人と結婚したため	永住者
	住み慣れたから	永住者
	住み慣れているし、子どもも大きくなっているので	永住者
	夫が日本人のため、中国では仕事がないため	永住者配偶
	日本で就職したいです、日本が好きです	留学
	現段階では日本での就職を考えています	留学
	日本で家族もでき、生活に慣れているし、日本文化が好きで、自分なりに日本に馴染んでいると思う	家族滞在
	日本が好きですから	人文・国際業務
未定	子どもの進学（留学）によって変わる可能性が高い	永住者
	まずは学校の勉強を優先するつもりです	留学
	独身であり、状況が落ち着いていない。日本滞在の確率が高い。	技術
	経済、子女就学等の複合的理由で今後どこに行くか未定	人文・国際業務
	娘の就職先次第	人文・国際業務
欠損	①とても静かで住みやすい②主人も日本人のため引き続き日本に住む予定	日本国籍

は「家族滞在」であり、今後の予定は「まだわからない」と回答している（理由の記述なし）。

　滞在資格が「人文・国際業務」の者7名のうち、3名づつが、「引き続き日本に住む」と「まだわからない」と回答している。7名のうち今後の予定の回答理由を記述してくれたのは3名で、いずれも「既婚」女性である。1名は、夫の在留資格は記述回答欄に「就労」と書かれ――就労可能な複数の資格を総称して一般に「就労」ビザという――、「日本が好き」だから「引き続き日本に住む」予定という。もう1名は、夫（朝鮮族）と子ども（1人、8歳）が韓国在住であり、「経済」や、子どもの「就学」などの事情によるので「まだわからない」としている。もう1名は、「留学」ビザで日本在住の「娘の就職先次第」なので「まだわからない」としている。

第5節　小括

　2001年、2011年、2015年に行った3回の調査を通じて、明らかになったことを整理しておく。

　3回の調査では、知人・友人、親戚の紹介によって来日した者が多いこと、アルバイトを探すうえでも「朝鮮族」の紹介やつてを用いる場合が多いこと、日本においても「一番親しい友人」は「朝鮮族」である場合が多いことなどから、日本への移動のみならず、日本での暮らしにエスニック・ネットワークが利用されていることが明らかとなった。また、日本への移動には、中国の朝鮮族学校（民族学校）における外国語教育のなかで日本語が学ばれてきたことが背景となっていることが明らかとなった。

　2015年の調査では、回答者に日本滞在期間が長い者が多かったことと関連して、現在の在留資格として「永住者」資格を持つものが多かった。日本人と結婚した朝鮮族にも、「日本人の配偶者」資格ではなく、日本国籍取得よりも取得要件の厳しい「永住者」資格を持つ者がいた。その理由としては、ひとつには、定められた在留期間が来ると更新手続きが必要な「日本人

の配偶者等」に対し、「永住者」は在留期間が無制限であり、かつ、もしも日本人配偶者と離婚又は死別した場合にも在留資格の変更申請を行う必要がないことが考えられる。また、「永住者」の在留資格を有していても、子どもの就学等、将来に起こる現状では未定の家族事情によっては、日本を離れることを示す回答があり、中国国籍を維持する何らかの理由やメリットがあるのかもしれない。

　夫婦の一方が「日本国籍」を取得し、一方が中国国籍のまま「日本人の配偶者」「永住者」などの在留資格を持つ場合も見られた。このような在留資格、国籍取得のあり方は、そこに、国家を跨いで生きる移動者・移民の工夫が見い出される可能性があるが、どのような事情ないし考えにより、現在の国籍ないし在留資格を持つに至ったのか、という個別的で具体的な内容は、アンケート調査（量的調査）に基づく検討では明らかにすることができない。続く第4章・第5章では、量的な調査では拾い上げることのできない、個別具体的な事情を理解するために、生活史の聞き取り調査（質的調査）を行う。

〈注〉
1　朴浩烈（2013）の整理によると、日本在住の朝鮮族は「5万人前後」（『朝日新聞』2010年2月12日）から「約10万人」（『朝鮮新報』2012年11月7日）と報じられている。
2　日本の政府統計のポータルサイト「政府統計の総合窓口（e‐Stat）」より、在留外国人統計（旧登録外国人統計）＞登録外国人統計＞年次＞2011年を参照。URL：http://www.e-stat.go.jp、閲覧日：2016年3月8日）
3　本章で提示する3回のアンケート調査（①2001年共同調査、②2011年調査、③2015年調査）について、質問項目の重なる先行研究との関係は、以下のとおりである。まず、①2001年の関東地方における調査は、権・宮島・谷川・李の4名による共同調査（権ほか2006）として実施した。2005年に、権が、2001年共同調査にはなかった質問項目、具体的には、（日本での）現在の居住地、来日年度、（日本の）永住権および日本国籍取得に関する質問などを補って、主として関東地方に在住する朝鮮族を対象に調査を行った。その結果は、権（2006；

2011）で発表されている。② 2011 年、筆者が、関西地方において、2001 年共同調査で使用した調査票に、（日本での）現在の居住地と、日本滞在期間の 2 項目を加えて調査を行った。③ 2015 年、権による関東地方での調査と筆者による関西地方での調査を比較検討する共同調査の模索のなかで、権により、2005 年に権が調査で使用した調査票に更に手を加えた調査票がまとめられ、筆者が、その調査票を利用して、関西地方で調査を行った。

なお、関東地方在住の朝鮮族に対する最新かつ最大標本数（232 名）の調査研究として、2015 年に東京で開催された朝鮮族運動会の参加者を対象に行われた次の調査研究がある（権香淑・金雪・呉泰成「日本における朝鮮族コミュニティの変遷と定住化―2015 年調査を中心に」『朝鮮族研究学会誌』第 6 号、2016 年 10 月。権香淑・金雪・呉泰成「在日本中国朝鮮族運動会（2015）及び生活実態に関するアンケート調査結果」『朝鮮族研究学会誌』第 6 号、2016 年 10 月）。その際の調査票は、運動会主催者側の要望を踏まえつつ、運動会に関する質問項目と生活実態に関する質問項目からなっており、後者部分は、2001 年の共同調査、および権が 2005 年の調査で使用した調査票を参考にして作成された。

4 　量的調査について、原・浅川（2009）、盛山（2004）などの社会調査法のテキストを参照した。

5 　「延辺大学日本校友会」は、延辺大学関係者により創立された親睦会である「東方学友会」（1989 年創立）が、1999 年延辺大学 50 周年を記念して改名し、現在の形になった。会員は、延辺大学に関係する教員、学生、卒業生などが含まれる。「天池倶楽部」は、1995 年 3 月 25 日に中国朝鮮族留学生たちによって創設された親睦団体である。「朝鮮族研究会」は、現在の朝鮮族研究学会の前身であり、1999 年 1 月に発足して以来、研究会等を開催してきた。朝鮮族研究に関心をもつ研究者、大学院生などで構成されており、2001 年調査当時の会員数は約 50 名ほどである。

6 　法務省入国管理局ホームページ（閲覧日：2015 年 12 月 25 日）

7 　URL: http://www.studyjapan.go.jp（閲覧日：2015 年 1 月 19 日）

8 　外国人同士が日本で婚姻する場合、ふたつの方式（「日本方式の婚姻」と「本国方式の婚姻」）が存在する。「日本方式の婚姻」では、結婚をする場所である日本の法律に従って、届出人の住所地にある市区町村役場の戸籍課に婚姻届を出す。その場合、結婚する二人のそれぞれの「婚姻要件具備証明書」等を在日公館で入手して添付する。両当事者に、その本国の法律が定めている婚姻の成立要件（婚姻できる年齢に達していること、独身であることなど）が備わっていること

が確認され、婚姻届が受理されれば日本法上の婚姻が正式に成立する。しかし、それが本国でも有効かどうかは国によって異なる。日本方式の婚姻届は、日本の市区町村役場において 50 年間保管される。いまひとつは、「本国方式の婚姻」である。これは日本にある本国の大使館又は領事館に、本国法の定める方法で婚姻届を出す。すでにこの方式で婚姻が成立した場合には、日本の戸籍届出窓口への届出は不要となる。しかし、国によっては、国外での婚姻届を受け付けていないところもある。法務省ホームページ、公益財団法人大阪府国際交流財団＞大阪府外国人情報コーナー（http://www.ofix.or.jp/life/jpn/marriage/01.html）、中華人民共和国駐日本国大使館ホームページを参照（閲覧日：2015 年 12 月 29 日）。

9　法務省入国管理局ホームページ（http://www.immi-moj.go.jp/）（閲覧日：2015 年 12 月 25 日）

10　法務省ホームページ（http://www.moj.go.jp）＞国籍Q＆A（閲覧日：2016 年 2 月 5 日）

11　ただし、日本人、永住者又は特別永住者の配偶者又は子である場合には、(1) 及び (2) に適合することを要しない。また、難民の認定を受けている者の場合には、(2) に適合することを要しない。法務省ホームページ＞永住許可に関するガイドライン（閲覧日：2016 年 2 月 5 日）

12　その歴史的事由との今日的関連性についても本田（2012）の研究に詳しい。

第4章　移動と中国の社会保障
―生活史の聞き取り調査から―

　本章では、まず中国の社会保障制度を概観したうえで、日本在住経験のある朝鮮族を対象にした生活史の聞き取り調査を行い、移動者とその家族の社会保障状況に留意しながら、朝鮮族の移動と生活について、より個別的で具体的な状況を明らかにする。

第1節　戸籍制度と社会保障の変遷

　制度としての社会保障は、公的扶助と社会保険を「伝統的な2本の柱」として構成される。公的扶助は、生活保護など「貧困に苦しむ人々を無償で救済すること」を内容とする。これに対し、社会保険は、例えば年金や健康保険のように、「無償ではなく給付を受けるためには保険料という形であらかじめの拠出を前提に課す制度」である（足立1993、pp.4-7）。

　上記のような社会保障制度は資本主義社会で発展してきたものであり、完全雇用、終身雇用のもとで失業者はいないとされた社会主義社会の「社会保障」をそれと同一視することはできないとして、中国の社会保障について、計画経済期の「社会保障」制度と、改革開放政策を導入した後の社会保障制度とを、「質的に異なる2つの制度」とみなす考え方がある。そこでは、改革開放政策を導入した後、特に1990年代になって急速に進められている社会保障改革は「資本主義的な社会保障制度体系を中国において構築する改革」ととらえられる（田多2004、pp.2-9；御手洗2013、p.88）。

　本研究は、計画経済期の「社会保障」と、改革開放政策を導入した後の社会保障という「質的に異なる2つの制度」について、その制度研究を行おうとするものではなく、移動する人の視点から、個々人のこれまでの人生のなかで経験された、あるいは生活体験の背景にある、一連の中国の社会保障の

状況を明らかにしようとするものである。そこで、本章ではまず、移動を管理・制限する戸籍制度および「単位」制度のもとで実施されてきた社会保障に関して、人々の日常生活にとりわけ密接な分野として、食糧供給、住宅供給、教育、医療、年金の5項目に関して、時系列に整理を行う。

（1） 戸籍制度の形成期（1949～1958年）

　鎌田（2010）や毛（2012）の先行研究は、中華人民共和国成立（1949年）以後の戸籍制度をおおむね3つの段階に分けて整理している。まず第1の段階は、戸籍制度の形成期（1949～1958年）である。

　1954年に新中国で最初に制定された憲法の第90条では「公民は居住と移転の自由を有する」と定めている。1975年の憲法改正でこの条文は削除され、その後の憲法改正でも今日まで削除されたままとなっている[1]。戸籍制度の形成期である1949～1958年の中国経済を見ると、1953年に第一次5カ年計画が始まり、1955年からは農業集団化、商工業での公有化が進んだ。食料の国家管理が開始され、農民は農業集団組織で働き、都市住民に対する「糧票」（食糧配給切符）の配布が始まった。都市部では第一次5カ年計画による工業化の進展により雇用機会が増加し、特に制度的に移動が制限されていたわけではなかったこともあり、農村にはない福祉サービスが受けられる都市生活を求めて農民が家族とともに都市に流入した。政府は、都市人口が急増すると、都市住民への就業機会、食糧、住宅、教育・交通・医療等の公共サービスの提供が困難となり、社会秩序が混乱することを危惧するようになった。1957年「農村人口の盲目的な流出の阻止に関する指示」が出され、そこでは①公安機関は戸籍管理を厳格に行い、流入した農民に都市戸籍を与えない、②食糧部門は都市戸籍を有しない者に食糧を供給しない、③都市の企業による無断の労働者募集を禁止する、等の統制の方針が示された。ここに、移動を阻止するための手段として、戸籍管理と食糧供給が結合されることとなり、1958年に移動制限の方針が制度化されることとなった（鎌田2010、p.53-54）。

（2） 移動制限の時期（1958～1978年）

　1958年に「戸籍登記条例」が公布・施行された。現在も有効であるこの条例は、戸籍（中国語で「戸口」）を都市戸籍（「城市戸口」、表記上は「非農」）と農村戸籍（「農村戸口」）に分け、特に農村戸籍者の都市への移動を制限する。戸籍の移転条件について同条例は「公民が農村から都市に移転する場合には、都市の労働部門の採用証明書、学校の合格通知書、又は都市戸籍登記機関の転入許可証明書を持参し、常住地の戸籍登記機関に申請して、転出手続きをとらなければならない」（第10条）と定めている[2]。農村から都市への戸籍の移転条件は、国務院が1964年と1977年に了承した公安部の戸籍移転規定で更に厳しいものとなり（都市住民と結婚した農村人口も戸籍を都市へ転入してはならない、など）、実際に移転条件を満たすのは困難で、農村から都市への移転の道は、大学に入るか軍に入るといった限られた手段を用いるほかは、事実上閉ざされることとなった。

　都市から農村への移動、同じ都市のなかでの移動、大都市から中小都市への移動は比較的容易で、これに対し、農村から都市への移動、中小都市から大都市、とりわけ北京、上海、天津、武漢、広州の5大都市への戸籍の移動は困難であった。

　この人口移動の管理・制限は、戸籍制度単独では機能しえず、「単位（danwei）」と呼ばれる職場（所属先、勤め先）ごとに社会保障サービスの提供が行われる「単位」制度と関連して機能した。都市戸籍を持つ者は「単位」と呼ばれる職場に所属し、「単位」は従業員に対し、住宅配分、食糧配給、医療、年金などの社会保障サービスを退職後も生涯にわたって無償で提供した。日本では、政府、主に地方自治体が、社会保険、社会福祉などの社会機能を果たすが、中国では「単位」が、老後の面倒といった政府の社会機能までも引き受ける自己完結的な職場となってきた。職場が変わる、ということは、所属「単位」の変更であり、移動先の「単位」の許可を得て、その「単位」を通じて戸籍移動の手続を行う。所属「単位」の変更には、「単位」が保管する各人の「人事档案」（以下、档案と略す）の移動を伴った。档案は、

先祖の階級をもとにした「本人成分」から始まり、家族構成、学校成績・党歴・就職・結婚・犯罪歴といった個人の経歴、思想等のあらゆる個人情報が含まれている履歴書書類である。その内容は非公開で、本人でも自由に見ることができない秘密文書的な書類であり、生涯にわたって従業員に社会保障サービスを提供する所属「単位」が、従業員の档案を管理し保管した。

戸籍には、都市戸籍と農村戸籍の区別のほか、大学生や軍人を管理する特別な戸籍として集団戸籍がある。大学に入学すると家族の戸籍から離脱し、大学の集団戸籍に登録される。卒業後は政府による分配で就職し、職場へ戸籍及び档案を移動する。軍も同様で、軍隊に入ると軍の集団戸籍に登録される。大学への入学は、多くの農村の若者にとって都市に就職し都市戸籍を入手する唯一の方法と考えられ、受験競争に拍車をかけてきた（鎌田2010、pp.54-55；毛2012、p.64, pp.134-135）。

移動が制限された空間の中で、都市戸籍を持つ都市住民が「単位」から各種の社会保障サービスを受けるのに対し、農村戸籍を持つ農民は同等の社会保障サービスを受けられない。厳は、このような社会保障上の待遇格差は「構造的な問題」であり、中国では「農民」とは単に職業を指すのではなく「1つの社会的身分」を意味していると指摘する（厳2002、p.60）。農村戸籍者と都市戸籍者の間に発生した格差を、食糧供給、住宅供給、教育、医療、年金の5分野について以下に整理する。

①食糧等：居住している都市の都市戸籍を持つ都市住民は、食糧、副食品（植物油、肉、塩など）、日常生活品（石鹸、燃料、布など）について低価格の配給品を入手できたが、農民は自給自足を余儀なくされた。農村戸籍者が一時的に都市に滞在できても、配給切符を受けていないので、これらを買うことができない。

②住宅：都市住民は、所属する企業や事業体といった「単位」を通じて住宅が無料で提供されていた一方で、農村にはそのような制度はなく、住居費用は自弁しなければならない。

③教育：教育は基本的に戸籍の所在地でしか受けることができない。都市

部の初等・中等教育は、設備投資などを含めて政府からの財政支援があるため、学費の徴収は軽微であった。農村部では、政府の財政援助がないため、保護者が諸費用のすべてを負担しなければならない。大学の入学者選抜においては、大学所在都市の出身者をより多く採用する傾斜配分がある。

④医療：国有企業労働者、公務員・教員・軍人等の都市住民、大学生は、公費医療制度を利用できる。これに対し、農民は全額自己負担しなければならなかった。

⑤年金：公務員、国有企業労働者、地方政府所有の集団所有制企業の労働者は、定年退職後に勤務年数に応じて毎月の年金が終身支給されるが、農民にはそのような制度はなかった（鎌田 2010、p.56；毛 2012、pp.136-137）。

つまり、この時期の中国は、移動を抑制・管理し、農民の福祉を切り捨てながら、都市労働者に対して国家財源によって（＝個人の保険料納付を伴わずに）「高就業（完全就業）、高福祉、低賃金」の社会政策を実施してきたと整理できる（陳 2004、pp.115-123）。

（3） 移動の緩和の時期（1978 年～今日）

改革開放路線（1978 年）が進められると、農村では 1982 年に人民公社が廃止され、1983 年から各農家の世帯単位による土地請負制（責任生産制、中国語で「承包責任制」）が普及する。人民公社時代の集団による管理体制の形態から、各農家では一定量の農作物を国家に上納すれば、それ以外の農作物については自由に処分・販売してよいこととなった。農業生産性が向上し、農村に起こった余剰労働力が都市労働力の予備軍となった[3]。都市部では、国有企業改革が進み、個人経営、外国資本との合弁経営など多様な経営形態が生まれ、経済活動が活発化した。農村に起こった余剰労働力は、市場経済が発展し労働力需要が増大した都市へと向かった。

ここに移動人口を把握・管理する必要が生じ、「居民身分証条例」（1985 年）によって全国統一の「居民身分証」制度が実施された。都市・農村を問わず、軍人等を除くすべての中国公民は、自身の戸籍所在地の公安局から居

民身分証の発給を受けることになった。しかし、終身不変のID番号が割り当てられる「居民身分証」は、個人確認の手段になるが、現住所ではなく戸籍住所が記載されるもので、現住所の自治体から社会保障等の行政サービスの提供を受けるための基盤としては機能していない。また、「都市暫住人口管理暫定規定」（1985年）によって、戸籍所在地以外の土地に暮らす人に、条件付きで実際の居住地の暫定居住証、居住証、暫定戸籍が発行されることとなった。居住証を持つ者は多くの行政サービスを居住地で受けられるようになってきているが、すべての行政サービスを受けることができるわけではない。その都市に住む都市戸籍保有者が享受する社会保障サービス、例えば医療、教育の保障が受けられないケースがほとんどである。

都市部へ移動した農村戸籍者とその家族・子女の増加によって、移動先で十分な社会保障サービスを享受し得ないことが社会問題化しており、制度を見直す動きが出てきている。2002年、二元的な戸籍制度を漸次解消する政策目標が打ち出され、国務院は、地方都市では、ビジネスを起こした者、企業などに雇用される管理者、専門技術者、住宅を購入した者の戸籍を都市戸籍に変更できるように指示した。以後、各地方政府はそれぞれの政策によって、上記の条件に該当する者や高額納税者などに都市居住証ないし都市戸籍を与えるように政策を展開した（鎌田2010、pp.55-56；毛2012、pp.138-140）。

また、1980年代の半ばごろからの国有企業改革が、社会保障改革・「単位」制度改革の側面も伴って進められた。企業が従業員の生活を一生涯にわたって面倒をみる「単位」制度では、中国の高齢化が進展し、退職者の現役労働者に対する比率が大きくなるにつれて、企業にとって社会保障の負担は過重なものとなり、企業本来の経済機能を一層圧迫した。そのため、一般企業における医療や年金の分野で、個人がそれぞれ保険に加入し保険料を払って保障を受けるように、社会保障制度の改革が進められることとなった。退職した従業員は、自身で購入したマイホームに居住して職場とは無縁の生活を送るようになり、都市生活者の生活は、「単位」を基盤にした生活から、居住

している地区（中国語で「社区」）を基盤にしたものへと移行していっている。中国の社会保障の諸問題は、都市戸籍と農村戸籍とに分けられた二元的な戸籍制度と「単位」制度との両面から起こってきた問題であるので、その改革も、その両方から行われているのである。

中国の社会保険制度は地方政府に大きな裁量権が与えられているため、地方ごとに不統一である。全国的な統一性を保つため、2010年10月、中華人民共和国社会保険法が発布された（2011年7月施行）。同法は、社会保険分野における中国で初めての総合的な法律であり、「養老保険」（年金保険）、「医療保険」（健康保険）、「労災保険」、「失業保険」、「生育保険」（出産育児保険）にかかる関連規定を定める。

戸籍制度改革および「単位」制度改革を伴った、社会保障制度全体を改革しようする動きが急速に進展しているが、いずれも地方ごとに進められ、改革の内容も段階も様々で、現時点でこれを総合的に理解することは極めて困難である。そのため先行研究は特定の一部分に特化して行われる場合が多く、その際には農村戸籍と都市戸籍を区別する二元的な戸籍制度に注目する研究が多い。個人がそれぞれ保険に加入し保険料を支払う社会保険を導入した社会保障制度への移行が進んでいるが、一部の「単位」は所属者に従来の通りの優遇的な社会保障の提供を続けており、改革の中で形を変えて存続する「単位」制度までを考慮に含める研究は少ない。

前節で5点に整理して述べた農村戸籍者と都市戸籍者の間の待遇格差が、この時期にいかに変化したかを以下に整理する。

①食糧等：1990年代には食糧問題が存在しなくなったので、都市部の食糧の配給制度は1993年までに廃止された。経済成長と市場経済の構築で、戸籍がなくとも食糧等が都市で自由に購入できるようになった（鎌田2010、p.57）。

②住宅：住宅政策の改革で住宅が個人所有へ漸次移行した。所属する「単位」から現在使用している住宅を割安で購入できるようになったほか、都市開発で新規の住宅商品を売買できるようになった。都市で家を買えるように

なったので、一部農村戸籍者が都市で自宅を購入し、都市で生活するようになった（毛 2012、p.141）。

③教育：都市に移動した農村戸籍者の子供は、都市の戸籍を持たないので、居住地の学校に入学できずに、農民工学校が設置されることが多くみられた。都市によっては、都市の学校に農村戸籍の子供の入学を認めるが、入学や通学にあたっては、「借読費」（農村戸籍の子どもが都市の学校に通うときに納める費用）や「賛助費」（学校に対する援助金）等の名目で 3,000 元以上を納入しなければならない（毛 2012、p.141；張海英 2006、pp.157-158；張英莉 2005、p.24）。

都市戸籍者に対する大学入学者の傾斜配分の優遇や、大学受験は戸籍所在地で参加しなくてはならない等、都市在住の農村戸籍者にとって不利な点も変わっていない。2011 年、北京や上海は戸籍とは関係なく、居住する地区によって入学する学校を指定し、農民工の学校を廃校とする政策をとり始めた（毛 2012、p.141）。しかし、富裕層が子弟を重点学校と呼ばれた名門校に入学させようと、その学区に不動産を購入し戸籍を得るため、その学区の戸籍を持つ適齢児童数が重点学校の募集定員を上回ることが多い。重点学校とは、財政や教員の面などで優遇される、エリート養成を目的に選び出された学校である。1997 年に義務教育段階（小・中学校）の重点学校制度は廃止されたが、かつて重点学校であった名門小・中学校に子弟を入学させたいと希望する者が少なくない。そのような現状のなかで、学校側は、入学者を絞るために、例えば、入学するまでに既に当該戸籍地に 3 年以上住んでいること、子供と共に両親の戸籍も同じ不動産にあること、同じ学区の幼稚園や小学校に通っていたことなど、独自に設定した厳しい条件を要求しているとの報告[5]があり、都市在住の農村戸籍者にとって、そのような人気の高い学校への入学は容易ではない。

④医療： 医療制度に関して、個々人で加入し保険料を払う積立方式の保険制度が整備されつつあるが、中国の公的医療保険制度は、公的な保障制度でありながら、強制加入と任意加入が混在している。都市部労働者（公務員

を含む）のみが強制加入の対象者となっており、都市部の自営業あるいは無職者、農村地域住民は任意加入となっている（塔林図雅 2013、pp.145-146）。

　都市戸籍を持つ企業従業員を対象とする都市従業者医療保険制度（1998年）、農村戸籍者を対象とする農村合作医療保険制度（2003年）、そして都市非従業者向けの都市住民基本医療保険制度（2007年）により、制度上はすべての国民をカバー出来る状態へと整備が進んだ。現在では、戸籍所在地を離れ都市で働く農村戸籍者など伝統的な戸籍制度からはじき出された「身分が曖昧」な人間を、いかに医療保険制度に取り入れるかが課題となっており、2020年までに国民皆保険となることが目標とされている。保険料の負担は、都市部労働者の場合は所得に応じて支払う社会保険方式となっており（日本のような労使折半の拠出方式ではなく、企業側がより重い保険料負担を課されている）、所得の把握が難しい都市部自営業者、無職者や農村部の医療保険料は定額支払い方式となっている。都市と農村の医療保険の管理がそれぞれ別個に行われているため、出稼ぎ労働者、都市で就学する農村戸籍の学生、都市戸籍の人と結婚した農村戸籍者に、保険への重複加入が発生しており、医療保険制度の統合が目指されている[6]。1999年からは、社会保障カード（健康保険証や年金手帳などの社会保障機能が一体化したカード）の発行が始まった[7]。しかし、都市が異なると健康保険が通用できないという問題がある（毛 2012、p.142）。

　⑤年金：1990年代に入って中国の年金制度は大きく進んだ（図表5－1）。国有企業改革の側面をも持つ、都市の企業従業員の年金制度は、1991年6月に国務院が発布した「企業従業員年金（中国語で「企業職工養老保険」）制度改革に関する決定」以降、たびたびの改革を経て、その公的年金の保険料が国家・企業・個人の3者によって負担されるものとなった。また、それは「社会プールと個人口座」を「結合」（中国語で「統帳結合」）させた構造となっている。給付は、社会プール部分（現在の現役世代の支払う保険料で現在の高齢者へ支給するお金をまかなう仕組み）に、個人口座（現役時代に支払って個人の口座にお金を積み立てておき、老後にそのお金を受け取る仕

組み）への積立分が上乗せされて支給される（陳2004、pp.130-137）。給付開始年齢は法定の退職年齢（男性労働者60歳、女性幹部55歳、女性労働者50歳）であり、個人の納付実績が15年以上ある場合に給付が行われる。「企業職工養老保険」の対象者は、国有企業及び都市の集団企業に属する労働者から、1999年には外資系企業、都市部私営企業、その他企業に属する労働者まで拡大され、2002年には都市部の自営業・起業者にまで拡大している（『通商白書』2005、p.126）。

　この新たな年金制度には、増え続ける退職者への給付で既に年金財政がひっ迫し、個人口座の積立資金が退職者の年金給付に使われているという問題が発生している。個人口座が「空口座」化し、その規模は2000億元に近い（陳2004、p.144）。また、地道に保険料を払う人々に不平等感を与えていることには、民間企業の従業員は、企業と個人の保険料の負担率の合計が賃金の28％であるにもかかわらず、受け取る給付は給与の50〜60％に過ぎない。これに対し、公務員と準公務員とも呼べる一部の「単位」に所属する従業員は、退職直前の給与の約70〜90％という、より優遇された年金を受け取ることができる。このような厚遇の年金は、図表4－1のうちの「幹部養老保険」に相当する。ここでいう「幹部」とは、国家から俸給を受け、人

図表4－1　中国の年金保険制度の種類

都市に対する制度	企業職工養老保険		都市における国有企業、私営企業等に勤務する労働者・職員（幹部養老保険対象者を除く）
	幹部養老保険		行政、司法、立法等の司法国家機関、共産党、国有企業、医療機関、教育機関等に勤務し、国家から俸給を受けている職員
		幹部退休制度	上述の職員中、一般職員
		幹部離休制度	上述の職員中、高級職員
農村に対する制度	農村養老保険		農村住民
	農村年金制度		農村住民（郷鎮企業年金を除く）
	郷鎮企業年金		農村に立地し、末端の行政組織である郷、鎮又は農民が所有、経営する企業の労働者

出所：財団法人自治体国際化協会（北京事務所）『中国の年金制度改革』2003年、p.13。

事部又は共産党の審査を経て公職に就いている狭義の国家職員ではなく、「国家機関の国家公務員、国家財政による拠出を主要な収入源とする事業部門（医療、衛生、教育、文化、科学技術等）の職員、共産党機関等の各党派、総工会（中国全土の労働組合を統括する組織）等の社会団体の職員」を指す。

第2節　生活史の聞き取り調査

（1）　調査概要

　本節では、量的な調査では拾い上げることのできない、個別具体的な事情を理解するために、日中間を移動し、出産・育児を経験してきた、子どものいる既婚の朝鮮族女性に対する生活史研究を行う。生活史の聞き取り調査では、一問一答形式のインタビューではなく、語り手が、自発的に、まとまった形で回想して語る「ライフ・ストーリー」を録音し記録する。この個人の回想的な語りを、筆者が歴史的・社会的文脈に位置づけて再構成し、社会変動に即して解釈的に描き出したものが、ここに提示する生活史（ライフ・ヒストリー）である（浅野信彦2004、p.86；原・浅川2009、p.175）。生活史研究は、個人が主観的に了解している日常的な現実を明らかにしようとする際に採用される研究手法であり、そこでは主観的な世界の了解を通じて、その背後にある隠れた制度、人々自身が必ずしも気づいていないのに、人々の行為や態度を拘束している規範やルール、あるいは権力や支配の構造にたどり着くことも可能である（盛山2004、pp.252-253）。個別的でありながら、その実、集団的な移動と非移動にまつわる問題を具体的に知るためには、生活史の聞き取り調査という方法が有効だと考える。

　図表4-2は、筆者の調査に協力し、筆者に自らの生活史を語ってくれたインフォーマント6名の属性を整理したものである。匿名性を確保するために姓名や地名等にアルファベットで記号化を施した。6名のうち5名が延辺出身であり、延辺の各地名（延吉市、図們市、龍井市、琿春市、和龍市、敦

図表 4 − 2　インフォーマント一覧

	生年	出身地	中国での最終学歴	日本滞在	現住地
A	1960年生	延辺（ア）市市内	大卒	93〜01年	中国東北部（カ）市
B	1971年生	延辺（イ）市	大卒	99〜04年、09年	中国東北部（キ）市
C	1971年生	延辺（ア）市市内	大卒（専科）	97〜05年	中国東部（ク）市
D	1972年生	黒竜江省（ウ）市郊外	高卒	01〜05年	中国東部（ク）市
E	1975年生	延辺（エ）市郊外	高卒	99〜05年	中国東部（ケ）市
F	1977年生	延辺（オ）市市内	大卒	00〜12年	中国東部（コ）市

化市、汪清県、安図県）、および中国の各都市名は記号表記し（カタカナ）、市・県は区別せず全て市で表示する。6名全員の共通事項を整理すると、①朝鮮族両親のもとに生まれ、高校までの教育を朝鮮学校（民族学校）で受けた、②女性であり、夫は朝鮮族で、子どもがいる、③日本に長期滞在経験があり、現在は中国に居住している。表3−2の「現住地」において、中国東北部とは地理的範囲として遼寧省、吉林省、黒竜江省を範囲とし、中国東部とは上海市、江蘇省、浙江省を指す[9]。

　6名は、筆者の個人的な知人のほか、筆者の知人により紹介を受けた者である。インタビューは、2011年8月から2013年6月にかけて実施され、日本語を主とし、朝鮮語・中国語を交えて語られた。インタビューは録音して記録した。本人の語りをそのまま記述する場合は「　」に入れ、本章第3節「小括」において触れる箇所について整理番号として（A1）のように表示を付した。

（2）　資料利用の留意点

　生活史の聞き取り調査によって得られた口述資料を研究資料として使用する際には、いくつかの留意点がある。まず、語り手個人の「主観的世界」「主観的に捉えられた日常的な現実」を明らかにする生活史研究の手法を採

用する以上、その語りのなかには、語り手が事実を誤解している、誇張をしている、嘘をついている、自己正当化している点が含まれる可能性がある。しかし、本書では、もし、たとえ語り手が事実を誤解している、誇張をしている、嘘をついている、自己正当化している点があったとしても、「当事者が理解するところの事実」として、いったんはその主観性をそのまま受け入れ、提示する。口述資料を用いた研究では、特に生活史に関しては、口述者の自己理解（口述の主観性）、分析者の口述者理解、分析者の客観的な口述分析の3点を分離する必要がある（玄善允2012, p.5）。本書においても、語り手の主観的な理解を、いったんはそのままに受け入れた後で、他の資料などと照合しながら客観的に理解しようと努めることとする。

　また、ここで提示するひとつひとつの生活史それぞれは、あくまで特定の個人の生活史であり、6つの生活史で示される経験は、すべての朝鮮族が経験することとして提示されているのではないことをあらかじめ断っておく。属性（性別、年齢、出身地、学歴など）や社会階層が同じか、ほぼ似通った人に対して聞き取りをしても、全く同じ内容の生活史が聞き取れるということはない。読者のなかには、特に朝鮮族の読者は、6名の生活史を見て、自分の経験と異なると感じる場合や共感・賛同できないと感じる場合があるかもしれない。それは、語りの中に、普遍的な部分と、特定の個人だからこそ起こり得た特殊な部分とが絡み合って混在しているためである。本書では他資料と取らし合わせるなどによって普遍性と特殊性とを区別・判別しようと努めることとする。

（3）インタビュー事例

① Aさん（1960年生）

（ア）市出身。父は「もともとは農業」をしていたが、「解放」前の1947年に中国の人民解放軍に「行って」、朝鮮戦争で負傷し、中国に戻って「장애증（障碍証：障害者手帳）」を受け「公務員」の職を得た。母は「パートみたい」な形で「いろいろな仕事」をしていた。Aさん一家は、文革中も「지

식분자가 아니니까 농촌에 아이 내려가고（知識分子ではないので、農村には行かずに）」、（ア）市市内で過ごした。

　朝鮮族中学・高校に進学。外国語授業はなかった。文革期に中止されていた大学入試が1977年に回復し、Aさんは1979年に高校3年生で、回復後第3回目となる大学入試を受験することとなった。高校3年のときに、大学入試再開を受けてAさんの高校では日本語の授業が設けられた。担当教師は日本語が「すごい上手」な年配の朝鮮族だった。教師は「毎日資料を配」り、Aさんは「すごく面白くて」、「すごいスピードで（日本語を）覚え」た。しかし「79年の（大学入学）試験は、外国語なしでオッケー」で、外国語の成績は入試の際に「参考成績」として見てもらえる程度だったので、それならば外国語を勉強するよりもその時間に入試のための「数学とか勉強したほうがいい」と言う理由で、日本語の授業はわずか1週間で終わってしまった。

　1979年に大学に入学。大学を卒業し、「国からの分配」を受けるために「人事庁」に行くと、「人事庁」の担当者が「何がやりたいですか？」と聞くので、逆にAさんのほうから「どんな仕事がありますか？」ときいた。大学入試回復後の新卒者が社会に出るようになってまだ3年目のことであり、「工場」「研究所」「政府機関」「公務員」「学校」など、「いろんなところで」「どこでも人（ひと）が必要」とされていた。結局、故郷の延辺ではなく、中国東北部（カ）市に就職することとなった。

　（カ）市在住の朝鮮族の紹介で、同じ（カ）市で働く朝鮮族男性と結婚した。「最初、新婚時代は、家もなかったんです。私も（自分の勤め先の）独身寮、主人も（夫の勤め先の）独身寮。でも子どもができたから、私、積極的に（自分の勤め先のほうにも）何回も申請しました。私、お腹こんなで（＝大きくて）。みなさん、これ、やばいな、やばいな、って思って、それですぐ（自分の勤め先から家族用の宿舎を）もらったんです」（A1）。

　Aさんの妹が日本に留学し、その呼び寄せでAさんは1993年に中国に夫と子ども（6歳）を残して単身で日本に留学した。日本で一人暮らしをして

いる間、家族連れを見かけると、中国にいる子どもは「今、どうしているかなあ」と気がかりで、涙が流れた。1997年に夫と子ども（10歳）を日本に呼び寄せた。「今は多いけれど」、当時は、海外留学をして中国に帰国した人が「あまりいなかった」ために、1998年ごろ、もとの職場がAさんに復職を求めた。そのころ、夫は日本で留学生として勉強中の身であり、Aさんは夫を日本に残して自身が帰国すれば再び家族が離れ離れになるため帰国を躊躇した。しかし、当時Aさんは40代にさしかかったところで、夫は、年齢を考えても、この機会を逃すべきではない、と強く帰国を促した。2001年、留学中の夫は日本に残り、Aさんは中学1年の子どもを連れて帰国し、（カ）市に戻った。

　日本で4年間暮らした子どもは、学校のトイレが日本のようにきれいでないと言って学校ではトイレを我慢するなど、中国での生活になかなか適応できなかった。子どもは高校入学時に再来日したが、希望するよい高校に入ることができず、結局（カ）市に戻って高校を卒業し、大学で日本に留学した。子どもを日本の大学に留学させるにはお金が必要となるので、夫は留学を終えた後、日本に留まって日本で就職した。夫と子どもが日本にいるので、Aさんは、毎年、日本を訪問している。

　子どもは、2013年春に日本の大学を卒業し、日本で就職した。Aさんは定年退職後は、夫と子どもの住む日本でしばらく生活しようかと検討中である。夫は、現在の日本の就労ビザの更新時期が2013年に来て、新たに「5年ビザ」を取得したら、その5年を最後に帰国し、（カ）市に戻りたいと考えている。現在、Aさんが（カ）市で住んでいる住宅は、Aさんの職場が従業員への住宅提供の制度を廃止した機会にAさんが通勤至便な場所に購入した3LDKのマンションである（A2）。中国で正規職員として定年退職を迎えるAさんと異なり、夫は中国で受け取れる公的年金がないため、夫については中国の民間保険会社の年金保険商品を掛けている（A3）。

　子どもは、中学・高校時代を中国で過ごし、子ども時代と大学時代を日本で過ごしたので、中国語と日本語には問題がない。Aさん夫婦の間での会

話は、朝鮮語を主とし中国語も使う。子どもとの会話は、「不思議なもので」、中国では中国語、日本では日本語になる。朝鮮語はあまり使わないが、「밥 먹어라（ご飯食べろ、食べなさい）」「일어나라（起きろ、起きなさい）」のような簡単なことは朝鮮語で言う。Aさんの子どもは、朝鮮語は「あまり上手ではない」が、中国語が不得手な祖母たちと話すときには必ず朝鮮語で話す。

　Aさんの母は、「중풍（中風：脳梗塞）」を患い、現在、Aさんの故郷の（ア）市で車いす生活を送っている。父は2000年にすでに病気で他界しており、Aさんのきょうだいたちは、韓国人と結婚した子どもの呼び寄せで韓国で暮らしていたり、Aさんが呼び寄せて日本で暮らしていたりして「散らばっている」ために、Aさんの母は故郷で一人暮らしである。そのため、Aさんは、母のために、朝鮮族女性を住み込みの介護者として雇用している。Aさんは、母の介護を頼んでいる、自分より年齢の高い、その女性のことを「おばさん」と呼ぶ。「おばさん」は農村出身で年齢は高いが健康で力仕事に慣れている。Aさんのように、故郷で単身で暮らす老親に介護や生活サポートが必要になったときに、中国語が不得手な老親のために、朝鮮語ができる朝鮮族を介護者として求人するケースは多い。しかし、朝鮮族を求人しても、朝鮮族は高齢女性でも就労意志があって健康であれば韓国に出稼ぎに行くので、延辺では、朝鮮族女性の家政婦や介護者・介助者を得ることが「今、たいへん」難しい。そのため、幸運にも朝鮮族の「おばさん」を雇用することができたAさんは、「よかった、よくやってくれている、と思って」、「おばさん」に感謝し、今後も長く働いてほしいと願っている。「おばさん」には給料として、毎月「日本円で言ったら3万円、인민폐로（人民元で）1700元」を払っている。Aさんとしては、もし他に出稼ぎに行けば、自分で家賃を払い、光熱費を払い、食費もかかって、お金を貯めることは難しいが、Aさんの家で住み込みの介護者をしていれば、おそらく1700元のすべてを貯金することができるので、そう悪くない待遇であろうと考えている。光熱費のほか食材や日用品など買い物にかかる費用はすべてAさんが

別途に出し、食事や果物等の間食など、なんでも、「おばさん」も母とともに消費してよいことにしている。

中国では、「正社員だったら、保険とかついていた」が、農民や、いわゆる非正規従業員には「社会保険とかぜんぜんなかった」。「昔は制度がぜんぜんなっていなかった」が、「中国もどんどん変わって」おり、社会保障制度の整備が進められ、「最近は、パートでも、昔の記録があれば」、年金を受給できるようになった。Aさんの母も、長い人生のなかで、「パート」のような形でいろいろな仕事をしてきたが、「dang an（档案）を調べたら」、現在の制度では年金受給資格者に該当することを示す記録があり、「申請して」、毎月500元ほどの年金を受け取れるようになった。少ない金額ではあるが、子どもとして老親を扶養しなくてはならない立場にあるAさんとしては、母が毎月安定的に年金を受給できることは「ある程度、気持ちとしては安心」である。

② Bさん（1971年生）

延辺（イ）市出身。通った朝鮮族中学・高校では外国語科目として学べる言語は日本語のみだった。中学時代の日本語教師は「すごく年寄りのおじいちゃん」の朝鮮族だったが、高校の日本語教師は「すごく若くてきれいな」朝鮮族女性だった。Bさんは「この先生のような人になりたい」と「すっかり」その若い日本語教師に憧れて、日本語の勉強に打ち込んだ。

大学卒業後、就職、朝鮮族男性と結婚。1997年に出産。同年、夫が単身で来日。1999年、夫の呼び寄せで、Bさんは仕事を辞め、子どもを連れて来日した。しかし、子どもを保育園に入園させることができなかったので（定員に空きがなかったため）、中国で夫の両親に養育してもらうことにした。

1999年当時のBさんの月給は、はっきりと金額を覚えていないが、たしか500元ほどで、それは日本では1日、2日で稼ぎだせる金額だった。来日当初の仕事は派遣会社に登録して得た。派遣会社の紹介で平日は電子部品工場で働いた。土日は休みだったが、週末の朝は派遣会社から「電話がかかっ

てくる」。「『Bさん、行きたくないか』って。おでんの工場。時給950円。土日は正社員が休むでしょ、私たち派遣が入るんですよ。それで、そのとき思ったのは、1日そこに行ったら、(当時の自分の中国での月給に相当する)500元ぐらいもらえるじゃないですか。8時間働いて時給950円だったら。だからやっぱり子どものためにも行くんです」。

留学生の夫は勉強に専念し、アルバイトはあまりしなかった。派遣会社を辞めたあと、Bさんは、昼間は夕方5時までスーパーで、その後6時から3時間ほど「焼き肉屋さん」で、2つのアルバイトを掛け持ちして働いて生計を支えた。

夫の卒業と同時に2004年に夫婦で帰国。6年ぶりに親子3人で暮らすようになった。Bさんは再び「安定した職場」で働きたかったが、それは容易ではなかった。「職場は大事ですよ。中国では、定年してもずっと給料もらえます。うちの母(教員)は、退職して10年、15年にもなりますが、このあいだ給料あがったんです。(現役で働いている人の)給料が上がれば、(退職者も)あがります」(B1)。「今、うちの兄が韓国に出稼ぎに行っています。安定した職場がなかったんで。うちの兄も日本に行って、4年ぐらいいました。帰国したときに、歳がもう35歳ぐらいになってしまっていて、(中国に帰国してから)仕事を探すのが難しかったんです。日本に4年間いたから日本語はできますけど、専門的な技術がなくて、年もとっていたら、(中国で)いい仕事を見つけるのは難しいです。兄の子は中学3年生。これから教育費などがますますかかります。あと3年ぐらいで大学に入るじゃないですか。兄のところのお嫁さんは、こちらでちゃんとした職場についているので、中国で働きながら、子どもの面倒を見ています」(B2)。

第2子(少数民族は保護政策の一環として一人っ子政策のなかでも第2子を持つことを認められてきた)を出産すると、ほどなく夫は中国進出予定の日本企業から声をかけられ再来日する。中国で夫婦ふたりともが「安定した職場」に就くことができていたら「行かなかったかもしれ」ないが、そうではなかったし、「また、下の子も生まれたから、お金。経済的なこと」が動

機となって、2009年にBさんも再来日した（B3）。しかし、夫の会社は1年もたたないうちに不景気を理由に中国への事業展開の延期を決定したため、夫は会社を退職し、家族は中国に帰国した。

③　Cさん（1971年生）

延辺（ア）市出身。両親は教師。きょうだいは兄2人、姉1人。教師の給料は安く、幼少期の家庭の経済状況は厳しかった。小学校に入学したときに、クラスの「みんな」が「統一的な感じで」商店で買った新品の緑色の通学カバンを持っているのに、Cさんの家庭はそれを買うことができなかった。Cさんは父のズボンをほどいて作った手作りの紺色のカバンを持っていて、クラスの子にそれをからかわれ、Cさんは泣いてしまった。やっと通学カバンを買ってもらえたのは小学4年のときであった。両親の職業が教師で「一番よかった」ことは、「先生の子は学費無料にして」もらえたために、そのような貧しさのなかでもきょうだい全員が「ちゃんと学校に通うことができた」ことである。

1992年に大学（専科）を卒業。大学のクラスメート25名ほどのうち分配で就職したのは3〜4人にすぎず、多くは就職活動をして就職先を見つけた。当時、分配で就職できるのは「あんまり行きたくない」土地の職場ばかりであったからである。Cさんの場合は、父のかつての教え子がつてになってくれて、故郷で「ものすごくいい」「うらやまし」がられるような職場に就職することができた。知人の紹介で会社員の朝鮮族男性と1995年に結婚した。当時、「友だちの中では」「（夫婦）ふたりとも給料が」よいほうであった。

次兄が難病を患い、手術後もドイツ製の薬を服用し続ける必要があった。治療のためには「やっぱりお金がないとダメだっていうことで」「日本へ行ってお金を稼ごうみたいな感じで」、Cさんの一族は「ぞくぞくと日本へ」「留学に行った」。まず長兄の妻が、次いで長兄、次いで1997年にCさん、1998年にCさんの夫が日本に留学した（C1）。最初の学費を事前に支払う必要のほか、ビザ取得のためには日本での最初の1年間の生活費を「経済的に保証する」必要もあって、渡航にかかる費用は一人につき150万円ほど

だった。それは当時の「延辺ではものすごくいい家をひとつ買えるような」金額だったので、夫婦が「二人でいっきに行くのはちょっと無理」であり、1997 年に先に C さんが単身で、後に 1998 年に C さんの夫が来日した。

　来日した C さんは、最初の 1 年は日本語学校に通いながら 1 日に 3 つのアルバイトを掛け持ちし、忙しさで「髪を洗う時間もないくらい」だった。早朝にコンビニエンスストアで「レジをして」、9 時半から 11 時半の日本語学校の授業中は「ほとんど寝る時間」にあてていた。午後にはみやげ物の販売の仕事をし、夜は居酒屋で働いた[10]。朝鮮族中学・高校で 6 年間、外国語として日本語を勉強したので「わりと日本語は易し」かった。日本語学校を卒業した後、「日本にいるためにはまたビザがないとダメ」で、「ビザをもらうためには学校に在学しないともらえない」ために、大学に入学した。

　大学入学当初もアルバイトを掛け持ちして働くばかりの留学生活を送っていたが、次第に帰国後に「ちゃんとした職業」に就けるようにしたいと考えるようになった。夫は卒業後に（上海に現地法人を持つ）日本企業に就職した。2003 年に日本で出産。子どもが 2 歳のときに、夫は中国勤務となり、家族で帰国した。夫は上海現地法人に所属するが、実際に仕事をするのは関連工場のある上海近郊の中国東部（ク）市なので、家族は（ク）市に居を構えた。

　上海では、海外留学から帰国した人材で「上海の大きな会社で就職している人であれば、戸籍がもらえるということで、（夫、自分、子どもの）3 人とも上海の戸籍に入」ることが可能だったが、夫と子どもだけが上海の戸籍を取得した。「子どもは上海の戸籍のほうがいいです。大学に入る時だとか。上海にいい大学が多いし、上海の（戸籍の）人だと（上海の大学であれば）点数が低くても入れる可能性があるので」(C2)。

　C さんは（ク）市に就職先を見つけ「上海戸籍を諦めて、（ク）市の戸籍に入った」。「ここ（（ク）市）で家を買うとしたら、gong ji jin（（住房）公積金）と言いまして、住宅銀行のローンっていうのがあるんですよ、それは利子が低いんですけど、それはこの（ク）市の戸籍じゃないと、もらえない

んですよね」。「自分の家」を持ちたかったCさんは、(ク)市で「家を買うために」、家族のなかでCさんだけが(ク)市の「戸籍にした」(C3)。「子どもは上海戸籍なので、他の都市の戸籍というような扱いをされ」、自宅が学区となっている公立小学校に入学する際に(ク)市の戸籍の児童であれば払わなくてよい「1万5000元ぐらい」を払わなくてはならない。「どうせお金を払うんだったら」、1クラスあたりの人数が少ない学校に入学させたいと思い、誰でも(=(ク)市の戸籍を持つ児童であっても)入学金1万5000元を払わなくてはならない私立小学校に子どもを入学させた(C4)。

④ Dさん（1972年生）

黒竜江省（ウ）市郊外出身。父は工場勤務、母は稲作農民。高校の時に、父が仕事上の問題で借金をかかえることになり、それにより一家の家計が困窮した。高校を卒業すると（ウ）市で洋服の仕立ての見習いとして働いた。そこは「工場じゃなくて、ge ren de（個人的：個人経営のところ）」であり、2年ほど働いた。1993年に親戚を頼って北京に働きに出たが、父の病気で一旦、故郷に帰郷した。その後、「東北よりももっと発展しているだろう」との思いから上海に出てきた。上海で韓国人経営の飲食店で働いたあと、日本に留学した。中学・高校時代に外国語として日本語を学びながら、いつか「必ず日本に行ってみたい」と思っていたことが動機であった。

「29歳で日本に行って、31歳で日本語学校を卒業し」、「それから大学に行ったらちょっと遅いなと思って専門学校に入」った。困窮している実家を仕送りして助けることばかりを考えてきたので、自身の結婚を考えるのが遅くなったが、その専門学校で朝鮮族男性と知り合い、結婚した。夫は卒業後、中国各地に工場を持つ日本企業に就職した。2003年に日本で出産した。頼れる親類のいない環境での初めての出産に不安もあったが、入院中の食事もおいしく、部屋もきれいであったし、健康保険から出産育児一時金も受け取って、日本で出産したことを「すごくよかった」と満足している。子どもが2歳のときに、夫が中国勤務となり、一家で上海に帰国した。夫は中国各地を出張で飛び回っているので家にはほとんどいない。

2012年に母が「중풍（中風：脳梗塞）」で倒れた。父はすでに亡くなっており、Dさんのきょうだいたちは韓国にいるので、母を上海に呼び寄せ同居してDさんが介護することにした。母の医療保険は、戸籍の所在地であれば「ちょっともらえる」けれど、戸籍のない土地では使えない。現在は全額自己負担で母の薬を買って飲ませている（D1）。母の介護と子どもの世話があるので、当面は専業主婦をして働きに出るつもりはない。
　上海に家を買ったが、Dさん夫婦は「大卒ではない」ので上海の戸籍を得ることができない。子どもは住んでいる地区の子どもなら誰でも通える学校に通っている。子どもは今の学校では成績がよく、自分が大学に進学しなかったので、子どもには「どうしても勉強させたいという気持ち」が強い。上海で「よい学校」に編入させたいが、費用的な問題と上海の戸籍を持たないことから諦めた。上海近郊の（ク）市に評判のよい私立学校があり、そこの学費は6年で8万元ほどである（学期ごとに6〜7000元を支払う）。（ク）市には朝鮮族の知人も親戚もおり、2013年6月、子どもにその編入試験を受験させた（D2）。上海の家を売って（ク）市に家を購入した。不動産の高騰が続いているので、上海の家は買った時よりも高く売れた。

⑤　Eさん（1975年生まれ）

　延辺（エ）市郊外出身。母は農民。父は日用品や肥料などを販売する「gong xiao she（供銷社）」で働いていた。父は病気がちで仕事を休むことが多く給料が昇給しないため、家庭の経済状況は厳しかった。成績はよかったが家計が苦しかったため、高校卒業後は進学を諦め、「いつかまた勉強したい」という思いを抱えながら親戚の紹介で上海に出て4年間働き、故郷の両親に仕送りした。幼なじみの朝鮮族男性と上海で再会し、恋人同士になる。姉の知り合いを通じて日本語学校入学の手続きをしてもらい、1999年に日本に留学した。日本語学校を経て専門学校に入学し、上海在住の恋人との遠距離恋愛を維持しながら、卒業後、日本で就職した。恋人と結婚し、日本に呼び寄せるが、夫は日本の生活になじめず中国に帰国した。夫は中国東部の都市で就職し、Eさんは、2005年、夫の強い求めに応じて帰国した。

帰国後すぐに妊娠し、妊娠をきっかけに重い病気を得た。2006 年、出産直後に E さんは専門病院の集中治療室に転院し「40 日ぐらいずっと入院」を余儀なくされた。

　そのときの治療費・入院費は全額自己負担で 10 万元かかり、韓国に出稼ぎに行っていた姉が一括で支払ってくれた。「私は日本から戻ってきたばかりで、会社もなかったし、働いていなかったから。だから、自分で保険とかしなきゃいけないんですけど、うちの旦那に言ったら、中国人はそのときあまり保険について信じなかったし、そんな意識があまりなかったんですね。うちの旦那は、それはぜんぶ騙されることだから、なんだかんだ、言って。私は日本から戻ってきたから、保険について、すごく信じたんですけど、保険にも入りましょう、と言っても、旦那にそういう風に言われて、しなかったんですよ。で、病気になって、ぜんぶ自分で出して」(E1)。

　退院後、E さんは中国東部に夫を残し、子どもを連れて延辺に戻った。父はすでに亡くなっており、延辺で実家の母と同居して療養しながら子どもを育てた。体調も回復して、留学あっせん会社に仕事を見つけたが、そこは「個人でやっている」「単位とは言えない」職場で、「ただ給料もらって働いているだけ」である。夫は中国東部（ケ）市の韓国企業に転職した。E さんの月給は 3,000 元であり、（ケ）市の夫が毎月 2,000 元を仕送りしてくれた。E さんの子どもが通う幼稚園の月謝は月 600 元で、この他に習い事を 2 つ（月謝は 240 元と 140 元）させている。いつかは夫のもとへ子どもを連れて戻ることを考えて、子どもが中国語で不自由しないように、あえて子どもを漢族の幼稚園に通わせた。

　E さんは、同居の母に子どもを託し、2011 年 12 月末から韓国に短期間の出稼ぎに行った。E さんが使用した韓国の H-2（訪問就業）ビザは、25 歳以上の中国朝鮮族と在 CIS コリアンを対象に発給される 5 年間有効の複次ビザで、韓国に親族のいない者に対する年間の発給数に制限が設けられている（鄭、2008、p.86）。「抽選で 2 年前に当たって（H-2）ビザをもっていたんですけど、行く暇がなかったんです。12 月ごろに仕事場もちょうど暇だった

んで、4カ月ぐらい行って戻ってきました。もともと韓国に長くいるつもりはなかったんです。やっぱり（子育てを）年寄りに任せると勉強とかもちゃんと教えることもできないし。5月ぐらいから（留学あっせん会社の）仕事も忙しくなるし。명동（明洞、ミョンドン、ソウルの繁華街）に化粧品屋さんがけっこうあるんです。すごく日本人（観光客）にブームになって、その（化粧品）メーカーが。そこでちょうど募集していて、そこで働きました」（E2）。

　2013年6月、Eさんと子どもは、夫の住む（ケ）市に転居し、9月に子どもは（ケ）市の小学校に入学した。

　⑥　Fさん（1977年生まれ）

　延辺（オ）市出身。小学校から高校まで朝鮮族学校に通った。Fさんの学校では外国語科目として学べるのは日本語だけだった。大学は、ある師範大学の「zhong wen xi（中文系）」（「中文」は中国語、「系」は学部・学科）に進学した。当時は各人が就職活動を行って卒業後の就職先を見つけるようになっており、「みんな上海とか、北京とかに出て」働こうとする時代であった。また、当時はまだ大学で韓国語を専攻した漢族の人材が輩出されておらず、朝鮮族は、朝鮮語（＝韓国語）ができるというだけで、外資系企業としての韓国企業から引く手の多い状況であった。そのような状況のなかで、Fさんは、卒業後、「親が帰って来いと言った」ため、故郷に戻り教師として働いた。故郷で教師として働いているときに、高校の同級生で、大学卒業後に故郷に戻って就職した朝鮮族男性と交際を始めた。「みんな上海とか、北京とかに出て」いく時代にあって、その恋人は故郷に「戻ったこと自体」を不満に感じており、日本に行った友だちから「日本に来ないか」と誘われたのをきっかけに、「日本に行きたい」と「言いだし」た。Fさんは2000年に恋人と共に来日した。

　日本語学校（2年）を経て大学に入学した後、2002年に日本で結婚し、翌年、妊娠した。2004年に、延辺で出産すると、延辺の母に子どもを委ねて1か月後には日本に戻った。大学が長期休みに入るたびに「半年に1回」の

ペースで子どもに会うために延辺に帰っていたので、「飛行機代がすごくかかっ」た。

　夫は専門学校に通い、卒業後に日本で就職した。学生時代は学費も生活費もアルバイトでまかなった。Fさんは、「普段は居酒屋」で午後5時から深夜2時ぐらいまで働き、週末や長期休みのときは午前8時から午後4時まで別の飲食店で働いたあと、夜は居酒屋で働いた。

　週末に働く飲食店は、「チェーン店の多い」「グループ企業」であり、アルバイトのなかでも長く働いているFさんは、「本部」から来る「課長とすごく仲良くなっ」た。ある日の休憩の折りに、その課長に、「Fさん、すごく、うちのために働いてくれているけど、個人としてお話したら、Fさんは、今、青春の時間を払って、その分、お金をもらっていると思うよ。本当の夢は何？」と質問され、「本当に、その一言で」、もうこれ以上「バイトだらけの生活」を送るのはやめようと決断した。その課長は、アルバイトをするにしても、「オフィス系に代わったほうがいいよ」「会社に入って、そこのアルバイト」をすることで、将来に向けての「経歴を積んだほうがいいよ」、と言い、Fさんは、その1ヶ月後には、「きっぱり」とアルバイトを2つとも辞めた。

　「稼ぎ」は減っても「とりあえずサラリーマンとたくさん出会おうと思って」、自分は「中国語を教えられるから」と中国語を教える仕事に「切り替」えた。いくつかの語学スクールで「最初は中国語」のみを教え、韓国語は依頼を受けても「やらなかった」。2つの言語を教えると、生徒たちにとっては「信頼感がない」のではないか、と危惧したためである。しかし、「韓国語の先生が足らないから」「是非是非」「お願いします」と熱心に頼まれた。韓国語の教師不足で困窮している当座に限って助けてあげようと思い、韓国語の授業も引き受けたところ、辞めるどころか「どんどん」増えていき、次第に手持ちの授業の半分は韓国語授業になっていった。けじめをつけるため、ひとつの語学スクールではひとつの言語のみを担当する形式にした。

　大学を卒業し小さな会社に就職すると、中国語や韓国語を教える仕事はそ

れを機にやめた。3歳半になった子どもを、延辺から日本に呼び寄せ、5歳まで「日本の幼稚園」に通わせながら、夫婦で養育した。子どもは日本語ができなかったが、このときは、それはあまり問題にならなかった。

　会社では経理部に所属し、専門的に会計を勉強したいと思うようになった。「その当時、28歳だったので」、「やりたいことしよう」「どうせやるならば、意味があることをしよう」「こんどこそ、なにかを身につけよう」と思い、退社して会計学の大学院進学を目指すことにした。大学院進学にあたって、子どもを再び延辺に送り、実家の母に1年間の養育を頼んだ。5歳になっていた子どもは、すんなりとは両親から離れることができなかった。Fさんは、子どもに対して、「本人が納得」するように話してきかせた。「親がこういう予定だから、1年間頑張りなさい。そのかわりに、この時間になったら、きちんと約束守って、（日本に）連れてくるから」と説明し延辺に送った。子どもは、最初の「一日、二日ぐらいは」泣いたが、Fさんは「自分で納得して行ったんでしょ。責任持ちなさい」と子ども自身の自立を促し、その一方で「離れていても、ずっと電話で」コミュニケーションをとるように心掛けた。

　Fさんは、日本を発つ子どもに、「日本語を忘れると（親のいる日本に）戻れないからね、意識して覚えていなさい」「1年間で忘れたらいけない」と「すごくプレッシャーをかけ」た。1年後、6歳のときに、日本で小学校に入学させるために子どもを日本に呼び戻すと、子どもは「すごい片言で」空港を「出た瞬間から日本語をしゃべ」った。子どもにとって、それがいかに精神的な負担であったかを思うと、Fさんは、子どもには「本当にいろいろひどいことした」と思う。

　6歳で日本に呼び戻した子どもには、「日本語がわからなくて、イライラしたり」する様子が見られた。Fさんは、親が「むりやり、いろんなひどいことをしてる」のだから、「その分」「子供をサポートしていかないと」いけないと考えた。「最初は言葉ができなくても、お母さんがずっとサポートしていくから大丈夫だよ」「時間がたてばできるようになるから、大丈夫」と

「ずっと励ま」し続けた。子どもが学校から帰宅すると、自身で日本語を教えたりもした。学校での友だち付き合いの面でも、「そのうちに受け入れてくれるから」、クラスメートの輪の中に「割り込んでいったらいい」、と励ましアドバイスした。子どもは、「どんどんそういう風になって」いき、学校やクラスになじんでいった。最初は子どもを励ます一方で「甘やかす部分」もあったが、子どもが日本での生活に慣れていくペースに合わせて「どんどんそこを調整していく」ようにした。「もともと教師の出身だから、そこはうまく」やったのではないか、とＦさん自身は「そう勝手に思っている」。６歳から９歳まで、小学校１年生から３年生までを日本で過ごしたことで、子どもの日本語は「もう、ぜんぜん」問題ないレベルに達した。

　大学院修士課程を卒業した後、かつて同じ語学スクールで教えていた先輩教師で、そのスクールの経営者でもあった人が、語学スクールを「売りたい」と連絡してきた。「普通のお店とは違」い、売り手のほうも、「生徒さんたちがずっと勉強していく」ことのできる「環境」を保証しなくてはならない。Ｆさんは、もともと語学スクールで教えていた経歴があり、また、会社で仕事をしていた経歴もあるので最適な買い手として見込まれた。「ぶらぶらするよりは」と思い、語学スクールの経営を引き受けることにした。

　語学スクールの経営は２年だけで、「損はしていない」ものの、「大きくは儲かっていない」。中国語や韓国語の先生が「足らない時」は、自分が教壇に立って教え、事務員ができない事務仕事もＦさん自身がこなした。「語学スクールのなかの仕事の、どの分野でも、私がぜんぶ埋められる」ので、「自分の労働でまかなった」部分が大きく、そのため、「普通の商品がこれぐらいのコストだったら」、何倍の儲けがでる、といった「そういう比率では」儲けを計算できない。「そういう意味では、損はしていない」が、Ｆさん自身が「頑張った分」まで利益として「かえってきたか、と言ったら」そうはいえない。

　専門学校を卒業して就職した夫は、ある会社が将来の中国支社の「幹部候補」となる社員を募集しているのを見つけ、転職を検討するようになった。

Fさんは、夫から「こういう会社だけど、どうしようかな」と相談を受けたとき、「私が子供の面倒みるから」「とことんやってみれば？」と応援する意思を伝え、夫は現在の会社に転職した。夫はその1年後には中国に「長期出張」に行っては2、3カ月ごとに日本に帰ってくる状態になり、更に1年後には駐在員として中国に派遣されることになった。駐在員となれば、今後「おそらく5、6年は」、日本には「半年に1回しか帰れない」。

　そのころ、Fさんは、「子育てしながら、語学スクールをやるのが」「大変」で、「本当に、子供がかわいそう」な状況にあった。学校から帰宅した子どもに宿題をしながらFさんを待ち、Fさんは夕方5〜6時ぐらいにいったん帰宅して、子どもに「ご飯を食べさせ」てから、また仕事に戻った。仕事を終えて帰宅するのは夜9〜10時ごろで、それまで子どもは家で一人きりだった。そんな暮らしを、子どもが1年生のときから2年ほど続けると、Fさんは「これはちょっとダメだな」と思うようになってきた。

　中国と日本を往復するようになった夫は、日本では「会社のために生きているような感じ」であるのに対し、中国での暮らしは「時間にゆとりができる」ので、そういう面では中国での暮らしは「いい」と言う。Fさん一家は3人で中国で暮らすこと（＝中国への転居）を決断し、一家全員で日本の「永住権」[11]を申請し、取得した（F1）。申請書には、夫は日本企業の駐在員として派遣されているために今は日本を離れているにすぎない、という説明を添えた。2012年、Fさんは子どもを連れて、夫の暮らす中国東部（コ）市に引っ越した。日本の「永住権」は、継続して日本に長期不在であると失効してしまうのは知っているが、何年かに一度、日本に行く用事はあるだろうから問題ないと考えている。

　中国に移動した理由のひとつに、中国東部の戸籍が取得できることがある。「大都市の戸籍」は「すごくもらいにくい」が、海外に留学した人材が帰国した場合にはそれを付与する優遇政策があると聞き、その「政策がなくなる前に、いったん帰って」こようと考えた（F2）。

　中国東部での家族3人の生活が軌道に乗るまでは「けっこう大変」だっ

た。中国の学校教育は、日本とは比べものにならないほど競争が激しく、子どもが学校の授業についていけるように気を配らなくてはならないし、Fさん自身も、夫とは別の日系企業に現地採用で就職して「営業事務」を担当することになった。その大変な時期は、延辺の母を（コ）市に呼び寄せて育児を手伝ってもらった。夫の会社は、夫を韓国に派遣させる意向をほのめかしており、Fさん一家はいつか韓国に暮らす機会もあることを想定している。夫は日本企業の社員なので日本の社会保険に加入しており、社会保険料も給料から天引きで支払われている。もし日本で老後生活を送ることになっても、夫は日本の年金をもらえるはずである（F3）。中国の社会保険には、Fさんが現在の職場に就職したのを機に加入したので、もし老後を中国で過ごすことになった場合も対応できると考えている（F4）。

第3節　小括

（1）　制度上の不備と対応

　6つの生活史からは、まず、日中間を移動する移動者の社会保障を保護する制度上の不備が明らかとなった。

　海外で就労する者の年金については、①二重加入（二重払い）と②年金受給資格という2つの問題が生じる。①二重加入とは、海外に派遣され就労している人が、自国の公的年金制度と相手国の公的年金制度に対して二重に保険料を支払うことを余儀なくされることであり、②年金受給資格の問題とは、本国の年金制度において年金の受給資格のひとつとして一定期間の制度への加入を要求している場合、相手国に短期間派遣され、その期間だけ相手国の公的年金制度に加入したとしても、帰国後に老齢年金の受給資格要件としての一定の加入年数を満たすことができなくなる、という問題である[12]。

　年金保険料の二重払いの問題は、日本企業の駐在員として中国で働くFさんの夫に当てはまる。Fさんの夫は、社会保険料を給与から天引きの形で支払っている。日本の「永住権」を持つFさん一家は、これによって、も

し日本で老後を送ることになっても夫が日本の公的年金を受け取れると考えている一方で（F3）、F さんの夫はおそらく日中両国への年金の保険料の二重払いを甘受している。

　社会保険分野における中国で初めての総合的な法律である中華人民共和国社会保険法（2011 年 7 月施行）によって、中国で働く外国人にも中国の社会保険への加入が義務付けられ、2011 年 10 月には、外国人の社会保険加入に関する規則である「中国国内就業外国人の社会保険加入に関する暫定弁法」が施行された。そのため中国に進出している約 3 万社の日系企業は、日本では労使折半で厚生年金保険料を支払い、さらに中国に派遣する自社駐在員についても中国での保険料を支払わなくてはならなくなった。厚生労働省が、駐在員数の多い北京市の平均賃金を基に試算したところ、中国へ支払う 1 人当たりの保険料負担額（企業負担と駐在員負担の合計額）は年間約 83 万円、中国には日系企業の駐在員が約 7 万人いることから、総額約 580 億円もの二重払いが発生する計算となる[13]。

　次に年金受給資格の問題である。日本と中国を往来していたり、将来も日本に住むかどうかが未定である者は、日本の年金制度における 25 年間の年金受給資格期間を満たすのは難しかった。この 25 年の期間は、平成 24 年 8 月 10 日に成立した年金機能強化法（「公的年金制度の財政基盤及び最低保障機能の強化等のための国民年金法等の一部を改正する法律」）により、25 年から 10 年に短縮されることとなった。その施行日は平成 27 年 10 月 1 日であったが、「税制抜本改革により得られる税収（消費税収）を充てるため、税制抜本改革の施行時期にあわせて施行する」として、消費税率引き上げ延期に伴って実施が延期されていた[14]。消費税率引き上げ延期に伴い、10 年への短縮が実際にはいつ実施されるのか不透明な状況であったが、平成 29 年（2017）度中に短縮を実施できるよう、2016 年 9 月 26 日、第 192 回臨時国会に「公的年金制度の財政基盤及び最低保障機能の強化等のための国民年金法等の一部を改正する法律の一部を改正する法律案」が提出され成立した。これにより、25 年間から 10 年間への短縮の施行期日は平成 29 年 8 月 1

日に改められた[15]。

　また、外国人が帰国すると、日本で支払った保険料は払い損（掛捨て）になる可能性がある。日本では、この問題に対応するために、国民年金や厚生年金の加入期間が6ヶ月以上あり、老齢年金や障害年金を受け取ることなく帰国した外国人を対象として、「脱退一時金制度」という一時金の給付制度を設けている。しかし受け取れる金額は、支払った国民年金保険料の（全額ではなく）半額であり、上限は3年分である[16]。Aさんの夫は日本で会社員をしているが、日本での加入期間（25年間）の問題があったことと、かつ、中国に帰国しても中国の公的年金を受け取れないことから、中国に帰国して老後を送る場合に備えて、Aさんが夫について中国の年金保険商品をかけている（A3）。

　これら①二重加入（二重払い）と②年金受給資格の問題は、当該国家間に社会保障協定が締結されることで回避される。社会保障協定とは、国際的な人材交流の活発化に伴う年金等の問題の解決を目的として締結される協定であり、具体的には、①保険料の二重負担を防止するために加入すべき制度を二国間で調整する（二重加入の防止）、②協定を結んでいる国家間での年金加入期間を通算してみなし、年金を受給できるようにする（年金加入期間の通算）ために締結される。

　社会保障協定は、ヨーロッパにおいて、EU加盟国間の労働力移動を促進するために始まった。1980年代から先進国間で盛んに締結され、他の先進国間ではほぼ締結済みである。現在ヨーロッパでは、二国間協定のほかに、EU加盟国間の多国間条約に当たるEU規則においても規定されている。西村によると、取り組みが早かったヨーロッパ諸国やカナダをはじめ、限定的な国とのみ協定締結を進めているアメリカ、取り組み開始が遅かったオーストラリアや韓国を含めると、先進国間ではほぼ締結済みで、新しくEUに加わった東欧諸国との締結がピークを迎えている状況であり、先進国中唯一、協定締結が遅れている日本との交渉開始を多くの国が望んでいる、という。日本の締結の遅れの理由として、1980年代後半の円高定着以後に製造業が

海外に工場を建設するようになるまで、海外との人的交流が注目されてこなかったことなどが挙げられている（西村 2007、pp.149-150）。

2016 年 8 月現在、日本の社会保障協定の発効状況は以下の図表 4 － 3 のとおりである。日本は 19 ヶ国と協定を署名済で、うち 15 ヶ国分が発効している。そのうちイギリス、韓国、イタリアとの間では、①保険料の二重負担防止のみ有効である[17]。

日本の政界と経済界は、中国の新法による影響への対応に追われている。日本政府は、中国側に対し社会保障協定の交渉開始を要請し、2011 年 10 月から日中社会保障協定政府間交渉を立ち上げ協議に入った。経団連は 2011 年 11 月、経団連会館で「社会保障協定に関する懇談会－中国との交渉をはじめ協定をめぐる現状について聞く」を開催し、外務省と厚生労働省年金局の担当者から、社会保障協定をめぐる最近の状況について説明を聞く機会を設けている[18]。

朝鮮族学校の高校の同窓会が日本で行われているとの報告（権 2006、p.230）もあるように、朝鮮族にとって海外での就労や海外生活はありふれたものとなっている。そのような暮らしのなかで、最悪の場合、就労した国々で保険料を支払っても掛け損（払い損）となり、老後には日本の年金ももらえず、かつ、中国でも老後の経済的な保障がないという状況に陥りかねない。最悪の事態を避けるためにどうしたらよいのかは、朝鮮族にとって関心事のひとつである。2011 年 12 月 23 日、大阪で「在日本中国朝鮮族関西友好会」の忘年会があり、筆者も知人の朝鮮族の誘いで参加させてもらった。「在日本中国朝鮮族関西友好会」は、関西地方に居住する朝鮮族の親睦や相互扶助のための団体である。忘年会は、第 1 部（勉強会）と第 2 部（パーティ）に分かれており、第 1 部は「在日本中国朝鮮族のためになる勉強会」として、日中の年金制度の違いに関する勉強会であった[19]。日中間には社会保障協定が存在せず、そこで被る不便や不利益に対して、個人の力だけで対策に必要な情報を収集し、対策を具体的に決定し実行するのは困難である。かといって、「（日中間の協定が）いつできるかわからないのに、ただ

図表 4 − 3　日本の社会保障協定状況

協定が発効済の国	ドイツ　イギリス　韓国　アメリカ　ベルギー　フランス　カナダ　オーストラリア　オランダ　チェコ　スペイン　アイルランド　ブラジル　スイス　ハンガリー
署名済未発効の国	イタリア　インド　ルクセンブルク　フィリピン

出所：日本年金機構ホームページ（閲覧日：2016 年 8 月 19 日）

待っているわけにもいかない」（上記の勉強会の参加者談）。そこで、日本在住の朝鮮族の団体が開催するこのような勉強会を通じて、日本の年金制度の仕組みを理解し、各人がどのように工夫を行っているかの経験や情報を交換しあうのである。

（2）　移動の契機と社会保障

　韓国社会には、家族が離れ離れになりながら、中国よりも高賃金を得られる韓国で就労する朝鮮族を「돈밖에 모르는 "돈벌레"（カネしか知らない "カネの虫"）」と見るむきもある[20]。新古典派経済学が労働力移動の要因を二国間の所得格差をとらえ、そこから展開したプッシュ・プル理論は、移動元の人口増加、低い生活水準、低所得等をプッシュ要因とし、移動先の労働力需要や高所得等をプル要因とし、両者の結びつきという経済的要因から移動を説明する。しかし、本章で取り上げた 6 事例の生活史を見ると、彼らは単に経済的理由のみから移動したわけではない。また、彼らの移動を単に「ライフサイクルに組み込まれた移動」（梶田・小倉 2002、p.9）としてのみ把握するのも不十分である。6 つの生活史からは、彼らの移動が、そのときの各人のライフ・ステージおよび社会保障状況と切り離しては考えることができないことがうかがえる。

　移動と社会保障の関係について、6 つの事例から、以下の 4 点が指摘しえる。

　①　移動する／しないことで、得られるキャリア・アップや収入増と、社会保障上の恩恵とを比較・考慮して、そのときのライフ・ステージに応じて、

どちらを選択するかを検討し、移動する／しないが決断されている。

　Aさんの場合、年金等で手厚い社会保障が見込まれる「単位」に所属できるという条件のもと、中国に帰国した。当時、Aさんは40代にさしかかったところで、夫婦は再び日本と中国に離れて暮らす別居を選択した。Aさんの帰国後は中国の社会保障制度の改革のなかで、「単位」による住居の提供（A1）は終了し、かつてほどの恩恵は得られなくなったが、それでもAさんの職場は、「幹部養老保険」の対象の「単位」であり、職員たちは退職後の年金等でも厚遇を受けることができる。Aさんは、（カ）市にマイホームを購入済みであり（A2）、中国で公的年金を受け取れない夫について年金保険商品をかけている（A3）。妻が先に帰国して生活基盤を中国に持ち、夫は日本で就労して60代に入る頃には帰国しようという現状で、Aさん夫婦の中国での老後生活の備えはすでに整っている。日本で老後を送ろうとしても必要な加入期間を満たさなければ日本の年金が受給できないし、日中間には社会保障協定が結ばれていない（2011年から協議中）。Aさんの夫は、中国で就労の後に来日し、留学を経て日本で会社員として働いており、もし中国に帰国して就労しても、加入記録の引き継ぎはなさず、どちらの国の受給要件も満たせない恐れがある。Aさんの帰国移動は、社会保障のずれに対する工夫として移動が選択されたととらえることができる。

　Bさんの語りを見ると、退職後も毎月「給料」という形で年金を受給している母の例（B1）や、中国で「安定した職場」に就くことができず韓国に出稼ぎに行っている兄と、中国で「ちゃんとした職場」に就いているので中国に留まり働きながら子どもを育てている兄嫁の例（B2）を挙げて、中国における「職場」の「大事」さが語られている。Bさんの場合、出国によって職場と職場に付随する社会保障を失い、帰国後にそれを回復し得なかった状況を背景に、日本への再移動が選択された。Bさんの再来日を後押ししたのは、ひとつには第2子の誕生による「経済的」な理由であり、いまひとつには、中国における本人の当時の状況が、優遇的な社会保障を享受できる「安定した職場」に所属することができていなかったことにある（B3）。後

述するように、中国では教育費が家計を圧迫しており、第2子を持てば、ただでさえかさむ教育費負担が更にかかる。社会保障上の優遇を享受できる状況にないのであれば、日本に渡航できる機会に日本で働き蓄えを増やしておこうとの決断がなされたと思われる。

　Fさん一家が、中国へ転居することを決断した動機のひとつは、都市戸籍を得られる機会を逃さないためであった（F2）。本書第2章のアンケート調査を見ると、引き続き日本に暮らす予定の者、つまり日本を離れる考えがない者が概ね日本の「永住権」を取得しているが、「永住権」を持ちながら、引き続き日本に暮らすかどうかは未定とする者もいた。Fさんの場合は、日本を離れることを決めたうえで、いつでも日本暮らしを再開できる選択肢として「永住権」の申請・取得がなされている（F1）。これらのことは、将来の居住地が未定であるFさん一家が、国家を跨いで生きる場合に往々にして付随する不便や困難に対して、社会保障上の措置を取っておく工夫を行った、とみることができる。日本に戻って暮らすことになった場合も、日本の永住者資格を有していれば、日本で就労しようとする場合も活動に制限がない。また、日本で老後生活を送ることになっても、日本企業の駐在員である夫が日本の社会保険に加入しており、夫は日本の年金を受給することができる。あるいは、中国に暮らし続けることになった場合も、居住する都市の都市戸籍を得ていれば子どもの進学面でも優遇を受けられる。中国の社会保険にはFさんが加入しているので、たとえ老後を中国で過ごすことになった場合でも対応できる（F4）。

　② 子弟の教育のために移動する。

　朝鮮族は中国各民族の中でも高学歴志向が高い。図表4－4は、民族別の、6歳以上人口における大学以上の学歴を持つ者の割合を示している。大学以上の学歴を持つ者の割合は、80年代、90年代、2000年代を通して、朝鮮族が中国各民族のなかで突出して高いことがわかる。朝鮮族の場合、このような高学歴志向と教育熱を背景に子弟の教育が移動の契機となっている。

　子弟の教育のための移動にはふたつの意味があり、ひとつには、よりよい

教育を子弟に受けさせるための移動で、これは子の移動を伴う。Aさんの子どもは、父の暮らす日本の高校に入学しようと再来日したが、希望するよい高校に入ることができず、結局、母の暮らす中国で高校を卒業し、大学で日本に留学した。上海の戸籍を持たないDさんの子どもは、上海では「重点学校」と呼ばれた良い学校へ入学することができない。そのためDさん一家は子どもを評判のよい私立学校に通わせるために（ク）市へ転居した（D2）。本書第2章のアンケート調査でも、日本の永住資格を持ちながら、子どもの就学や進学によっては、つまり子どもの教育のために日本を離れる場合があるとの回答がみられた。

ふたつ目には、かさむ教育費をねん出するための、親の出稼ぎ移動である。Eさんの場合、手にする1か月の収入5,000元（自身の給料3,000元、夫からの仕送り2,000元）のうち、幼稚園の子どもにかかる教育費（約1,000元）は約5分の1を占め、家計に占める教育費負担の比重は小さくないことがわかる。

図表4−5で一人当たりの平均年間収入（2012年）を見てみると、延辺が含まれる吉林省の都市住民の収入は、最も高い上海の都市住民の半分ほど

図表4−4　大学以上の学歴者の割合（%）

	1982年	1990年	2000年
朝鮮族	2.18	4.82	8.6
満族	0.94	1.91	4.8
回族	0.80	1.77	4.1
苗族	0.14	0.46	1.4
ウイグル族	0.39	1.10	2.7
モンゴル族	0.95	2.19	5.2
チベット族	0.24	0.52	1.3
漢族	0.69	1.63	3.9
全国	0.68	1.58	3.8

出所：花井みわ「中国朝鮮族の人口移動と教育」『早稲田社会科学総合研究』11-3、2011年、p.63。
原出所：許青善・姜永徳・朴泰洙『中国朝鮮族民族教育資料集4下』、延辺大学出版社、2005年ほか。

図表 4 − 5　一人当たりの平均年間収入および平均年間消費支出（2012 年）

(単位：元)

	都市家庭			農村家庭		
	一人当たり可処分所得	一人当たり平均現金消費支出		一人当たり純収入	一人当たり平均消費支出	
			教育・文化・娯楽（うち教育のみ）			教育・文化・娯楽
全国平均	24565	16674	2033 (819)	7916	5908	445
北京	36468	24045	3695 (1214)	16475	11878	1152
吉林省	20208	14613	1642 (883)	8598	6186	606
上海	40188	26253	3723 (1241)	17803	11971	952

出所：『中国統計年鑑 2013』。

に過ぎず、全国平均（都市住民）よりも低い。吉林省内で就労しても全国的に見て低い収入しか得られないのに、朝鮮族は全民族中首位の高学歴率を実現していることになる。吉林省の都市住民の収入は全国平均（都市住民）よりも低いにも関わらず、消費支出のうち教育支出（883 元）は全国平均（819 元）よりも高い。

　約 30 省・市で、「ある程度の経済力と消費意識を備えた中堅層」を主な調査対象とし、3 万世帯に教育関連支出状況を調査したところ、家庭の教育関連支出は月平均 1,370 元（約 1 万 6,440 円）で 1 カ月の世帯総支出の 44％を占めるという[30]。この調査結果で示された教育支出の金額は、幼稚園と習い事で月 1,000 元ほどの月謝を支払う E さん、学期ごとに 6 〜 7,000 元の私立小学校の学費を支払う D さんの家庭の教育支出の金額と近い。全民族の中で首位の大卒率を実現させるに必要な教育費を吉林省内での就労で稼ぎ出すのは容易ではない。本章の事例では、その費用は出稼ぎで稼ぎ出されていた。B さんの場合は、最初の来日では「子どものために」と休日返上で働き、第 2 子の誕生による「経済的」な理由——おそらくかさむ教育費を二人分、捻

出する必要——によって二度目の来日を決断した（B3）。

　子どもにそれほど教育費をかけようとするのは、ひとつには、大学入学が戸籍移動の手段であるためである。大都市の大学を卒業し、大都市に就職し、得難い大都市の戸籍を得ることが目指されるが、大学に入学するには大学の所在都市の都市戸籍を持つ者には傾斜配分があって有利であるのに対し、その戸籍を持たない者は大学入試でより高得点を獲得する必要がある。

　これらのことから、この子弟の教育のための移動は、おそらく集団としての朝鮮族に特に顕著に現れる移動の特徴であり、中国人一般においては特定の階層に見られるのではないかと思われる。

　③　北京、上海といった大都市の戸籍を取得できることは移動の誘因となる。しかし、やみくもに大都市の戸籍を求めるのではなく、家庭全体が得られる社会保障上のメリットが最大になるようにとの考慮のもと、家族の構成員ひとりひとりについて、現住所の戸籍を取得するか、得難い大都市の戸籍を取得するかが個別に検討される。

　中国の戸籍登録は個人単位であり、一人一枚ずつの「常住人口登記表」（戸籍登記表）が作成され、これを世帯ごとに集めて戸籍簿としている（張英莉、2004、p.21）。そのため家族の中に、移動先（現住所）の戸籍を持つ者と持たない者、農村戸籍者と都市戸籍者、社会保障上の優遇を受ける「単位」に所属する者とそうでない者が混在している。

　Ｃさんは、自身については（ク）市で低金利の住宅ローンを借りるために（ク）市の戸籍を取得することを選択したが（C3）、子どもについては「よい大学が多い」上海で大学に進学する際に有利であるので（C2）、（ク）市在住の現在は「他の都市の戸籍というような扱い」を甘受しても（C4）、上海の戸籍保有を選択した。

　④自身を含む家族の社会保障の不在部分を埋めるには現金が必要で、それが出稼ぎで捻出されている側面がある。

　Ｃさん自身は「ものすごくいい」「うらやまし」がられるような職場で働いていたが、そこでの収入では難病の次兄の高額な治療費を支弁することは

できず、退職して日本へ渡った（C1）。医療保険に未加入であったEさんの場合は、10万元もの全額自己負担の医療費を支払ってくれたのは、韓国に出稼ぎに行き、蓄えのあった姉であった（E1）。中国の医療保険は、改革が進む現在も、Dさんが故郷から呼び寄せて同居しながら介護する母の例のように（D1）、戸籍所在地でないと保険証が有効でないなどの制約が多く、保険でカバーされない医療費を自己負担せざるを得ない場合が多い。Eさんが、差し迫ったお金の必要があるわけではなかったが、韓国に短期間の出稼ぎに行った（E2）のは、韓国のH-2ビザ（訪問就業ビザ）の「抽選」にあたり、その有効期限が失効しないうちに、かつ同居の母に幼稚園の子の養育を頼めるうちに、蓄えを作っておこうとの考えによると思われる。

　以上の日中間を移動した場合の社会保障状況に加え、朝鮮族の場合、中国人一般の移動と異なる点として、本人が韓国にも滞在した経験をもつケースや、親やきょうだいが韓国に滞在経験をもつケースが多い。本書の事例でも、Aさんは姉が韓国在住であり（姉の子が韓国人と結婚）、Bさんは兄が韓国で就労中であり、Cさんは父母に韓国での就労経験があり、Dさんはきょうだいたちが韓国在住である。Eさんは本人および姉が韓国滞在経験を持つ。家族分散の中で朝鮮族が直面する社会保障状況と諸問題を包括的に理解するために、次章では、日本滞在ののちに韓国に移動し、韓国での滞在経験を持つ朝鮮族への生活史の聞き取り調査を行う。

〈注〉
1　1954年、1975年、1978年、1982年制定の各憲法は、土屋（2005）に収録のものを参照した。
2　「中華人民共和国戸口登記条例」は「人民網法律法規数拠庫」（http://law.people.com.cn/bike/index.btml、中国語文）に掲載のものを参照した。
3　農業生産性の向上により労働時間が短縮し、長くなった農閑期に暇を持て余す、この時期の朝鮮族農村の様子を報告したものに、韓（2001、p.158）がある。

4 例えば、日本貿易振興会（2012）は、都市・農村別に最新の社会保険の動向を整理するが、従来の通り従業員に優遇的な社会保障の提供を続ける一部の「単位」の存在を、基本的に改革の進む新たな社会保険の範疇から離れた運営となっているものとして、検討から外している。

5 範健美「中国の義務教育段階における学校選択現象について」2012年6月29日、大和総研ホームページ、http://www.dir.co.jp/consulting/asian_insight/120629.html。

6 「医療保険制度、都市と農村を統合へ」2013年7月、独立行政法人労働政策研究・研修機構ホームページ、http://www.jil.go.jp/foreign/jihou/2013_7/china_04.htm。

7 人民網（『人民日報』Web版）2013年12月13日。

8 「中国、年金制度の改革を近く発表へ＝関係筋」ロイター、2013年10月18日、http://jp.reuters.com/article/topNews/idJPTYE99H06G20131018?sp=true。

9 中国の地域区分については、エスカット・猪俣（2011, p.122）の7区分（東北・華北沿岸・華東沿岸・華南沿岸・華中・西北・西南）を参考にした。

10 日本語学校に通う就学生のアルバイトは1日4時間・週20時間まで、大学等に通う留学生で週28時間までに制限されていた（平成22年7月1日から在留資格の「留学」と「就学」は「留学」に一本化された）。それを超える長時間の就労は違法であるが、浅野慎一（2004）は、この制限時間内のアルバイトで生活費と学費の両方を稼ぎ出すことは不可能に近く、「時間制限はほぼ有名無実」であり、日本の産業界の側でも「日本人若年層が集まりにくい職場」では「留学生・就学生のアルバイト労働力に対する需要は特に大きく」、日本の留学・就学制度は、「非現実的な想定」をした「虚構のうえに成り立っている」と指摘している。

11 正式には、永住許可を得て「永住者」の在留資格を持つことを指し、日本を出国した場合は、再入国許可の有効期限内に日本へ再入国する必要がある。再入国許可の有効期限は2012年7月9日以降、3年から5年に伸長された。法務省入国管理局ホームページ：ホーム＞ピックアップ情報＞新しい在留管理制度がスタート！（閲覧日：2016年9月13日）

12 厚生労働省ホームページ：ホーム＞政策について＞分野別の政策一覧＞年金＞年金・日本年金機構関係＞ 海外で働かれている皆様へ（社会保障協定）。（閲覧日：2016年8月19日）

13 「日本側負担は最大580億円、中国社会保険法施行で大打撃」、週刊ダイヤモンド、2011年6月28日。URL:http://diamond.jp/articles/-/12888

14　厚生労働省ホームページ「年金制度の改正について（社会保障・税一体改革関連）」。
15　衆議院ホームページ：トップページ＞立法情報＞議案情報＞第192回国会　議案の一覧
16　第31回社会保障審議会年金部会（平成27年12月8日）資料「社会保障状況の締結状況」。URL：www.mhlw.go.jp/file/05-Shingikai.../0000106442.pdf
17　同上の厚生労働省ホームページ、および日本年金機構ホームページを参照。日本年金機構ホームページ：トップ＞社会保障協定。（閲覧日：2016年8月19日）
18　経団連タイムス No.3066、2011年12月1日。
19　第1部（勉強会）の参加者は20名程度であった。その後、第2部に入り、朝鮮族料理（中国東北の朝鮮族集住地区で朝鮮族たちがよく食している料理）を囲んでのパーティとなった。パーティの参加者は次第に増えて（子どもも含めて）70名ほどになった。
20　そのようなレッテルの存在を示すものとして例えば次のコラムがある。「옌볜아줌마를 왜곡하지 말자」『동북아신문（東北亜新聞）』2011年8月3日、http://www.dbanews.com/news/articleView.html?idxno=15201。
21　人民網（『人民日報』Web版）2011年12月12日。

第5章　移動と韓国の社会保障
―生活史の聞き取り調査から―

　前章では、生活史の聞き取り調査の手法を用いて、日中間を移動した場合の社会保障状況を取り扱った。朝鮮族の場合、日本に移動した中国人一般と異なる点として、日本に滞在する本人が韓国にも滞在した経験をもつケースや、親、きょうだい、配偶者、子どもが韓国に滞在経験をもつケースが多い。本章では、韓国の社会保障制度をおおまかに概観したうえで、日本滞在のみならず、韓国滞在経験をも持つ朝鮮族への生活史の聞き取り調査を行う。

第1節　韓国の社会保障

　韓国の社会保障制度は大枠で日本と似ているため、ここではそれについておおまかな整理を行い概観する。韓国の社会保障制度は大枠は日本と似ているが、概して歴史が短い。韓国では、1960年代に多くの社会保障立法がなされたが、当時の朴正煕政権が経済成長を優先させるため、名目的なものにとどまり、ほとんど施行されない状態が続いた（片桐2001、p.283）。1970年代以前は、福祉政策の恩恵を受ける階層が、軍人、公務員、私立学校教員、大企業従業員などに限定されていたが、80年代から90年代半ば頃に、開発独裁体制と経済優先政策に変化が見え始め、1989年に医療保険の全国民適用が実現した（金早雪2004、pp.185-186）。それまで後回しにされてきた社会保障制度の拡充がなされたのは、金大中政権（1998～2002）の時期で、年金制度自体は1988年にできたが、国民皆年金が実現したのは、1998年の法改正でそれが全ての国民を包括する制度となったことによる。

　韓国の人口構成は比較的若く、韓国はOECD各国の中で65歳以上人口の

割合が最も低く（10.7%）、15 歳以上 65 歳未満人口の割合が最も高い（72.6%）（平成 24 年版『厚生労働白書』）[1]。人口構成が比較的若いことが、年金・医療・介護の分野での社会保障支出を低廉に抑える効果をもたらし、韓国の社会保障支出は OECD 各国のなかで最下位であり、対 GDP 比で OECD 平均の約 3 分の 1 に過ぎない（金・山本 2009b、p.95）。また、韓国社会では、伝統的に大家族主義による相互扶助が行われ、それが一部社会保障の代替をしていたことも、韓国の社会保障支出の少なさの一因となっていると思われる（井上 1993、p.177）。

　韓国では、健康保険制度の保障水準の低さと公的年金制度の「未熟」のために民間保険市場がきわめて大きく、9 割近くの世帯が民間生命保険または民間医療保険に加入している。民間保険市場が大きいという土壌の上に、社会保障制度の歴史が浅く既得権益が相対的に強固でないため、福祉政治の流動性が高く、先進国に比べラディカルな政策が展開しやすいこともあいまって、盧武鉉政権後期以降の保険医療政策は、戦略的な成長産業としての保険医療産業の育成と民間医療保険の活性化を推進する傾向を強めている（李蓮花 2009、pp.63-65、p.95）。

（1）　韓国の年金制度

　韓国の公的年金制度は、「特殊職年金」と呼ばれる職域年金、国民年金（1986 年創設、1988 年実施、1998 年法改正で全国民を包括する制度となって国民皆年金が実現）、および基礎老齢年金（2007 年創設、2008 年実施）からなる。職域年金には、公務員年金（1960 年創設、1961 年実施）、軍人年金（1963 年創設・実施）、私学教職員年金（1973 年創設、1975 年実施）の 3 つの制度が存在する。税方式による基礎老齢年金は、年金基金の枯渇などの財政問題や制度未加入者や未納者への対応のために導入されたが、2008 年基準で月額 8 万 7000 ウォン（約 8,700 円）という老後の所得保障と呼ぶにはほど遠い金額が問題視されてきた。

　国民年金は、当初は従業員 10 人以上の事業所を対象としていたが、その

後、従業員5人以上の事業所（1992年）、農漁村住民（1995年）へと適用範囲を拡大し、1998年の法改正によって都市住民、そして5人未満の事業所勤労者と日雇・臨時職勤労者など全ての国民を包括する制度になった（金・山本2009a、p.10-11）。

（2）　国民年金と外国人

　韓国の社会保障制度は大枠で日本と似ているが、国民年金の外国人への適用に関しては日本と異なる経緯を持つ。日本の場合、国民皆年金の実現後、20年を経て、日本の難民条約加入を契機に在日外国人の国民年金加入が可能となった。社会保障制度の歴史が短い韓国は、これとは対照的に、国民皆年金の実現した1998年にはすでに韓国は難民条約に加入していた。

　日本で国民皆年金が実現したのは1961年のことである。その後、1982年の在日外国人への適用までに20年以上を要した。日本において、「すべての国民はいずれかの年金保険の適用を受ける」という「国民皆年金」は、国民年金法（1959年成立、1961年実施）によって、自営・自由業の強制加入が定められたことによる（川村2005、p.54）。日本の国民年金制度の「加入資格」（「被保険者資格」）には「日本国民」であることが要件とされており、厚生省はこれを根拠として在日外国人は加入できないとしてきた[2]。1982年1月1日、国民年金法上の国籍条項は撤廃され、在日外国人も国民年金に加入できるようになった。その背景には、1981年6月「難民の地位に関する条約等への加入に伴う出入国管理令その他関係法律の整備に関する法律案」が国会を通過したことがあり、それに伴って、児童手当を含む児童関係諸法と国民年金法諸規定の「国籍要件」が削除され、在日外国人にもこれらの制度が適用されることとなった（吉岡1995、p.151）。「国民皆年金」が実現してから在日外国人にも適用されるまでの20年以上の間には、在日韓国・朝鮮人が年金をめぐって裁判を起こすなどの問題が発生していた[3]。これに対し、韓国の場合は、難民条約加入（1992年）のほうが国民皆年金の実現（1998年）より早く、外国人の加入を踏まえて国民皆年金の実現を迎えたと

言える。

　韓国における外国人の年金加入対象者は以下の通りである[4]。
① 「国民年金法」が適用される事業場に従事する 18 才以上 60 才未満の外国人勤労者（内国人と同一に適用）
② 「無国籍者の地位に関する協約」と「難民の地位に関する協約」により、内国民と同等の待遇を受けることになっている無国籍者や難民

　また、外国人のうち年金加入の適用除外対象は以下の通りである。
① 他の法令または条約（協約）で「国民年金法」適用を排除されている者（例えば、外交官、領事機関員とその家族など）
② 該当外国人の本国法が「国民年金法」による国民年金に相応する年金に関して大韓民国国民に適用されない場合
③ 滞在期間延長許可を受けずに滞在する者
④ 外国人登録をしていなかったり、強制退去命令書が発給されている者
⑤ 滞在資格（ビザ）が、文化芸術（D-1）、留学（D-2）、産業研修（D-3）、一般研修（D-4）、宗教（D-6）、訪問同居（F-1）、同伴（F-3）、その他（G-1）の者

　前章で述べたように、海外で就労する者の年金については、①二重加入（二重払い）と②年金受給資格という2つの問題が生じ、これらは当該国家間に社会保障協定が締結されることで回避される。韓国は、29カ国と社会保障協定がすでに発効済である（2015年末現在）。日本の場合、2016年6月現在で、社会保障協定が発効済みの国家は15カ国であり、韓国は、日本よりも早いスピードで、より多くの国家との締結を進めてきたといえる[5]。
　韓国が協定発効済みの29カ国とは、発効が早い順に、イラン、カナダ、英国、米国、ドイツ、中国、オランダ、日本、イタリア、ウズベキスタン、モンゴル、ハンガリー、フランス、オーストラリア、チェコ、アイルラン

ド、ベルギー、ポーランド、スロバキア、ブルガリア、ルーマニア、オーストリア、デンマーク、インド、スペイン、スイス、トルコ、スウェーデン、ブラジルである。各締結国とは、(a) 保険料免除協定と (b) 加入期間合算協定の、両方またはいずれかを締結している。例えば、アメリカ (2001 年 4 月 1 日発効) とは、(a) 相手国への派遣の期間が 5 年を超えない見込みの場合には、当該期間中は相手国の法令の適用を免除し自国の法令のみを適用し、5 年を超える見込みの場合には、相手国の法令のみを適用すること、および、(b)（保険料免除期間を含めて）加入期間の合算、を取り決めている。日本 (2005 年 4 月 1 日発効) とは、(a) 5 年までの免除（合意時は 3 年延長可能）のみで、加入期間の合算はない。中国との間で、2003 年 2 月 28 日に発効した社会保障協定は、(a) 暫定措置として派遣期間の制限なしに保険料の免除が取りきめられ、加入期間の合算はない、というものであったが、2013 年 1 月 16 日に改定協定が発効し、暫定措置は終了となった。新たな協定では、(a) 派遣者・現地採用者とも 5 年までの免除（派遣者は 8 年延長可能）のみで、加入期間の合算はない[6]。

　韓国で国民年金に加入したが年金を受け取ることなく帰国した外国人には、2007 年 5 月 11 日から「返還一時金（반환일시금）」が給付されることとなった。返還一時金の給付対象者は、次のように定められている。

① その外国人の本国法で、韓国国民に韓国の返還一時金制度に相応する給与を支給する場合
② 韓国と外国人の本国間に、返還一時金支給に関する社会保障協定が締結された場合
③ 国籍にかかわらず、滞在資格（ビザ）が E-8（研修就業）、E-9（非専門就業）、H-2（訪問就業）である者

　E-8（研修就業）、E-9（非専門就業）、H-2（訪問就業）ビザを持つ者が、韓国で国民年金に加入した場合は、本国への帰国時、死亡時、満 60 歳時に、加入期間に納めた年金保険料とその利子を合算した金額を、一時金として受けることができる（『黒竜江新聞』2012 年 3 月 20 日（ハングル））。H-2（訪

問就業）ビザは、特に朝鮮族と在 CIS コリアンを対象に発給される有効期限が 5 年間のビザである。

（3） 韓国の医療保障

韓国の医療分野における国民皆保険成立までの経緯は、次のとおりである。1977 年に、従業員 500 人以上の比較的大規模な事業所は医療保険組合の設立が義務化され、500 人未満の事務所の労働者及び地域住民（自営業者）は任意加入とし、任意で医療保険組合を設立することができるようになった。その後、1978 年に公務員、教職員を対象とする制度ができ、1989 年に皆保険制度が完成した。2000 年に国民健康保険法が施行され、保険組合は国民健康保険団に統合された（金・山本 2009a、p.11）。

国民健康保険法では、国内に居住する国民で法が定める除外対象者を除く、すべての者が国民健康保険の加入者あるいは被扶養者となる。外国人も、法の定める要件を満たす場合には、加入者となることができる（同施行例 64 条）。月額の保険料は、職場加入者の場合、同人の報酬月額が該当する標準報酬月額に 8％の範囲内の保険料を乗じて得られる額であり、原則、労使折半で負担される。職場加入者でない「地域加入者」の場合の月額保険料は、賦課標準所得を基準にして定められる（片桐 2001、pp.286-288）。

第 2 節　生活史の聞き取り調査

（1）　調査概要

本節では、日本滞在経験のみならず、韓国滞在経験をも持つ朝鮮族 2 名の生活史を取り上げる。

語られた生活史の聞き取りを以下に整理するにあたって、匿名性を確保するために姓名や地名等にアルファベットで記号化を施した。表 4 － 1 は 2 名の属性を整理したものである。地名については、延辺内の延吉市、図們市、龍井市、琿春市、和龍市、敦化市、汪清県、安図県の各地名はアルファベッ

図表 5 − 1　インフォーマント一覧

	生年	出身地	性別	婚姻	日本滞在	韓国滞在	現住地
G	1975 年生	延辺（エ）市	女	既婚	99 〜 03 年	2008 〜 2012 年	中国
H	1979 年生	延辺（エ）市	男	未婚	99 〜 04 年	2010 年〜現在	ソウル

トで記号表記し、市／県は区別せず全て市で表示した。2名の共通事項として、①延辺の出身である、②朝鮮族両親のもとに生まれ、高校までの教育を朝鮮族学校（民族学校）で受けた、③日本および韓国に長期滞在経験がある。インタビューは、日本語を主とし、朝鮮語・中国語を交えて語られた。本人の語りをそのまま記述する場合は「　」に入れ、本章のまとめにおいて触れる箇所について整理番号として（G1）のように表示を付した。

　Gさんへのインタビューは2012年8月、2013年2月、2013年5月、2013年6月の計4回実施した。Hさんへのインタビューは2012年3月、2012年5月に実施した。2名とも初回のインタビューは録音で記録し、2回目以降はメモをとった。口述資料を利用する際の留意点は、第4章「資料利用の留意点」に示したとおりである。

（2）　インタビュー事例

①　Gさん（1975年生）

　延辺（エ）市出身。女性。Gさんが通った（エ）市内の朝鮮族中学・高校では、外国語科目として日本語か英語を選択できた。Gさんの両親は、朝鮮語ができる朝鮮族にとって英語よりも学びやすく、大学入試でもよい点を取りやすいという理由で、日本語を選択するようにすすめ、Gさんはそれに従った。近所に住む幼馴染の恋人は中国国内で「けっこういい大学」に進学したが、2年ほどで大学を「辞め」てしまい、日本へ行った。Gさんも1999年、中国の大学を卒業した後に日本に行き、恋人と暮らした。渡航費と初回の日本語学校の学費は借金して支払ったため、生活費と次学期の学費を稼がなくてはならないことに加え、借金を返済する必要もあって、アルバイトを掛け持ちして働いた。疲れ果てていた頃にGさんは交通事故にあい骨折し

入院した。回復までの間、恋人が「ずっと看病をしてくれた」。

恋人は日本語学校を卒業したあと「マッサージの会社に入って」働いた。Gさんは日本語学校を卒業したあと、日本の大学に進学しようとした。調べてみると、Gさんが希望する進学先は入学試験に英語を課しており、英語を学んだことがないGさんは、まず英語を勉強しようと英語を学ぶ専門学校に入学した。

「中学校のとき、英語と日本語を選ぶんですけど、大学に入るのに、日本語のほうが点数を高く取りやすいんです。1学年に6クラスがありますが、2クラスだけ英語で、残りは全部日本語クラス。私もずっと日本語。大学に入ってからも2年間日本語を勉強して、(それまで) 英語を勉強する機会はぜんぜんありませんでした」。

英語の専門学校の学費は年間80万円ほどかかり、支払いの負担が大きかったことと、日本語で英語を学ぶことも難しかったため、1年ほどで専門学校を中退し、恋人と同じ「マッサージの会社」で働いた。

Gさんと恋人は、「一緒に一生懸命働いて、お金を稼いで一緒に (中国へ) 帰ろう」と約束した。2003年に帰郷し結婚し、同年に出産した。Gさんは日本で貯めたお金で延吉市内に家を買って両親にプレゼントし、Gさんの子どもはその家で9歳までGさんの「母がずっと育てた」。

延辺には「工場とか会社とか、そういう職場が」少なく、就職先を見つけるのが難しかったので、夫婦は、故郷の (エ) 市に「大きなスーパーがあんまりなかった」ことに目をつけて、子どもの養育を延吉市内に暮らすようになったGさんの両親に頼み、(エ) 市でスーパーマーケットを始めた。「2年間ぐらいスーパーを一生懸命頑張ってやりました。それもすごく難しかったですよ。うちの旦那さんは、朝3時半から4時に起きて、野菜とか仕入れてきて、朝から掃除したり、整理したり、大変でした。そのときはもうホコリだらけになって働いて。若いのになんでこんなに、っていうぐらい」。

スーパー経営から手を引き、夫婦は北京へ出稼ぎに行った。夫は日系企業や韓国系企業で働き、Gさんは日本大使館近くのマッサージ店で受付の仕事

をした。マッサージ店のお客は日本人が多かった。夫婦の互いの職場は離れていたので北京では別々に暮らした。住まいは、同じく出稼ぎなどで北京に出てきた朝鮮族同士でマンション 1 戸に共同で住んでいたが、そこの 1 部屋を使うだけでも月 800 元の家賃がかかり、思ったほどお金を貯めることができなかった。

　夫婦は、H-2（訪問就業）ビザを得て韓国に行くことにした。G さんは、韓国へ渡航する前の 2008 年春に延辺で手術をした。「韓国に行く前に手術したんですよ。自分のお金、全部出して。そのときね、8000 元ぐらい使いました。そのとき、今みたいに、1 年に 170 元（保険料を）払う、そういう（公的な）医療保険が（中国に）なかったんです」。「そのときの 8000 元だったら、大変ですよ。今でも大金」(G1)。

　手術が無事に済み完治したので、G さんは 2008 年から 2012 年まで韓国で働いた。G さんの後に、夫も H-2 ビザで韓国に渡り、夫は厨房でコックとして働いた。「韓国には 2008 年に行って、2012 年 4 月に帰ってきました。1 年間に 1 回は帰ってきました。(ソウル・延吉間の)直行便もあるしね。동대문（東大門、トンデムン、ソウルの繁華街のひとつ）で服を売っていました」(G2)。「韓国で商売するのも結構お金稼げますよ。朝、卸しに行って、昼間からずっと（翌日の朝）5 時まで売るんです」。「日本人がけっこう多くて」、「私たちは日本語もできるし、韓国語もできるから、ちょうどいいんですね。명동（明洞、ミョンドン）とか동대문（東大門）とか（で働いている人のなかには）、日本語と中国語ができる人は一杯いますよ」。「私は동대문（東大門）で日本人の常連さんがけっこういましたよ。来るたびにお菓子を持ってくる人も。私は日本語ができるから、何を買っても安心できる感じで。うちに来たらいっぱい買ってくれました。私もいっぱいサービスしてあげました」。

　G さんは韓国で公的な医療保険に入っていなかった (G3)。韓国で一定規模の会社で会社員として働く外国人は「会社がちゃんとやってくれるから、(医療保険の問題も) 大丈夫ですけど」、そうでなければ「外国人が医療保険

に入るのに、たぶん、毎月、10万ウォン（約1万円）ぐらい出さないとダメなんですよ」。「10万ウォンぐらいだったら、ちょっと大きいお金でしょ」（G4）。

Gさんが2010年5月に韓国から延辺に一時的に帰省すると、中国に、各人が毎月の保険料を支払って保障を受ける公的な社会保障制度が普及し始めていた。2008年に延辺で手術をした際に大金を使ってしまったGさんは、すぐさま加入を決め、夫婦ふたり分の加入手続きを「ぱっとやりました」（G5）。

5年間有効のH-2ビザの有効期限がきて、2012年4月に延辺に戻ると、子どもは小学3年生（9歳）になっていた。祖父母に養育されたGさんの子どもは、今も「おばあさんが大好き」である。延吉に「中学は何か所かあ」り、Gさんはそのうち「一番いい中学に行かせたい」と思うが、Gさんの両親は、孫であるGさんの子どもに厳しく勉強させることはしないので、今後はGさん自身が育て、「ちゃんと勉強させるようにしてあげないと」いけないと考えた。「子供が勉強しなくて、外でうろうろしている学生も増えてきました。親は教育熱心でも、その重要な親がいないんですから」。

Gさんの子どもの担任教師は、Gさんの子どもの「朝鮮語」と「数学」のテストでの得点が十分でないので塾に通わせるように勧めた。Gさんの子どもは、数学のテストでは90点台前半、朝鮮語では80点台後半の点数を取るが、クラスの他の子どもたちは90点台後半の点数をとるとのことであった。「担任の先生が、学院（＝塾の意味）に行かせていますか？と言うから、行かせていません、と言ったら、行かせてください、って言うんです」。Gさんは子どもを「読書学院」「数学学院」「美術学院」の3つの塾に通わせた。それぞれ月謝は約300元である。「読書学院」では、「先生」について本を読み、その内容を理解したり、日記を書いたりする。「朝鮮語」科目の点数を伸ばし、作文が上手になることを期待して通わせている。

Gさんは延吉で韓国へ出国する手続きを代行する会社で事務の仕事を見つけたが、月給は2,000元であり、それだけはとても生活できないので、韓国

にいる夫が送金してくれる月5,000元が毎月の生活を支えた。特に家計を圧迫しているのが子どもの塾代はじめ教育関連の費用である。Gさんは、旧正月、3月8日（婦人節、国際婦人デー）、9月10日（教師節）の折りに、子どもの担任教師に個人的に300元程度のお金や韓国の化粧品などを贈っている。それは公にはできないことではあるが、しかし一般的に行われていることであり、必ずしなくてはいけないことではないものの、Gさんとしては、担任教師の子どもに対する心証を良く保つために「しなくてはならない」ことと考えている。渡す金額を、300元よりも、より少なく、例えば100元程度にするのはどうかという筆者の問いかけに対しては、毎月のことでもなく、年に何回かのことであるのに、わざわざその程度の金額を渡せば、かえって印象が悪くなりかねないので、むしろ渡さないほうがいいぐらいである、と言う。また、教員という仕事は、出稼ぎに行くのに比べて給料がよいとは言えないのに、自分のこどものために毎日心を砕いてもらっているのだから、感謝を表したいという気持ちもある、と言う。

　韓国にいる夫との連絡は、カカオトーク（Kakao Talk）で行う。カカオトークは、2010年に韓国企業カカオ社によってリリースされた、スマートフォン用の無料通話およびメッセンジャーのアプリケーションである。初年度の2010年だけで1000万人の加入者を集め、2012年6月には登録ユーザーは5000万人に達し、同種のアプリケーションのなかで、韓国で最も普及しているアプリケーションのひとつとなった[7]。このカカオトークを使って、夫婦は簡単なメッセージを直接会話をするように頻繁にやりとりするほか、Gさんは頻繁に子どもの写真を夫に送って子どもの様子を見せてあげた。

　2013年4月に、夫が韓国ビザの期限がきて延辺に戻ると、今後は出稼ぎには行かずに夫婦で延吉で商売を始めることにした。子どもが生まれてから10年目にして初めて親子3人での生活が始まった。しかし、将来を考えるとGさんは不安になる。「自分たちは公務員でもないし、1か月何元もらえるという（サラリーマンのような）職業でもないし、自分で商売をやらないといけない立場だから、いつも不安」。「老後を考えてみたら、やっぱり保険

をかけるんです。自分の保険、子どもの保険、旦那さんの保険」。「あと子どもが大学入るときはどうするか。それも考えないとね。あと、私みたいに留学させてくれって子どもが言ってきたら、わたしみたいに借金して行くのはちょっと・・・。子どもが留学したいって言ったら、学費とか全部出してあげて、ちゃんと勉強できるようにしてあげたいんです。私みたいにお金稼いで、返しながら勉強したら、大変だから」。

　2013年夏に、夫婦は延吉市内で飲食店を始めた。夫の姉夫婦は夫婦とも韓国で就労している。姉夫婦には高校生の子どもがおり、韓国に行くにあたって、子の養育を担任教師に依頼した。担任教師に下宿代を支払い、その子は担任教師の家で同様の境遇の子どもたちと同居しながら高校を卒業した。思春期の難しい時期にあって、その子は担任教師の家を「脱走」（＝家出）したこともある。Ｇさんはその子に、何か手に職をつけさせようと、韓国の専門学校に留学させることを検討したこともあったが、高校卒業後、その子はとりあえずＧさん夫婦の飲食店で手伝いをしている。

　②　Ｈさん（1979年生）

　延辺（エ）市出身。男性。朝鮮族高校３年生のときに、通っていた高校で、複数の日本の日本語学校が学生募集を行った。留学費用の関係で、そのうちの、地方都市にある１校に応募したところ、合格し、高校卒業後の1998年に就学生として来日した。父は既に亡くなっており、渡航費用は兄が負担してくれた。日本語学校を経て、2000年４月に大学に入学した。

　就職活動の時期になると、「いくら考えても、僕は、個人的に、やっぱりいつかは中国に戻るから、大学を卒業して、日本じゃなくて、中国の大都会、上海とか北京に行ってみようかな、そこから仕事を始めてみようかな、という考えを持っていて、そうしました」。2004年から2010年12月まで上海の日系企業で働いた。

　上海での務め先を辞めた契機は、2010年の年末に帰郷したときに、韓国で働く友人に会い、その職場に誘われたことにある。上海での生活が長くな

り、「いやではないけど」「しんどい」と思うようになっていた時期で、また「韓国でも生活してみようかな」という気持ちも生まれ、上海の職場を辞め、韓国へ渡った。Hさんが持つ韓国のビザはF-4（在外同胞）ビザである。朝鮮族で4年制の大卒の学歴を持ち、「それを証明できる者」であれば「みんなこのビザを持てるはず」である。

　韓国の会社で働く頃、幼馴染の朝鮮族女性と韓国で再会し、2011年から交際を始め、一緒に暮らすようになった。恋人と暮らした部屋は、入居時の保証金が200〜300万ウォン（約20〜30万円）ほどで、家賃は月25万ウォン（約2万5000円）だった。恋人とは1年半ほど交際したが、彼女が親戚のいるアメリカに行ってしまい、カカオトークでやりとりしながら遠距離恋愛を継続したが、「こっちのほうが昼のころには、向こうは夜。夜になったら、こっちは昼。ぜんぜん時間が」合わず、連絡が疎遠になっていった。通信技術が発達した時代にあって、「メッセンジャーもあるし、連絡はできるんだけど、連絡だけの問題ではないんですね。だから僕から話しました。こんなのお互いにつらいから、あなたも、いい人をそっちで見つけたほうがいい、って」。

　2012年10月に会社を退職した。「あまり日本語も使う機会もないし、中国語も全然話す機会もなく」、「年はどんどんとっていくし。それだったら、貿易に近い会社を探してみようかな、って思って、辞めたんですよ」。しかし、次の就職先を見つけるのは「簡単な問題じゃなかった」。「一番就職が難しい時代じゃないですか。僕がいくら履歴書を出しても、韓国人もいっぱい応募しているわけなんだから、その人と平等に競争して面接を受けることになるから。会社を辞める前に次の会社を確保しておいたらよかったな、って」。

　2013年3月に日系商社に採用が決まるまでの就職活動の間は、貯金を切り崩しての生活となり、生活費を切り詰めざるをえなかった。Hさんは恋人と一緒に暮らしていた部屋を引き払い、より安価な簡易宿泊施設である고시원（考試院）に引っ越した。고시원（考試院）は、もともとは国家公務員を

目指す者、特に地方出身の志望者がソウルに出てきて採用試験の勉強だけに集中する生活を送ることを目的とした簡易宿泊施設である。2～3畳の狭さの各部屋には、机やベッドといった最低限の設備のみが置かれ、保証金などは不要である。

　当座の生活費を稼ぐために工場労働のような仕事をしたかったが、「ビザの問題で」働くことができなかった。大卒に限定されて発給されるF-4（在外同胞）ビザを持つ者は、単純労働に従事することができない。「H-2（訪問就業）ビザで、事務を希望するのはダメですよ、っていう決まりがあって、逆にF-4のビザを持っている人は、生産職に勤めるのはダメ。だから、選択肢が少ないんですね。F-4を持っていたら、必ず事務職だから、仕事を探すのもひとつの制限の中で探すんだから、たいへん」。

　就職活動の末、2013年3月から日系商社で働いており、現在は、会社のある地区の、月35万ウォン（約3万5000円）の고시원（考試院）に移って暮らしている。会社のある地区は不動産の家賃が高く、고시원（考試院）であれば、その地区の割には安価で保証金も必要ないので手軽である。独身で仕事も忙しく、帰ってもただ眠るだけであるので、고시원（考試院）での暮らしに不便を感じていない。出張、特に中国への出張が多い。中国に行くとホッとする気持ちがするので中国への出張自体は頻繁でもかまわないのだが、急に出張が決まることが多いので精神的にいつも余裕が持てない。商社で働くということは、このように大変な仕事だったのかと感じている。Hさんは、悩んだ時やつらい時は家族を思ってそれを乗り越えようとする。

　「しんどいときは、家族を思えば、それが力になる、っていう考えを持っています。たまに、人（ひと）って、スランプに落ち込む場合があるじゃないですか。そんなときに、ああ、お母さん元気だろうか、お兄さん、やっている事業は上手くいっているだろうか。そう思えば、私にも家族がいるから大丈夫だよ、がんばって乗り越えていくんだよ、っていう思いが力になっていく。ひとつの、동력（動力）、dong li（動力）になるんですね」。「私が家庭を持っていたら、自分の家庭が一番になるわけなんですが、今、結婚でき

ていなくて、まだ、お兄さんとお母さんのことが一番上。思いが一番上」。

　もし結婚したら、相手によって、また今後の人生計画も変わってくると思うが、今のところ、将来は故郷に帰りたいという気持ちがある。「国民年金っていうのはあるんです。給料の中から毎月とられるんです。僕もこれを取られます。僕も今までずいぶん高い金額でとられました。僕は年をとったら中国に帰るから払う必要ないです、って、普通、常識で言いますよね。でも、それは認められないんですよ。あなたが給料をもらっている以上、これは一応、法律なんで、みんな払っていますよ、って。」「（払ったのに年金を）もらわなかったら損ですね。だから、問い合わせは殺到しているみたいです。僕も調べました。ビザの種類によってもらえることができるんです」。「私が持っているF-4ビザに関しては、韓国人と同じく60歳になったらもらえますよ、ただ、その人が韓国を去ってもそれは返しませんよ。なんでこんなふうにわけるんですか？って言っても、それは決まっている、今の段階で決まっている法律だから、もうしかたありませんよ、っていう答えが返ってきました」。「どう表現すればいいですかね、억울합니다（無念です、納得できません、やりきれないです）」(H1)。

　「中国に職がなければ、（中国でもらえる老後の年金は）ないんですよ。今、それに対して、みんな、どんなふうにしているか、というと、保険みたいなのに入りますね。民間の保険に入ったら、年が50とかになったら返しますよ、っていう商品ですね。保険商品みたいな。やっぱり不安ではないですか。ひと月200元とか払えば、一応もらえるから、その商品にはいるわけなんですよ。」(H2)

第3節　小括

（1）　制度と生活実態

　Gさんの場合は、韓国で公的な医療保険に加入していなかった（G3）。朝鮮族が韓国で医療保険に加入しない背景として、①中国内にいた時に、掛け

金を払って医療保障を受ける医療保険制度の経験がない、あるいは少ない（G1）、②韓国の公的医療保険の保険料（の金額）が出稼ぎ労働者にとって負担となる金額である（G4）、ことが考えられる。しかし、Gさんは1999～2003年を日本で過ごしており、入院も経験した日本生活のなかで、掛け金を払って医療保障を受ける公的な医療保険制度について不慣れであるケースには該当しない。公的医療保険制度の意義や恩恵を知るGさんが、出稼ぎ者にとって保険料が負担であったとはいえ、なぜ韓国の医療保険に加入しなかったのであろうか。

いつまで日本で働き続けるか未定なまま暮らした日本生活と異なり、Gさんの韓国生活は、保持するH-2（訪問就業）ビザの有効期限の関係で滞在期限は最大でも5年間と決まっていた。韓国生活の5年間の間に、中国に各人が保険料を支払って保障を受ける社会保障制度が普及し始め、Gさんは、2010年に一時的に帰郷した際にそれに加入している（G5）。

中国では社会保障制度改革が急ピッチで進められており、1999年から社会保障カード（健康保険証や年金手帳などの社会保障機能が一体化したカード）の発行が始まり、2013年12月時点で全国で所持者は5億900万人に上る[8]。中国の公的医療保険制度は、公的な保障制度でありながら、強制加入と任意加入が混合している。すべての国民が強制加入の対象ではなく、都市部労働者（公務員を含む）のみが強制加入の対象者となっており、都市部の自営業あるいは無職者、農村地域住民は任意加入となっている。中国の戸籍は都市戸籍と農村戸籍に分かれており、両者は異なる社会保障制度の適用を受ける。都市戸籍を持つ企業従業員を対象とする都市従業者医療保険制度（1998年）、農村戸籍者を対象とする農村合作医療保険制度（2003年）、そして都市非従業者向けの都市住民基本医療保険制度（2007年、Gさんの場合はこの保険に該当）により、制度上はすべての国民をカバー出来る状態になった[9]。

2010年に中国で社会保障制度に加入した当時、Gさんは韓国在住であったのにも関わらず、韓国の公的な医療保険に加入せずに、中国の保険制度に

加入したことになる。子どもを中国においてきていることや、ソウル・延吉間を結ぶ直行便が就航していることもあって、1年に1回は中国に戻っていたGさんは（G2）、おそらく韓国で大きな病気になった場合は中国に帰国することにしたであろう。そのために、韓国の医療保険に加入しなかったのではなかろうか。

　Hさんの場合は、保持しているビザが4年制の大学の卒業資格を持つ者に発給されるF-4（在外同胞）ビザであるために、将来の帰国時に、韓国で支払った年金の掛け金の返還を受けることができない（H1）。本章第1節で見たように、H-2（訪問就業）ビザを持つ場合には、帰国時に、韓国で支払った年金の掛け金の返還が受けられる。韓国と中国との間に社会保障協定が結ばれていても、移動者・移民の視点に立ってみれば、このような制度上の不備が存在している。現在、韓国が中国との間で結んでいる社会保障協定によると、保険料の二重払いは免除期間が設けられているものの、加入期間の合算はない。

　HさんのF-4（在外同胞）ビザは有効期限がくれば更新が可能であり、現在、未婚であるHさんは、いつまで韓国で働き続けるか、いつ中国に帰国するか、韓国に永住するかどうかは、将来結婚する相手によってその決断が変わると考えている。現時点では、Hさんは、将来的には中国に帰ることを希望しており、中国に帰ることを予定している朝鮮族たちのうち、中国で公的年金を受け取れない者たちは、中国での老後生活に備えて民間保険会社の年金保険商品に加入していることを知っている（H2）。

（2）　トランスナショナルなコミュニティの内実

　社会保障のテキストを見ても、社会保障について、「誰もが承認する定義を下すことは容易ではない」としている。しかし、現実には、社会保障を「国家の責任において、すべての国民に最低限の生活の保障をめざすもの」とする理解が支配的であってきた（足立1993、pp.1-2）。

　社会保障は人びとの生活形成に国家が一定の範囲において強権的に介入す

ることを内容とする。足立は、このような制度が導入されねばならなかった根拠を理解するためには、社会保障を生み出し、それを組み込んだ経済社会体制、さらにはこの体制を支えたわれわれの時代そのものを視野に取り込まなければならない、と述べる。人類史的にみるならば、われわれの生きている時代は、近代、しかもその末期に属しており、近代という時代の最大の特徴は、あらゆる拘束からの個の解放にある。個人が自立的で完結した存在とされ、さまざまな共同体はその存在の根拠を奪われた。家族や村落共同体といった中間の共同体が衰退の一途をたどり、個人は中間の媒介なしに直接国家権力と対面することになった（足立1993、p.8）。

近代における共同体の解体、特に、家族の縮小・解体は、家族が果たしていた生活上の諸機能——例えば高齢者の介護、育児、教育、病人の介護といった機能——のかなりの部分が、いずれは市場によって代替されるか、それが困難な場合には社会化されねばならなくなることを意味している。家族に代わって市場が十分に引き受けることができなければ、それに対応した社会的制度が必要となる（足立1993、p.10）。

社会保障が提供する保障の内容は、人びとが生活を営んで行く上で遭遇するさまざまなリスクに対する対応であり、傷病、障害、失業、労働災害、職業病、老齢、遺族、孤児、離婚、多子、出産、公害、自然災害、戦争、貧困などがある。社会保障が展開するなかで、そのカバーするリスクの範囲はたえず拡大し、今後もさらに拡大すると予想される。しかも、これらのリスクのすべてとまったく関係せずに一生を送る人はありえず、社会保障の対象はすべての国民に、さらには一定の範囲で外国人にも適用される場合には、特定の地域に居住するすべての人に拡大される。給付の担い手も、今日ますます多様になっており、国家（の委託を受けた公共団体）のみならず、地域社会やボランティアといったインフォーマルな団体が不可欠の貢献を行い、企業もまた年金や医療に限らず地域福祉の面でも社会保障に組み込まれている。とりわけ老後保障の需要が高まるにつれて、民間保険会社の私的年金や企業年金といった私的制度が国民の生活保障に大きな役割を果たすように

なってきており、公的当局もすべてを引き受けることができず、それらに期待せざるを得ないのが現実である。こうして、社会保障の専門家であっても、誰が誰に付与する保障を社会保障と呼ぶのか、社会保障がカバーするリスクは何か、を含めて、「どこまでを社会保障ととらえるべきかは、ますますあいまいとなっている」という（足立1993、pp.13-15）。

そのような現代における社会保障の「あいまい」さの深化のなかで、本書における朝鮮族の事例から、彼らの社会保障をみてみると、家族の縮小・解体が社会保障制度の導入の契機となり、ひいては「国家の責任」において「すべての国民に最低限の生活の保障を」付与する契機となったこととは逆のベクトルが作用しているように思える。すなわち、いずれの国家も、移動を繰り返す彼らの生活領域のリスクに、十分な保障を付与してはくれない現状の中で、その不足は、ひとつには分散する家族の紐帯によって補われ、ひとつには市場によって「引き受け」られている。換言すれば、行政区界ごとに断ち切られる社会保障をつなぎ直し、彼らのトランスナショナルなコミュニティを形成する朝鮮族の場合、分散家族が、家族の解体どころか、社会保障の不在部分でひとつの役割を果たしている。

〈注〉

1　この『平成24年版　厚生労働白書－社会保障を考える－』によると、日本はOECD各国の中で65歳以上人口の割合が最も高く（22.7%）、15歳以上65歳未満人口の割合が最も低い（63.9%）。
2　ただし厚生省は、アメリカ人にだけはそれへの加入を認めた。その理由を「日米友好通商航海条約」（1953・10・30発効）第3条の「相互内国民待遇」の規定を根拠としている（吉岡1995、p.178）。
3　在日外国人が老齢年金の受給資格をめぐって訴訟を起こした初めての例としては、1979年、11年間国民年金の保険料を払いながら、「韓国籍」を理由に老齢年金の支払いを拒否された在日韓国人が、老齢年金の受給資格の確認を求める訴えを東京都地裁に起こした（『毎日新聞』1979年7月21日）。
4　韓国国民年金公団『2013년 알기 쉬운 국민연금 사업장 실무안내』2013年度

版および 2016 年度版のうち「第 3 節　外国人加入者管理」を参照した。
5　厚生労働省ホームページ：ホーム＞政策について＞分野別の政策一覧＞年金＞年金＞日本年金機構関係＞海外で働かれている皆様へ（社会保障協定）、閲覧日：2016 年 6 月 19 日。
6　韓国国民年金公団『알기 쉬운 국민연금 사업장 실무안내』2013 年度版、2014 年度版、2016 年度版を参照した。
7　"Kakao Talk Daily Traffic Hits 3 Billion", Jul. 27. 2012, Chosun Ilbo（『朝鮮日報』web 英語版）。
8　人民網日本語版、2013 年 12 月 13 日。
9　塔林図雅（2013、pp.145-146）、および、独立行政法人労働政策研究・研修機構ホームページ、Home ＞海外労働情報＞国別労働トピック＞ 2013 年＞ 7 月＞中国。

終　章

　本章（終章）では、まず、ここまでの各章で明らかになったこと、および、本書全体を通じて明らかになることをまとめ、さらに、本書がトランスナショナル・リレーションズ研究に対していかなる理論的貢献をなし得るかについて言及する。

　まず、ここまでの各章で明らかとなったことをまとめる。第2章「理論的整理」では、既存のトランスナショナル・リレーションズ研究は、人の移動を研究対象に包摂する可能性を持ちながら、実際にはそれをなしえてこなかったこと、そして、国際場裡で活動するエスニック・グループをトランスナショナル・アクターとして取り扱ってこなかったことを見た。トランスナショナル・アクターとして取り扱われてこなかったエスニック・グループの、トランスナショナルな活動に注目したのが「地域」に関する研究である。そこでは、移民ないし移動する人々は地域化を推進する勢力とされる。そして、地域のなかに大小さまざまな規模で生まれている下位地域の実態を検討しようとするとき、その域内で活動する行為体の観察が必要で、移民ないし移動する人々は、地域に「トランスナショナルな社会空間」を作る担い手とみなされる。その「トランスナショナルな社会空間」の成立と維持を下支えする、移民たちのトランスナショナルなコミュニティは、国際場裡における新たな空間形成の動きとして取り扱われていくようになるが、その新空間は現時点では国際場裡において独自の「ポリティ」としては存在し得ていないとの批判的な指摘もなされている。そして、2000年代以降、移民の問題は、「移民のセキュリタイゼーション」（移民の安全保障問題化）の議論が強まっていることと相まって、社会保障や福祉政策の分野で国際的イシューとしてクローズアップされている。しかし、往々にして国内にいる外国人をいかに処遇するかという議論に傾き、「移動する人の側からの議論」は不在である。

上記の理論的な整理を受けて、本書は、地域化を推進する勢力のひとつとしてエスニック・グループをみなす立場から、主として日本滞在経験を持つ中国朝鮮族に関する事例研究を行い、その移動と生活世界の理解することを研究目的とする。本書は、そうした目的にのっとって、不在であってきた移民の側からの視点に着目し、彼らの社会保障の問題に特に留意しながら研究調査を進めた。

　第3章「日本在住の朝鮮族に対するアンケート調査」では、日本に暮らす朝鮮族に対するアンケート調査（量的調査）を用いて、彼らの移動と生活を把握しようと試みた。2001年、2011年、2015年の合計3回にわたって調査を重ねるたびに、それぞれの回の回答者集団は、年齢が高くなっていっており、かつ長期滞在者が多くなっている。また同時に、来日して5年に満たない者を含んでいる。日本の朝鮮族コミュニティは、日本にますます長期滞在者を含みながら、同時に、常に新参の来日者を迎えていると考えられる。

　アンケート調査の結果から、日本への移動に、朝鮮族同士の紐帯、すなわちエスニック・ネットワークが利用されており、それのみならず、日本での暮らしにもエスニック・ネットワークが利用されていることが明らかとなった。また、日本への移動には、中国の朝鮮族学校（民族学校）における外国語教育のなかで日本語が学ばれてきたことが背景となっていることが明らかとなった。

　第4章「移動と中国の社会保障」および第5章「移動と韓国の社会保障」では、生活史の聞き取り調査の手法を用いて、朝鮮族が中国から日本・韓国に移動した場合の社会保障状況を取り扱った。そこでは、移民の社会保障を保護する制度上の不備と朝鮮族の対応を明らかにした。彼らの移動は、そのときの各人のライフ・ステージおよび社会保障状況と切り離しては考えることができない。彼らは単に経済的な理由のみによって移動するのではなく、いずれの国家も、移動を繰り返す彼らの生活領域のリスクに十分な保障を付与してはくれない中で、家族全体の社会保障状況を勘案して、移動するかしないかを決定し、移動後の生活について諸般の工夫を講じる。このことは、

プッシュ・プル理論など経済的要因から移動を説明してきた従来の移動研究には見られない、新たな知見である。制度上の不足は、ひとつには分散する家族の紐帯によって補われ、ひとつには市場によって引き受けられていた。

　以上が各章のまとめであり、次いではこれを踏まえて、本書全体として明らかとなることを述べる。本書における実証的な事例研究を通じて明らかになることには、その内部でどれほど地域化が進もうと、大小さまざまな規模の下位地域は、その空間内部において国境をはじめとする行政区界で小分けに区切られているという現実であり、同時に、そのような国境の壁を跨いで地域化は進み、ひいては下位地域は地域としての実体を具現化していくという事実である。朝鮮族の事例からは、国際社会を構成する基本単位とされてきた国家を跨いで生きることの難しさが改めて浮かび上がり、それと同時に、そうした困難を乗り越えて日常を生きる移動者・移民の工夫、すなわちトランスナショナルなコミュニティに生きる人々が、国際的な社会保障の枠組みの不在や不備を補いつつ国境を越えて移動先を自ら選び取っていることが明らかとなった。

　日本で暮らす私たちが、行政区界を跨いだ居住地の選択と移動を想像してみるならば、まずは国内移動を念頭においてみるとよいだろう。日本に暮らす私たちは、そのときそのときの状況に応じて、自らが住む場所や生きる場所を選び取っていく国内移動の存在をありふれて知っている。子どもを持つ予定の共働きの夫婦が新居の場所を検討する際に保育サービスの充実している自治体を選ぶことや、学区制が存在するために、子どもを持つ家族が新居の場所を検討する際に、子どもを入学させたいと希望する公立学校の学区内に転居することは、しばしば耳にするところである。また、就職先となる民間企業が少ない地方の高校生は、将来の就職先として地元での公務員を希望する場合は、地元の大学に進学するが、民間企業への就職を希望する場合ははじめから県外の大学への進学を検討する。そのときに、全国に均等に散らばって移動していくのではなく、先輩や親族が多くいる他県へ集中して進学していく[1]。老齢になれば、退職時の蓄え、受け取ることのできる年金額、

誰のどのようなサポートが受けられるかに応じて、どこでどのような老後生活を送るかを決定する。自治体の境界を越えて、私たちは、そのときそのときの居住地を自ら選び取って生きている。朝鮮族はこのような選択を国境を越えて行っている。移動元と移動先は国境を越えて連携しているので、トランスナショナルなコミュニティのなかであれば、国境を跨いでいようとも、そのとき生きる場所の選択は国内移動さながらに行われる。

　しかし、トランスナショナルなコミュニティは、国際場裡において独自の「ポリティ」として存在しているわけではない。かつ、移民の社会保障を保護する国際的な枠組みも整っていないため、国境で区切られる各国の制度を跨いで生きることになる。そのため、移動者・移民は生活上の不便や不利益を甘受しており、それゆえに本書で見たような移動者・移民の生きるための工夫がみられるのである。

　このような工夫によって彼らの生活が成り立っているという事実から改めて明らかになることには、人々の生活空間におけるガバナンスはガバメントによってのみ形成されるものではないということである。このことについて、初瀬（2004）による整理が参考になる。初瀬は、ガバナンスを「政府という組織的でフォーマルの枠組みに、非組織的あるいはインフォーマルな枠組みが加わって、政治的な価値配分や意思決定を行うこと」と定義し、レジームを「社会的課題の解決、運用について、行為者間で共通の了解に至ったルール、規範、慣習の集合」と定義付けた上で、在日アジア人の場合を例に、①「国際移動のガバナンス」と②移動後の「滞在のガバナンス」とを考察している。①「国際移動のガバナンス」は、（イ）各国が管理する「出入国のガバナンス」に加えて、（ロ）非合法ブローカーや家族、親戚、同郷者などで形成する移動のための私的ネットワークなどによって「統治機構なしのガバナンス（governance without government）」が展開されている。②「滞在のガバナンス」では、（ハ）受入国の法と社会政策レジームを中心としながら、（ニ）自らの生活と人権を保障するための外国人自身のイニシャティブ、それを支え協働する当事国市民のイニシャティブ、（ホ）外国人が

住民となっている地方自治体の行政レジーム、（ヘ）国際人権レジーム、が、ひとつのまとまりをもった複合体となって、移動先での生活・人権保障体制としてのガバナンスの機能を果たしている。本書で得られた知見から、上記の初瀬の整理に補足を加えることができることには、まず、移民のネットワークは移動のためにのみ用いられるのではなく、移動先での生活を支える機能をも持つことである。もちろん、初瀬による「移動のガバナンス」と「滞在のガバナンス」の整理は、日本に定住するアジア人の事例からなされたものであって、トランスナショナルなコミュニティに生きる者を念頭に置いてなされたものではない。そこで、定住外国人の場合ではなく、トランスナショナルなコミュニティに暮らし国際移動を繰り返す朝鮮族の場合について、初瀬が述べる定住外国人の場合と比較して検討を行ってみると、朝鮮族たちの生活領域のリスクに、いずれの国家も地方自治体も十分な保障を付与し得ず、そのための国際的な枠組みも整ってはいないことが指摘できる。トランスナショナルなコミュニティにおける「滞在のガバナンス」においては、国境を跨いで分布するコミュニティの構成員たちが、自らの生活と人権を保障するために、互いに支えあい協働しあって発揮するイニシアティブが、より大きな部分を担っているといえよう。

　そして、日本における年金受給資格期間の25年から10年への短縮という制度改正の例を見ても、自国民の暮らしのためのガバナンスは外国人のそれと不可分の関係にあることがわかる。おそらく、国家、自治体、身近なコミュニティなどの様々なレベルにおいて、自国民にとってセーフティーネットが拡大されて暮らしやすい社会とは、外国人や移民、移動する人々にとっても暮らしやすい社会につながっており、外国人や移民にとって暮らしやすさが向上することは自国民のそれにもつながっている。

　筆者は、これまでも今後も日本で働き、日本で老後生活を送るであろうから、この制度改正は、筆者にとっては影響の少ない変化であるように思う。老後生活を送るのに十分な金額の年金を受け取るためには、引き続き長期間の加入期間を確保しなくてはならないことは結局変わらないであろうからで

ある。しかし、この制度改正によって、国内の何万人という無年金の高齢者が新たに受給資格を得ることになる。のみならず、この制度改正は、日本における10年の就労ののち、他国へ移動するかもしれない、そして再び日本で老後生活を送ることになるかもしれないことが人生の選択肢のひとつに入る朝鮮族にとっても朗報であることは疑いを入れない。朝鮮族の場合、第4章で見たAさん一家の事例のように、親の日本滞在のために日本生活に馴染んだ子どもが、いったん他国へ移動しても、長じて日本で就労者になる場合がある。今、延辺では、子弟をはじめ家族が海外で暮らしているために、単身での生活が困難になると「老人院」に入居する高齢者が急増している。老人院が不足し、新たな老人院が多く建設されているが、費用が高く躊躇する家庭も少なくない。日本語のできるAさん夫婦には、子どもが日本で就労している以上、日本で子どもと同居をして日本で老後を送るという選択もあり得る。

　最後に、本書がトランスナショナル・リレーションズ研究に対していかなる理論的貢献をなし得るかについて述べる。第2章で述べたように、T. リセ＝カッペンは、非国家アクターと国内政治構造、非国家アクターと国際制度との関係を明らかにする手法で、トランスナショナルな関係が国際社会において持つ意味や、国家の政策に対するトランスナショナルな活動の影響力を検討しようとした。そして、かつてのトランスナショナル・リレーションズ研究と同じ轍を踏むのではなく、「国家間世界がいかにトランスナショナルな関係の"社会世界"（society world）と相互作用するのかを研究する」ことこそが、冷戦後に再興したトランスナショナル・リレーションズ研究がなすべき「有益」な作業であると主張していた（Risse-Kappen, 1995）。ただし、リセ＝カッペンが取り上げた非国家アクター自体は、旧来から非国家アクターとして取り上げられてきたもので、「自己の日常生活にあくせくする市井の」人々からなる集団であり、国際社会における完全なアクターたり得るのか今なお論争的であるエスニック・グループについては、その国際移

動が議論の俎上に上ることはなかった（平野 1988：平野 1989：平野 1996）。

　国際移動ないし移民の問題を国家の側から考えるとき、移民の送り出し国は、自国の重要なメンバーでもある国外の自国民に対し管轄権を行使できないという問題を抱え、そして、受け入れ国では、自国の権限の範囲内でどのように移民に対処し、管理すべきか、という問題を抱えている。高橋は、このような送り出し国・受け入れ国双方の国家側の抱える課題の解明と同時に、これまで不在であってきた「移動する人の側からの」視点による研究の必要性を訴えていた（高橋和 2014、p.65）。送り出し国・受け入れ国双方の国家側の抱える課題とは、換言すれば、国家間世界における移民をめぐる課題である。本書は、このような国家間世界における移民をめぐる課題と同時に、移動者の視点からトランスナショナル・コミュニティにおける人々の生活上の諸問題を論じた。このようなことが可能になったのは、国家間世界とトランスナショナル・コミュニティが、空間的に重なり合って存在し、しかし異なる次元のガバナンスで相互に作用しあっているからである。

　柑本は、欧州の事例から、マルチレベルガバナンスについて、国家スケールから入れ子状に収まる、従前の固定的な境界における「ガバメント中心の議論」であることに異議を申し立て、国家スケールに入れ子状に収まらない、様々な下位地域で機能している、実際の「ガバナンス」のありようを探究すべきであり、そのために、その「実態・制度・行為体」を観察すべきと主張した（柑本 2008、p.11）。

　本書は、朝鮮族の事例から、国家側が抱える課題を解明すると同時に、「移動する人の側からの」視点による研究を求める高橋の要請、および、国家間世界と「トランスナショナルな関係の"社会世界"（society world）」の相互作用の研究を求めるリセ＝カッペンの要請に応じるものであり、また、国家スケールに入れ子状に収まらない、北東アジアの下位地域で機能している実際の「ガバナンス」の一側面を明らかにするものであると考える。

〈注〉

1 例えば、東北地方の若者が日本各地の大都市へ均等に散らばって移動するのではなく、東京に集中して移動することについて論じた、石黒ら（2012）の研究がある。

あとがき

　私の名前は、美花（みか）という。平凡な日本人家庭に生まれ育った、ごく平凡な日本人であるが、朝鮮族研究をするにあたって、この名前のおかげで得な思いばかりしている。
　私の誕生日は３月３日（ひな祭りの日）であり、この日は、日本の家庭では女児の成長を祝って、ひな人形と桃の花を飾る。両親は、桃の節句に生まれた女児なので、いったんは「桃子（ももこ）」と名付けようかと思ったそうである。「〜子」という名前は日本人女性の典型的・一般的な名前であってきたが、そのころ、「〜子」以外の多様な名前をつけることが流行するようになっていたので、「〜子」ではない名前をつけようと思いなおし、３日（みっか）生まれにちなんで「みか」という名前にしようと決め、その漢字は、桃の「花」の節句にちなんで「美花」としたらしい。
　このように、両親としては、新しくも日本的であると思って名付けた名前であったが、これが、実は、朝鮮民族の女性の、最もありふれた名前のひとつであった。延辺では、とにかく、どこに行っても、金美花さん、朴美花さん、李美花さん、あまたの「美花」さんがあふれているのである。あるとき、ひとりの朝鮮族にインタビューを申し込んだときに、まずは私のことを覚えているかどうかを確認したところ、開口一番、「はい、宮島先生のことは忘れもしません。日本人なのに、私の姉と同じ名前の、美花（ミファ）ですから」と言われた。そして、続けて「自分なりに一生懸命生きてきた私の経験が、美花先生の朝鮮族研究の助けになるのなら、私にとってもうれしいことですから、喜んで」と申し出を快諾してもらえたときには、改めてこの名前をありがたく思ったものである。
　少なくない朝鮮族が、「宮島さんが、平凡な日本人でありながら、朝鮮族女性にありふれた名前を持ち、かつ、朝鮮族研究に従事しているのは、まさ

に運命のめぐり合わせですね」と言う。本書は、このような幸運なめぐり合わせのなかで、私がここ20年ほど行ってきた研究の、とりあえずのまとめである。

　この間、多くのかたがたにお世話になった。早稲田大学大学院政治学研究科修士課程に在学中においては、大畠英樹先生（国際政治学）からご指導をいただいた。トランスナショナル・アクターとしてのエスニック・マイノリティという着眼点を大畠先生からご指導いただいたことが、本書の土台になっている。

　早稲田大学大学院社会科学研究科の博士後期課程では、多賀秀敏先生からご指導いただいた。多賀研究室でともに学んだ堀内賢志先生（現静岡県立大学）が、御著書『ロシア極東地域の国際協力と地方政府』（国際書院、2008年）のあとがきで的確に評するように、多賀先生は、「環日本海圏構想」の主導者のひとりであり、「フィールドワークに基づく確かな現実認識から、厳密かつ大胆な論理の積み重ねによって『アイディア』へと到達しようとする」、「優れたアイディアリスト」である。多賀研究室出身の研究者は、私も含めてみな、多賀先生の学問に対する姿勢ないしスピリットに学んで成長した。

　多賀先生が代表をつとめるサブ・リージョン研究会では、メンバーの諸先生がた、なかでもとりわけ高橋和先生（山形大学）には大変お世話になった。欧州研究の専門家である高橋先生が、私の朝鮮族研究に特段の関心を示してくださり、洋の東西を問わず移民の社会保障や福祉を保護する国際的な枠組みは整っておらず、それへの問題意識に対して普遍的な意義を見出そうとしてくださったことは、小規模な事例研究をコツコツと進めてきた私自身の大きな自信につながった。

　朝鮮族研究についてみれば、鄭雅英先生（立命館大学）が代表をつとめる朝鮮族研究のプロジェクトに参加させていただき、在日韓国人である鄭雅英先生をはじめ、メンバーの諸先生がたに大変お世話になった。メンバーは、問題意識や研究関心を共有する、在日韓国・朝鮮人、中国朝鮮族、韓国人、

日本人の研究者たちで、いつも楽しく刺激的で示唆に富む研究交流の機会をいただけたことを光栄に思う。

　学部時代から大学院以降においても、一貫して陰になり日向になり見守ってくださったのは、旧早稲田大学語学教育研究所の大村益夫先生（朝鮮文学）である。語学教育研究所の朝鮮語講座・中国語講座を受講していた私は、ご縁あって、研究所図書室でハングル・中国語図書整理のアルバイトをすることになり、そのうち、大村研究室のTA（ティーチングアシスタント）となった。大村先生のご紹介があればこそ、1996年の延辺大学留学時代に、私のような名もなき一介の学生が、延辺ではその名を知らぬ者のない鄭判龍先生や金学鉄先生にお目にかかることができた。鄭判龍先生は、当時、延辺大学韓国・朝鮮研究所の所長でいらして、所蔵資料を閲覧させていただき、また、自宅へも遊びに来るとよいと気さくにお招きくださり、明朗かつ豪快なお人柄であったことが思い出される。

　作家の金学鉄先生のお宅は、偶然にも当時の私の下宿先（河南、ハナム）のご近所だということで、サモニム（奥様）がわざわざ迎えに来てくださった。水色のパジャマ姿の金学鉄先生が──抗日戦で片足を失っておられるので、自宅ではパジャマ姿で楽に過ごしているとのことであった──、ラジオ放送を通じて、日本の最新の時事問題を非常によくご存じなことには驚かされた。私からも、今、日本で何が流行っているか、をお話しした。たしか、当時、1995年に日本公開になったばかりの米国映画の『フォレスト・ガンプ』を紹介し、トルストイの「イワンのばか」に通じる作品で、愚鈍なほどの誠実さや勤勉さが幸運を呼ぶ男の話だ、といったことを話したと思う。そこから、どう話が転んだのだったか、金学鉄先生からは、彭徳懐の人柄などについてうかがったように思う。今、思い出すと、我ながら、よくも恥ずかし気もなく、何時間もべらべらとマシンガンのように話し続けたものである。金学鉄先生は、その後、大村先生に「あんまり元気なお嬢さんで驚いちゃった」とおっしゃったとのことで、まったく面目ない次第である。

　紙面の関係上、すべての方々のお名前を挙げることができないが、これま

でお世話になったすべての方々に心からの感謝を申し上げる。

　月日は流れ、鄭判龍先生も金学鉄先生も今では鬼籍に入られた。私もふたりの子どもの親となり、その子らも高校生と中学生になった。上の広海（ひろみ）は、東洋と西洋それぞれに留学してみたいという希望があり、下の樹（いつき）は韓国に関心が強く、対照的なふたりではあるが、いずれも、母のように、学生時代に外国に留学し、外国人の友人を持ち、海外出張や海外赴任のある仕事に就きたいと言う。忙しい母親であることを常に気がかりに思ってきたが、このような考えを聞けたことは望外の喜びである。毎日、部活で汗だくになって帰宅する子らのために、今朝も、心を尽くした手料理で夕食の準備を整えてから仕事に出ようと思う。

　最後に、本書の出版にあたって、ご支援と励ましをくださった国際書院の石井彰社長に深甚なる感謝の意を表したい。また、本書の刊行にあたって、香川大学経済学会から出版助成を受けた。厚くお礼申し上げる。

　なお、本書は、以下の拙稿を下敷きとしており、それぞれに加筆修正を行ったものである。

初出論文一覧

「東アジアのエスニック・トランスナショナル・アクター」『国際政治』第
　　119号（日本国際政治学会、1998年）。

「トランスナショナル・リレーションズ研究の興隆、衰退、再生と展望」『ソ
　　シオ・サイエンス』第7号（早稲田大学大学院社会科学研究科、2001年）。

「延辺朝鮮族自治州における民族区域の制度と実情（上）」『アジア・アフリ
　　カ研究』43-3（2003年）。

「延辺朝鮮族自治州における民族区域の制度と実情（下）」『アジア・アフリ
　　カ研究』43-4（2003年）。

権香淑・宮島美花・谷川雄一郎・李東哲（共著）「在日本中国朝鮮族実態調
　　査に関する報告」中国朝鮮族研究会編『朝鮮族のグローバルな移動と国

際ネットワーク』（アジア経済文化研究所、2006年）。
「エスニック・トランスナショナル・アクター再考（1）：朝鮮族の新たな跨境生活圏」『香川大学経済論叢』第80巻第2号（2007年）。
「中国朝鮮族の国境を跨いだ生活―問題意識および調査方法（社会調査における生活史の聞き取り調査）―」『香川大学経済論叢』第84巻第2号（2011年）。
" Transmigratory Movement and Life-world of the Korean- Chinese in Northeast Asia: based on Life Histories of Chaoxianzu / Chosunjok Women", *Frontier of North East Asian Studies*, Vol.12, The Association for Northeast Asia Regional Studies, 2013.
「中国朝鮮族の移動と韓国の社会保障」『香川大学　経済学部　研究年報』No.53（2014年）。
「中国朝鮮族の移動と中国の社会保障―戸籍制度と「単位」制度から―」『北東アジア地域研究』第20号（北東アジア学会、2014年）。
「移動を説明する諸理論と、中国朝鮮族の移動・生活―日本在住の朝鮮族の事例から―」『香川大学経済論叢』第87巻第3・4号（合併号）（2015年）。
「中国朝鮮族の移動と生活―日本在住の朝鮮族へのアンケート調査から―」『香川大学　経済学部　研究年報』No.55（2016年）。
「中国朝鮮族のトランスナショナルな移動と生活―渋谷武先生追悼に寄せて―」『北東アジア地域研究』第23号（北東アジア学会、2017年）。

【参考文献】
(英語)

Akaha, Tsuneo, and Vassilieva, Anna, eds., 2005, *Crossing National Borders: International Migration Issues in Northeast Asia*, United Nations University Press.

Archer, Clive., 1983, *International Organization*, London, George Allen & Unwin.

Aron, Raymond., 1996, *Peace and War : A Theory of International Relations*, trans. Richard Howard and Annette Baker Fox, Garden City, Doubleday.

Bowker, Mike and Brown, Robin eds., 1993, *From Cold War to collapse : theory and world politics in the 1980s*, Cambridge UP.

Brown, Seyom., 1974, *New Forces in World Politics*, Washington, Brooking Institution.

Chilton, Patricia, 1995, "Mechanics of change: social movements, transnational coalitions, and the transformation processes in Eastern Europe", in Risse-Kappen, Thomas, ed., *Bringing transnational relations back in: Non-State Actors, Domestic Structures and International Institutions*, New York, Cambridge UP.

Evans, Peter B., 1971, "National Autonomy and Economic Development : Critical Perspectives on Multinational Corporations in Poor Countries," in Robert O. Keohane and Joseph S. Nye, Jr., eds., *Transnational Relations and World Politics*, Cambridge, Harvard UP.

Faist, Thomas., 2000. *The Volume and Dynamics of International Migration and Transnational Social Spaces*, Oxford University Press.

―――――, 2006. "The Transnational Social Spaces of Migration", *Working Papers―Center on Migration, Citizenship and Development*, No.10, University of Applied Sciences Bremen.

Fawcett, Louise., 1995, "Regionalism in Historic Perspective", in Louise

Fawcett and Andrew Hurrell ed., *Regionalism in World Politics: Regional Organization and International Order*, Oxford University Press.

Ferguson, Yale H., and Mansbach, Richard W., 1996, *Polities : Authority, Identites, and Change,* Columbia, University of South Carolina Press.

Gilpin, Robert, 1971, "The Politics of Transnational Economic Relations," in Robert O. Keohane and Joseph S.Nye, Jr., eds., *Transnational Relations and World Politics,* Cambridge, Harvard UP.

Hoshiro, Hiroyuki., 2013, "Regionalization and Regionalism in East Asia", *ISS Discussion Paper Series*, No. F-162, Institute of Social Science, The University of Tokyo.

Hurrell, Andrew., 1995, "Regionalism in Theoretical Perspective", in Louise Fawcett and Andrew Hurrell ed., *Regionalism in World Politics: Regional Organization and International Order*, Oxford University Press.

IOM (International Organization for Migration), 2006, *IOM policy brief July 2006: Integration in today's mobile world.*

Keohane, Robert O., 1989, *International Instisutions and State Power : Essays in International Relations Theory,* Boulder, Westview Press.

Keohane, Robert O., and Nye, Joseph S. Jr., eds., 1971, *Transnational Relations and World Politics,* Cambridge, Harvard UP.

―――――――――――――――――――, 1977, *Power and Interdependence : world politics in transition,* Boston, Little Brown.

Kleinschmidt, Harald., 2011, "Migration and the Making of Transnational Social Spaces", *CDR Quartery*, vol.2, The University of Tokyo.

Luard, Evan., 1992, *Basic Texts in International Relations,* Basingstoke, Macmillan.

Mansbach, Richard W., Ferguson, Yale H., and Lampert, Donald E., 1976, *The Web of World Politics : Nonstate Actors in the Global System,* glewood Cliff, Prentice-Hall.

Miyajima, Mika., 2013, Transmigratory Movement and Life-world of the Korean-Chinese in Northeast Asia: based on Life Histories of Chaoxianzu / Chosunjok Women, *Frontier of North East Asian Studies*, The Association for Northeast Asia Regional Studies, Vol. 12.

Nye, Joseph Jr., 1968, I*nternational Regionalism*, Boston: Little, Brown & Co.

Pempel, T.J., 2005, *Remapping East Asia - The Constructing of a Region*, Cornell University Press.

Risse-Kappen, Thomas, ed., 1995, *Bringing transnational relations back in: Non-State Actors, Domestic Structures and International Institutions*, New York, Cambridge UP.

Rochester, J. Martin, 1979, "The Paradigm Debate in International Relations : Data in Search of Theory," in Forest L. Grieves, ed., *Transnationalism in World Politics and business*, New York, Pergamon Press.

Smith, Jackie., Pagnucco, Ron., and Lopez, George A., 1998, "Globalizing Human Rights : The Work of Transnational Human Rights NGOs in the 1990s," *Human Rights Quarterly*, vol.20 (2).

Smith,Hazel, 2005,"North Korean in china : sorting fact from fiction", in Tsuneo Akaha and Anna Vassilieva, ed., *Crossing National Borders : Human Migration Issues in Northeast Asia*, Tokyo, Paris, New York: United Nations University Press..

Waltz, Kenneth, 1970, "The Myth of National Interdependence", in Charles P. kindleberger, ed., *The International corporation : a symposium*, Cambridge, MIT Press.

Warwick, Donald P.,1971, "Transnational Participation and International Peace," in Robert O. Keohane and Joseph S. Nye, Jr., eds., *Transnational Relations and World Politics*, Cambridge, Harvard UP.

（日本語）

あ

赤羽恒雄、ワシリエヴァ，アンナ編著、2006、『国境を越える人々―北東アジアにおける人口移動』国際書院。

―――、2007、「東アジアにおける非伝統的安全保障と地域協力」山本武彦・天児慧『東アジア共同体の構築1　新たな地域形成』岩波書店。

浅野慎一、2004、「中国人留学生・就学生の実態と受け入れ政策の転換」『労働法律旬報』1576号。

浅野信彦、2004、「教師教育研究におけるライフストーリー分析の視点―学校の組織的文脈に焦点をあてて―」『文教大学教育学部紀要』第38集。

足立正樹、1993、「社会保障の外観」足立正樹編著『新版　各国の社会保障』法律文化社。

安藤彦太郎、1963、「延辺紀行」『東洋文化』36号、東京大学東洋文化研究所。

い

李盛煥、1991、『近代東アジアの政治力学』錦正社。

石川一雄、1973、「書評『トランスナショナルな関係と国際政治』」『国際政治』第50号。

―――、1993、「脱国家的行為体」川田侃・大畠英樹編『国際政治経済辞典』東京書籍。

石黒格・杉浦裕晃・山口恵子・李永俊、2012、『「東京」に出る若者たち―仕事・社会関係・地域間格差』ミネルヴァ書房。

石坂浩一編著、2006、『北朝鮮を知るための51章』明石書店。

―――、2002、「越南者」和田春樹・石坂浩一編『現代韓国・朝鮮　岩波小辞典』岩波書店。

石丸次郎、2000、『北朝鮮難民』講談社。

―――、2002、『北のサラムたち』インフォバーン。

稲本守、2003、「欧州連合（EU）の『地域政策』と『マルチレベル・ガバナンス』」『東京水産大学論叢』第38号。

井上久子、1993、「韓国の社会保障」足立正樹編著『新版　各国の社会保障』法律文化社。

今村弘子、2005、『北朝鮮「虚構の経済」』集英社。

岩田勝雄、2003、「国際的労働力移動に関する諸論点」『立命館経済学』52-2。

う

植田晃次、1996、「中国の朝鮮語規範化文献に見る規範制定者の『規範語』観—文化大革命終結以降—」『国際開発研究フォーラム』6、名古屋大学大学院国際開発研究科。

え

エスカット，ユベール、猪俣哲史編著、2011、『東アジアの貿易構造と国際価値連鎖—モノの貿易から「価値」の貿易へ』アジア経済研究所。

「延辺朝鮮族自治州概況」執筆班（大村益夫訳）、1987、『中国の朝鮮族—延辺朝鮮族自治州概況』むくげの会。

お

大隈宏、1986、「脱国家アクター」細谷千博・臼井久和編『国際政治の世界—第二次大戦後の国際システム変容と将来の展望』増補改訂版、有信堂高文社。

大津定美、2008、「書評　赤羽恒雄・アンナ・ワシリエヴァ編著『国境を越える人々—北東アジアにおける人口移動』」『比較経済研究』45（1）。

大村益夫、1986、「中国延辺生活記（その一）」『季刊三千里』47号、1986年。

岡部達味、1992、『国際政治の分析枠組』東京大学出版社。

岡本雅亨、1999、『中国の少数民族教育と言語政策』社会評論社。

———、2001、「中国のマイノリティ政策と国際基準」毛里和子編『現代中国の構造変動 7』東京大学出版会。

小川昌代、2002、「外国人労働者対策」国立国会図書館調査及び立法考査局編刊『外国の立法』214号。

小川佳万、2001、『社会主義中国における少数民族教育』東信堂。

か

加々美光行、1983、「民族・国家・階級・文化大革命」『中国研究』143 号。

――――――、1992、『知られざる祈り―中国の民族問題―』新評社。

梶田孝道・小倉充夫編、2002、『国際社会3 国民国家はどう変わるか』東京大学出版会。

カースルズ, S.、ミラー, M. J.（関根政美、関根薫監訳）、2001、『国際移民の時代（第 4 版）』名古屋大学出版社。

片桐由喜、2001、「韓国の医療保障・介護保障」日本社会保障法学会編『講座社会保障法第 4 巻 医療保障法・介護保障法』法律文化社。

鎌田文彦、2010、「中国における戸籍制度改革の動向」『レファレンス』平成 22 年 3 月号。

鴨武彦、1978、「国際政治経済学の方法論―トランスナショナルの事例―」『国際政治』第 60 号。

川村匡由、2005、『社会保障論［第 5 版］』ミネルヴァ書房。

き

金成垣・山本克也、2009a、「韓国の社会と社会保障制度」『海外社会保障研究』167 号。

金成垣・山本克也、2009b、「資料 本特集の補足と若干のデータ」『海外社会保障研究』167 号。

金早雪、2004、「社会保障制度の確立」朴一編『変貌する韓国経済』世界思想社。

金紅梅、2009、「中国朝鮮族学校における外国語教育の展開について」『政策科学』16（2）、立命館大学。

金明姫・浅野慎一、2012、「韓国における中国朝鮮族の生活と社会意識」『神戸大学大学院人間発達環境学研究科研究紀要』6（1）。

く

クォン・テファン、2007、「見通しが立たない朝鮮族の将来」、高全恵星監修・柏崎千佳子訳『ディアスポラとしてのコリアン―北米・東アジア・中央

アジア』新幹社。

権香淑、2006（平成18）、「越境する〈朝鮮族〉の生活実態とエスニック・ネットワーク－日本の居住者を中心に－」『韓国系ニューカマーズからみた日本社会の諸問題』財団法人社会安全研究財団。

―――、2011、『移動する朝鮮族―エスニック・マイノリティの自己統治』彩流社。

権香淑・宮島美花・谷川雄一郎・李東哲、2006、「在日本中国朝鮮族実態調査に関する報告」中国朝鮮族研究会編『朝鮮族のグローバルな移動と国際ネットワーク』アジア経済文化研究所。

櫛谷圭司、1994、「環日本海経済圏と図們江地区開発計画―中国吉林省・延辺朝鮮族自治州を中心に」現代アジア研究会編『東アジア経済の局地的成長』文真堂。

こ

柑本英雄、2008、「リージョンへの政治地理学的再接近：スケール概念による空間の混沌整理の試み」『北東アジア地域研究』第14号。

け

厳善平、2002、『農民国家の課題』名古屋大学出版会。

さ

佐々木信顕、1998、『多民族国家中国の基礎構造』世界思想社。

佐々木衛・方鎮珠編、2001、『中国朝鮮族の移住・家族・エスニシティ』東方書店。

し

清水登、1992、「東北アジア地域発展への展望」『人文科学研究』第80輯、新潟大学人文学部。

蒋介石（波多野乾一訳）、1946（昭和21）、『中国の命運』日本評論社。

す

スカラピーノ，ロバート・A、2006、「序文」、赤羽恒雄、アンナ・ワシリエヴァ編著『国境を越える人々―北東アジアにおける人口移動』国際書院。

鈴木宏昌、1990、「国際労働移動に関する理論展開について」『早稲田商学』340号。

スミス，ヘーゼル、2006、「中国における北朝鮮人：真実と虚構の区別」赤羽恒雄、アンナ・ワシリエバ編『国境を越える人々：北東アジアにおける人口移動』国際書院。

せ

盛山和夫、2004、『社会調査入門』有斐閣。

た

戴二彪、2003、『経済発展と国際人口移動：『中国新移民』の移出地構造の変動』財団法人国際東アジア研究センター、Working Paper Series、Vol.2003-14。

多賀秀敏、1991、「環日本海研究への助走」『法政理論』1991年3月号。

―――編、1992、『国境を超える実験―環日本海の構想』有信堂。

―――、1994、「基調講演　環日本海・黄海経済圏の課題」環日本海社会党フォーラム編『環日本海圏の将来―隔ての海から結び合う海へ』社会新報ブックレット19、日本社会党機関紙局。

―――、1995、「環日本海研究への一視覚：国際政治分野」『環日本海研究』第1号。

―――、1999、「国際社会における社会単位の深層」多賀秀敏編『国際社会の変容と行為体』成文堂。

―――（代表）、2012、『平成21～23年度科学研究費補助金（基盤研究（B））研究成果報告書　課題番号21402016　グローバル時代のマルチ・レベル・ガバナンス―EUと東アジアのサブリージョン比較（研究代表：多賀秀敏）』

―――（代表）、2016、『平成25～27年度科学研究費補助金（基盤研究（B））研究成果報告書　課題番号25301012　東アジアにおけるサブリージョナル・ガバナンスの研究：拡大メコン圏形成過程を事例に』

高崎宗司、1996、『中国の朝鮮族』明石書店。

高橋和、2007、「下位地域協力と地域政策」大島美穂編『EU スタディーズ 3 国家・地域・民族』勁草書房。

―――、2014、「人の国際移動をめぐる研究の動向―ヨーロッパにおける人の移動の自由と管理を中心に―」『山形大学法政論叢』第 58・59 号。

高橋和・秋葉まり子、2010、『EU 統合の流れの中で東欧はどう変わったか』弘前大学出版会。

高橋満、2006、「大国経済戦略」中国研究所編『中国年鑑 2006』創土社。

田多英範、2004、「生活保障制度から社会保障制度へ」田多英範編『現代中国の社会保障制度』流通経済大学出版会。

塔林図雅、2013、「中国の医療保険制度をめぐる官民役割分担―公的医療保険改革と民間保険会社参画の意義―」『生命保険論集』第 182 号。

ち

中国研究所編『中国年鑑』創土社、各年度版。

――――――編著、1998、『中国基本法令集』日本評論社。

中国綜合研究所・編集委員会編、1988（昭和 63）、『現行中華人民共和国六法 1』ぎょうせい。

張英莉、2004、「新中国の戸籍管理制度（上）」『埼玉学園大学紀要　経営学部篇』4。

―――、2005、「新中国の戸籍管理制度（下）」『埼玉学園大学紀要　経営学部篇』5。

張海英（飯田哲也訳）、2006、「中国『農民工』子女の義務教育問題と政府の責任」『立命館産業社会論集』41（4）。

鄭雅英、2000（平成 12）、『中国朝鮮族の民族関係』アジア政経学会。

―――、2008、「韓国の在外同胞移住労働者―中国朝鮮族労働者の受け入れ過程と現状分析―」『立命館国際地域研究』第 26 号。

陳紅、2004、「年金保険制度の改革」田多英範編『現代中国の社会保障制度』流通経済大学出版会。

つ

土屋英雄、2005、『現代中国の憲法集』尚学社。

鶴島雪嶺、1997（平成 9）、『中国朝鮮族の研究』関西大学出版部。

―――――、2000（平成 12）、『豆満江地域開発』関西大学出版部。

鶴巻泉子、2007、「越境現象と国民国家―アルザス地域の『フロンタリエ』から見た EU 統合問題―」宮島喬・若松邦弘・小森宏美編『地域のヨーロッパ―多層化・再編・再生』人文書院。

て

太武原、2005、「中国における国際労働輸出について―延辺朝鮮族自治州からみた国際労働輸出の一断面―」『大阪経大論集』56（3）。

に

西重信、2001、「豆満江（図們江）地域開発における NET（Natural Economic Territory）論の意義」『環日本海研究』第 7 号。

西村淳、2007、「社会保障協定と外国人適用―社会保障の国際化に係る政策動向と課題―」『季刊・社会保障研究』43（2）。

日本国際問題研究所中国部会編、1971、『中国共産党史資料集』第 4 巻、勁草書房。

――――――――――――――――、1972、『中国共産党史資料集』第 5 巻、勁草書房。

――――――――――――――――、1969（昭和 44）、『新中国資料集成　第 3 巻』日本国際問題研究所。

日本貿易振興会、2012、『中国の社会保険の概要とその最新動向』ジェトロ。

は

朴浩烈、2013、「中国朝鮮族の言語相」『多摩大学研究紀要「経営・情報研究」』No.17。

初瀬龍平、2004、「在日アジア人のガヴァナンス論的考察」『現代社会研究』京都女子大学現代社会学部、第 6 号。

原純輔・浅川達人、2009、『社会調査』放送大学出版協会。

韓景旭、2001、『韓国・朝鮮系中国人＝朝鮮族』中国書店。

馬場伸也、1978、「非国家的行為体と国際関係」『国際政治』第59号。

―――、1980、『アイデンティティーの国際政治学』東京大学出版会。

ひ

日野みどり、2006、「労働」中国研究所編『中国年鑑2006』創土社。

玄善允、2012、「口述資料の利用などについて」『朝鮮族研究学会通信』6。

―――、2014、「中国朝鮮族中高校生の内的世界―『全国朝鮮族中学生優秀作文選』の資料的可能性と限界をめぐって―」『朝鮮族研究学会誌』4。

玄武岩、2001、「越境する周辺：中国朝鮮族自治州におけるエスニック空間の再編」『現代思想』29（4）、青土社。

平岩俊司、2005（平成17）、「脱北者」『国際政治辞典』弘文堂。

平野健一郎、1988、「ヒトの国際的移動と国際関係の理論」『国際政治』第87号。

―――、1989、「民族・国家論の新展開―『ヒトの国際的移動』の観点から―」『国際法外交雑誌』第88巻第3号。

―――、1996、「国際文化論」岩田一政・小寺彰・山影進・山本吉宣編『国際関係研究入門』東京大学出版会。

―――、2004、「アジア・マイグレーション研究の意義」『現代アジア学の創生第1回共同研究大会報告書』早稲田大学21世紀COEプログラム実行委員会。

―――、1997、「人の国際移動と新国際秩序」『国際問題』第412号。

ふ

藤井昇三、1992、「孫文の民族主義」藤井昇三・横山宏章編『孫文と毛沢東の遺産』研文出版。

ほ

本田弘之、2012、『文革から「改革開放」期における中国朝鮮族の日本語教育の研究』ひつじ書房。

本間浩、1986、「難民問題対応策の可能性と限界」国連大学・創価大学アジア研究所編『難民問題の学際的研究』御茶の水書房。

―――、1990、『難民問題とは何か』岩波書店。

ま

前田康博、1997、「朝鮮民主主義人民共和国の農業と食糧事情」太田一男編『国家を超える視覚：次世代への平和』法律文化社。

松村嘉久、2000、『中国・民族の政治地理』晃洋書房。

松本光太郎、1995、「雲南のイ語支諸集団の民族識別をめぐって（下）」『人文自然科学論集』101号、東京経済大学。

松本ますみ、1999、『中国民族政策の研究』多賀出版。

み

御手洗大輔、2013、「中国失業保障の法的構造とその限界に関する研究」『東北アジア研究』17、東北大学東北アジア研究センター。

宮島美花、1998a、「延辺の朝鮮語を体験して―延辺の言語・生活・社会」『語研フォーラム』8号、早稲田大学語学教育研究所。

―――、1998b、「延辺を舞台とする朝鮮民族のトランスナショナルな教育・学術交流」『環日本海研究』4号。

も

毛桂榮、2012、「『戸籍制度』と公共サービスの制度構築」『明治学院大学法学研究所年報』28号。

毛里和子、1993、『現代中国政治』名古屋大学出版会。

―――、1998、『周縁からの中国―民族問題と国家―』、東京大学出版会。

百瀬宏編、1996、『下位地域協力と転換期国際関係』有信堂。

モリス－スズキ，テッサ、2007、『北朝鮮へのエクソダス』朝日新聞社、227頁。

や

山影進、1981、「相互依存のカルテ―研究の系譜と理論のモデル―」『国際政治』第67号。

山本武彦、2005、『地域主義の国際比較―アジア太平洋・ヨーロッパ・西半球を中心にして』早稲田大学出版部。

よ

吉岡増雄、1995、『在日外国人と社会保障』社会評論社。

吉原和男（編者代表）、2013、『人の移動事典―日本からアジアへ・アジアから日本へ』丸善出版。

り

李海燕、2002、「中国国共内戦期における東北地区居住朝鮮人の国籍問題について」『朝鮮史研究会論文集』第40集。

李蓮花、2009、「保険医療政策」『海外社会保障研究』167号。

劉孝鐘＋中国朝鮮族を読む会編訳、1999、『ソウルパラム　大陸パラム―改革・解放政策下の中国朝鮮族実話小説』新幹社。

林梅、2014、『中国朝鮮族村落の社会学的研究―自治と権力の相克―』御茶の水書房。

ろ

労働政策研究・研修機構編刊、2007、『労働政策研究報告書No.81　アジアにおける外国人労働者受け入れ制度と実態』。

わ

渡辺昭夫、1983、「国際関係の主体」高坂正堯・公文俊平編『国際政治経済の基礎知識』有斐閣。

――――、1984、「国際政治の理論と行為主体－方法論的覚え書き－」山本吉宣・薬師寺泰蔵・山影進『国際関係理論の新展開』東京大学出版会。

（朝鮮語・韓国語）

（韓国）国民年金公団『알기 쉬운 국민연금 사업장 실무안내』各年度版。

李波編、2009、『全国朝鮮族小学生優秀作文選』黒竜江朝鮮民族出版社。

반룡해・리송덕、1997、「제4장 해방전쟁」조룡호・박문일 주필『21세기로 매진하는 중국조선족 발전방략연구』遼寧民族出版社。

방수옥、1999、「중국조선족과의 협력관계 및 남북통일」、『民族発展研究』、第3号、（韓国）中央大学校民族発展研究院。

中国朝鮮語規範委員会・東北三省朝鮮語文工作協作小組弁公室編、1996、『朝鮮語規範集（修正増補版）』延辺人民出版社。

《中国朝鮮族歴史足跡》編輯委員会編、1992、『中国朝鮮族歴史足跡叢書（5）勝利』民族出版社。

『吉林新聞』

『東亜日報』

『朝鮮日報』

『黒竜江新聞』

（中国語）

国家民委経済司・国家統計局総合司編、1991、『中国民族統計1949－1990』中国統計出版社。

国家統計局人口統計司・国家民族事務委員会経済司編『中国民族人口資料（1990年人口普査数拠）』1994、中国統計出版社。

朴昌昱、1995、『中国朝鮮族歴史研究』延辺大学出版社。

延辺朝鮮族自治州档案局（館）編発行、1985、『中共延辺吉東吉敦地委延辺専署重要文件匯編（第一集）（1945.11－1949.1）』。

延辺朝鮮族自治州地方志編纂委員会編、1996、『延辺朝鮮族自治州志』上・下巻、中華書局。

≪延辺朝鮮族自治州概況≫編写組編、1984、『延辺朝鮮族自治州概況』延辺人民出版社。

中華人民共和国民政部行政区画処編、1986、『中華人民共和国行政区画手冊』光明日報出版社。

『吉林統計年鑑』

『延辺統計年鑑』

『延吉統計年鑑』

『中国民族統計年鑑』

『中国統計年鑑』

索　引

英文

F-4 ビザ　71, 207-209
H-2 ビザ　71, 175, 191, 199, 203-204, 208
IOM（International Organization for Migration）　9, 102-103
LINE　75, 124
MNC（multinational corporation）　84, 87-90, 93
Wechat　75, 124

あ

アイディアリスト　95
アイデンティティ　11, 93-95
アクター　11-12, 84-98, 101-102, 106, 220-221

い

居民身分証　157-158
医療保険　15, 159-161, 173, 191, 195-196, 200, 203-204, 209-211

う

ウェルフェア・ツーリズム　111

え

永住者　14, 118, 134-139, 147-150, 187
エスニック・アイデンティティ　11, 25, 60
エスニック・グループ　10-12, 16, 96, 102-103, 107, 115, 215-216, 220
エスニック・ネットワーク　14, 108, 149, 216

か

下位地域　12, 16, 98-102, 110, 215-217, 221
カカオトーク（Kakao Talk）　75, 124, 205-207
ガバナンス　101, 218-221

く

区域自治　10, 24, 29-40, 53-60

け

健康保険→医療保険
研修生　69-70

こ

行為主体→アクター
行為体→アクター
抗日　26-27, 42-46, 52, 57-60
国家中心（的）パラダイム　84-85,

91-93, 98
国家中心（的）モデル→国家中心（的）
　　　パラダイム
国民年金　182-183, 197-199
戸籍制度　15, 154-155, 158-161
国共内戦　44-45, 48

さ

在留資格　14, 118-120, 130, 134-139,
　　　147-150
サブナショナル・アクター　84-85, 96
産業研修生→研修生

し

仕送り→送金
自決権　26, 32-35, 38, 46, 52
自然経済圏　20, 51
自治区域　10, 23-35, 40-42, 53-54, 57-60
失業　62-65, 111
社会保障協定　19, 183-186, 198-199, 211
集団戸籍　156
少数民族区域自治→区域自治
少数民族自治区域→自治区域
少数民族政策　32-33, 37, 60

せ

生活史　14-15, 18, 116, 163-165, 181, 185,
　　　191, 195, 200, 216
世界システム論　12, 104-106

そ

送金　17, 62-63, 107-111, 124, 174-175,
　　　188, 205
相互依存　85-92, 95-96
外国人雇用許可制　71
外国人労働者　12, 69-70, 95, 105-106
外国人労働力→外国人労働者

た

脱退一時金制度　183
単位（dan wei）　15, 154-159, 162, 175,
　　　186

ち

地域主義　11, 97
地域化　10-12, 16, 97-98, 103, 215-217
中韓国交樹立　11, 60-61, 139
朝鮮族学校　14, 67, 142-143, 149, 164,
　　　184, 201, 216

と

都市戸籍　154-161, 187, 190, 210
土地改革　45-48
トランスナショナル・アクター　11,
　　　83-88, 96, 103, 215
トランスナショナル（な）コミュニティ
　　　12-13, 16-22, 107-110, 215-221
トランスナショナルな社会空間　12,

107-110, 215
トランスナショナル論　12, 104, 107

な

中朝跨境生活圏　20, 50
ナショナル・アイデンティティ　10, 25, 60

に

日本語学習　141-143
日本国籍　14, 118, 133-139, 147, 150

ね

ネットワーク論　12, 104-105
年金　15-16, 111, 153, 158-162, 167-169, 181-187, 195-199, 209-212, 217-220

の

農村戸籍　155-161, 190, 210

ひ

非国家アクター　11, 84, 88-94, 101, 220
非国家的行為体→非国家アクター
微信→Wechat
人の（国際）移動　9-12, 83, 95-96, 103

ふ

プッシュ・プル理論　12, 104-105, 185, 217
文化大革命　35, 141-142, 165-166
文革→文化大革命
分離権　32-35, 38

へ

ベネフィット・ツーリズム　111-112
返還一時金　199

ま

マルチレベルガバナンス　101, 221

み

（民族）共同闘争→（民族）共闘
（民族）共闘　10, 42-45, 60
民族区域自治→区域自治
民族識別調査　27, 30, 41
民族自決権→自決権
民族自治区域→自治区域
民族自治地方→自治区域

よ

養老保険→年金

ら

ライフ・ステージ　15, 185, 216
ライフ・ストーリー　163
ライフ・ヒストリー　163

り

リアリスト　95
リベラリスト　95

〔著者略歴〕

1971年3月　東京都豊島区池袋生まれ

早稲田大学大学院政治学研究科修士課程

早稲田大学大学院社会科学研究科博士後期課程

1996年延辺大学留学

1999年高麗大学校留学

香川大学経済学部教授

（香川大学経済研究叢書30）

中国朝鮮族のトランスナショナルな移動と生活

著者　宮島美花

2017年9月20日初版第1刷発行

・発行者——石井　彰　　　　　　・発行所

印刷・製本／モリモト印刷株式会社

ⓒ 2017 by Mika MIYAJIMA

KOKUSAI SHOIN Co., Ltd.
3-32-6-1001, HONGO, BUNKYO-KU, TOKYO, JAPAN.

株式会社 **国際書院**

〒113-0033 東京都文京区本郷3-32-6 ハイヴ本郷1001
TEL 03-5684-5803　　FAX 03-5684-2610
Eメール：kokusai@aa.bcom.ne.jp
http://www.kokusai-shoin.co.jp

（定価＝本体価格3,400円＋税）

ISBN978-4-87791-284-0 C3031 Printed in Japaqn

本書の内容の一部あるいは全部を無断で複写複製(コピー)することは法律でみとめられた場合を除き、著作者および出版社の権利の侵害となりますので、その場合にはあらかじめ小社あて許諾を求めてください。

国際法

東　壽太郎・松田幹夫編
国際社会における法と裁判
87791-263-5　C1032　　　　　　A5判　325頁　2,800円

尖閣諸島・竹島・北方領土問題などわが国を取り巻く諸課題解決に向けて、国際法に基づいた国際裁判は避けて通れない事態を迎えている。組織・機能・実際の判決例を示し、国際裁判の基本的知識を提供する。
(2014.11)

波多野里望／松田幹夫編著
国際司法裁判所
―判決と意見第1巻（1946-63年）
906319-90-4　C3032　　　　　　A5判　487頁　6,400円

第1部判決、第2部勧告的意見の構成は第2巻と変わらず、付託事件リストから削除された事件についても裁判所年鑑や当事国の提出書類などを参考にして事件概要が分かるように記述されている。
(1999.2)

波多野里望／尾崎重義編著
国際司法裁判所
―判決と意見第2巻（1964-93年）
906319-65-7　C3032　　　　　　A5判　561頁　6,214円

判決及び勧告的意見の主文の紹介に主眼を置き、反対意見や分離（個別）意見は、必要に応じて言及する。事件概要、事実・判決・研究として各々の事件を紹介する。巻末に事件別裁判官名簿、総名簿を載せ読者の便宜を図る。
(1996.2)

波多野里望／廣部和也編著
国際司法裁判所
―判決と意見第3巻（1994-2004年）
87791-167-6　C3032　　　　　　A5判　621頁　8,000円

第二巻を承けて2004年までの判決および意見を集約し、解説を加えた。事件概要・事実・判決・主文・研究・参考文献という叙述はこれまでの形式を踏襲し、索引もまた読者の理解を助ける努力が施されている。
(2007.2)

横田洋三訳・編
国際社会における法の支配と市民生活
87791-182-9　C1032　　　　　　四六判　131頁　1,400円

[jfUNUレクチャー・シリーズ①]　東京の国際連合大学でおこなわれたシンポジウム「より良い世界に向かって－国際社会と法の支配」の記録である。本書は国際法、国際司法裁判所が市民の日常生活に深いかかわりがあることを知る機会を提供する。
(2008.3)

内田孟男編
平和と開発のための教育
―アジアの視点から
87791-205-5　C1032　　　　　　A5判　155頁　1,400円

[jfUNUレクチャー・シリーズ②]　地球規模の課題を調査研究、世界に提言し、それに携わる若い人材の育成に尽力する国連大学の活動を支援する国連大学協力会（jfUNU）のレクチャー・シリーズ②はアジアの視点からの「平和と開発のための教育」
(2010.2)

井村秀文編
資源としての生物多様性
87791-211-6　C1032　　　　　　A5判　181頁　1,400円

[jfUNUレクチャー・シリーズ③]　気候変動枠組み条約との関連を視野にいれた「遺伝資源としての生物多様性」をさまざまな角度から論じており、地球の生態から人類が学ぶことの広さおよび深さを知らされる。
(2010.8)

加来恒壽編
グローバル化した保健と医療
―アジアの発展と疾病の変化
87791-222-2　C3032　　　　　　A5判　177頁　1,400円

[jfUNUレクチャー・シリーズ④]　地球規模で解決が求められている緊急課題である保健・医療の問題を実践的な視点から、地域における人々の生活と疾病・保健の現状に焦点を当て社会的な問題にも光を当てる。
(2011.11)

武内和彦・勝間　靖編
サステイナビリティと平和
―国連大学新大学院創設記念シンポジウム
87791-224-6　C3021　　　　　　四六判　175頁　1,470円

[jfUNUレクチャー・シリーズ⑤]　エネルギー問題、生物多様性、環境保護、国際法といった視点から、人間活動が生態系のなかで将来にわたって継続されることは、平和の実現と統一されていることを示唆する。
(2012.4)